# 房地产市场
# 百案解析

蔡剑 著

江苏大学出版社
JIANGSU UNIVERSITY PRESS
镇江

**图书在版编目(CIP)数据**

房地产市场百案解析 / 蔡剑著. — 镇江 ：江苏大
学出版社，2017.8
ISBN 978-7-5684-0562-1

Ⅰ. ①房… Ⅱ. ①蔡… Ⅲ. ①房地产市场—案例—研
究 Ⅳ. ①F293.35

中国版本图书馆 CIP 数据核字(2017)第 197073 号

**房地产市场百案解析**
Fangdichan Shichang Bai'an Jiexi

著　者/蔡　剑
责任编辑/张小琴
出版发行/江苏大学出版社
地　址/江苏省镇江市梦溪园巷 30 号(邮编：212003)
电　话/0511-84446464(传真)
网　址/http://press.ujs.edu.cn
排　版/镇江华翔票证印务有限公司
印　刷/句容市排印厂
开　本/718mm×1 000mm　1/16
印　张/15.5
字　数/307 千字
版　次/2017 年 8 月第 1 版　2017 年 8 月第 1 次印刷
书　号/ISBN 978-7-5684-0562-1
定　价/58.00 元

如有印装质量问题请与本社营销部联系(电话：0511-84440882)

# P序

## REFACE

### 小案例里有大学问

　　蔡剑同志与我是经扬州市住房保障和房产管理局孙蔚副局长介绍认识的,当时他带着厚厚的书稿希望我为之写序。说实话,我很纠结:一是我已不在职,二是我确实对书稿内容不太了解。最近几年,我曾经为几位作者写过序,但也仅限于与物业相关的领域。孙副局长给我讲了这本书稿背后的故事。几年来,蔡剑同志在《扬州晚报》开辟了"房产法律连万家"专栏,将自己在行政执法和仲裁工作中看到的、听到的、亲自处理的相关案例进行了梳理、论证,陆续发表了一百多篇署名文章,就商品房买卖、二手房买卖和物业服务中的常见矛盾和纠纷进行了深入浅出的分析。他还与扬州电视台合作,开设扬州民建讲堂,将这些案例分析情景化之后搬上电视,即便是深更半夜播出,也获得了很高的收视率。这让我非常感动,也引起了我的兴趣。跟蔡剑同志交谈并拜读了这本书的目录及部分内容之后,我被蔡剑同志的专业水平特别是他的社会责任感所折服。我特别认同他说的一句话,"我们不能要求房地产合同的当事人都是法律专家,但是我们可以力所能及地用发生在老百姓身边的常见案例分析来帮助大家规避并正确认识、正确处理房地产市场中的各类民事矛盾。"蔡剑同志作为中国民主建国会会员、中国民主建国会扬州市委会房地产总支部主任委员,忠实践行党派服务社会的职能,无论是在晚报上开辟专栏还是在电视上进行嘉宾访谈,把关系民生的复杂的法律问题,以老百姓能理解的语言和喜闻乐见的方式进行解读,让读者和听众有所收获,使之遇到类似的问题知道如何去处理。这次他把这些文章汇编成册,又对文章进行了进一步的深化加工,增加了一些法理内容,对文中涉及的法律概念和原理进行了进一步的阐释,每一部分的最后增加了总结性的内容,让我们真切领悟到小案例里有大学问。

由于工作的关系,我与各地从事房地产市场监管的同志们都有交集,像蔡剑同志这样专业、敬业、富有社会责任感的同志大有人在。作为一名已退居二线工作的老同志,我为他们感到骄傲和自豪,更愿意为他们点点滴滴的进步与成就鼓与呼。

本书以案例解析的形式阐述,内容基本涵盖了商品房买卖、二手房买卖和物业服务中的一些常见矛盾和纠纷,其中涉及各行各业、千家万户的物业服务方面的文章更是达到了 57 篇之多。案例解析的好处在于:一是阐释法律,使得严谨但相对比较枯燥的法条生动起来;二是可以通过相关判例,使读者了解和熟悉依据的法理基础和处置原则,既是普法的教育,也是让更多的有类似法律问题的群众得到启迪和法律援助,有助于法治进步。由此看来,小案例所揭示的,其实是法律的大文章。

我相信这本书对于房地产开发经营企业、物业服务企业及其从业人员是一本好的法律参考书,是企业进行职工培训和知识更新的好教材,更是广大百姓买房置业、安居乐业的一本法律普及型读物。同时,这本书还可以作为高校房地产专业、物业管理专业学生的教材辅导用书,对于广大律师、法官办理相关房地产案件,也不失为好的参考范例。从这个意义上讲,透过小案例,让我们分享的是法律大知识。

有鉴于此,蔡剑同志的这本好书的付梓值得祝贺,期待它尽快与读者见面!也期待行业内有更多像蔡剑这样专注行业法治建设的同志发挥各自专长,在服务社会的同时,不忘初心,成就自己。

是为序。

沈建忠

2017 年 4 月

**沈建忠** 原住房和城乡建设部房地产市场监管司司长,现任中国物业管理协会会长。

# 目录
## CONTENTS

### 商品房买卖篇

## 二手房买卖篇

## 物业服务篇

# 商品房买卖篇

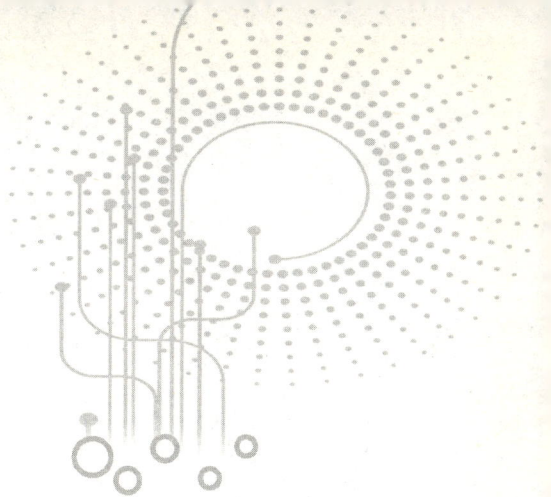

# ① 开发商拟订格式条款应遵循平等、公平 原则确定双方的权利和义务

**【案例】** 某开发商与购房人签订了商品房买卖合同,其中关于逾期付款和逾期交房的违约责任是这么约定的:"乙方(购房人)迟延给付房款,支付甲方总房款10%的违约金;甲方(开发商)逾期交房,向乙方支付总房款万分之一的违约金。"结果,开发商由于自身的原因,拖延了6个月才向购房人交房。该项目每套住宅总价均在百万元人民币左右。换句话说,如果开发商逾期交房,不论逾期多久,购房人拿到手的违约金也就是100元左右,而如果购房人迟延给付房款,哪怕是迟延一天,得付违约金10万元。在双方交涉过程中,购房人认为100元左右的违约金太少了,而开发商也振振有词:双方白纸黑字约定好的!

**【分析】** 笔者多年从事房地产行政执法、行政调解和民商事仲裁工作。在工作中发现商品房买卖合同中的"霸王条款"极为常见。尽管《中华人民共和国合同法》(本书以下简称《合同法》)已经颁布实施十八年了,但是合同意识或者说契约意识尚未深入人心,契约型社会尚未真正建立起来。很多合同当事人意识不到合同是建立在平等、自愿、公平、诚实信用、公序良俗基础上的"当事人之间的法律",特别是合同一方往往利用事先拟订格式条款的机会,在合同文本中设置了免除己方责任、排除对方权利、加重对方责任的条款。殊不知,这些格式条款都是违反《合同法》基本原则的"霸王条款",在诉讼或仲裁中不能作为确认双方权利和义务的证据。

商品房销售合同使用的文本系国家住建部和工商总局共同监制的示范文本,内容非常完整规范,由开发商向购房人出示、填空即可,开发商与购房人的利益在合同中得到了较好的平衡。实践中,上述"霸王条款"多出现在商品房买卖合同的补充协议中,也有极少数会出现在商品房买卖合同示范文本开发商改动的内容中。补充协议与示范文本中开发商改动的部分条款,均属于开发商预先拟订并重复使用,并且在合同签订过程中不与购房人协商的条款。根据《合同法》规定,这些条款均属于格式条款①。

现实经济活动中,存在着大量的格式合同,例如在铁路、公路、航空、水上运输

---

① "格式条款"与"格式合同"含义相同。

等交通运输业,在邮电、通信、银行、电力供应等垄断性行业,在城市供水、供气、供暖、城建、医院、城市交通等公用事业领域,都存在着大量的格式合同。格式条款有利于加快签订合同的过程,降低交易成本,提高交易效率,但同时也正因为格式合同由一方当事人预先拟订,某些格式合同客观存在恃强凌弱、权利失衡的问题。对于格式条款,《合同法》总则部分详细规定了我国格式合同法律制度,一方面确认了格式合同的形式,另一方面对于格式合同的法律效力制定了详细的认定规范。《合同法》第三十九条规定,"采用格式条款订立合同的,提供格式条款的一方应当遵循公平原则确定当事人之间的权利和义务,并采取合理的方式提请对方注意免除或者限制其责任的条款,按照对方的要求,对该条款予以说明。格式条款是当事人为了重复使用而预先拟订,并在订立合同时未与对方协商的条款。"第四十条规定,"格式条款具有本法第五十二条和第五十三条规定情形的,或者提供格式条款一方免除其责任、加重对方责任、排除对方主要权利的,该条款无效。"第四十一条规定,"对格式条款的理解发生争议的,应当按照通常理解予以解释。对格式条款有两种以上解释的,应当作出不利于提供格式条款一方的解释。格式条款和非格式条款不一致的,应当采用非格式条款。"实践中,准确理解、正确适用上述三个法条,对于提供格式合同的对方当事人的合法权益是个有效的保护。

**一、格式合同构成要件**

需要注意的是,适用上述三个法条解决相关合同纠纷的前提是争议条款本身是格式条款。那么,如何辨别合同是格式合同还是非格式合同呢? 仔细研读《合同法》第三十九条第二款"格式条款是当事人为了重复使用而预先拟订,并在订立合同时未与对方协商的条款"的规定可以看出,格式合同有三个构成要件:

(1) 格式合同是可以"重复使用"的合同。在商品房买卖合同签订过程中,不管购房人是谁,只要具有合同主体资格并同意该格式条款,均可以与开发商即时签订商品房买卖合同。

(2) 格式合同是一方当事人事先拟定的合同。格式合同是合同一方当事人,即占有优势的一方当事人,事先拟订好的,并且往往都是印制好的格式化、固定化的合同。格式合同的要约方,在对外要约时已经将自己的意思表示格式化和固定化,不存在修改的可能性。

(3) 格式合同是未与对方协商的合同。在合同订立过程中,开发商用格式合同的方式向购房人发出要约,购房人在承诺过程中只有"接受"或"不接受"的被动选择,而没有"讨价还价"的协商余地。

上述三个要件缺一不可。

## 二、格式合同效力认定的原则与标准

从《合同法》第三十九条、第四十条、第四十一条的规定看,认定格式合同效力的原则与标准有以下4个:

### (一)公平原则

在市场经济中,能够提供格式条款的一方当事人往往占有经济上的优势地位,其从自身利益出发,难免会在预先拟订的合同中有意或无意掺杂不公平的条款内容。因此,《合同法》第三十九条规定"采用格式条款订立合同的,提供格式条款的一方应当遵循公平原则确定当事人之间的权利和义务"。公平原则即要求合同双方当事人之间的权利和义务要公平合理,要大体上平衡,强调一方给付与对方给付之间的等值性,合同上的负担和风险的合理分配。具体包括:第一,在订立合同时,要根据公平原则确定双方的权利和义务,不得滥用权力,不得欺诈,不得假借订立合同恶意进行磋商;第二,根据公平原则确定风险的合理分配;第三,根据公平原则确定违约责任。

需要注意的是,公平原则是我国民法领域的一项基本原则,但在处理具体问题的时候,有违公平原则的合同并非一律视为无效合同或无效条款。从《合同法》的立法宗旨来说,其一方面鼓励交易,另一方面也着力维护交易安全。违反公平原则的合同或条款之所以无效,其根本原因在于合同的成立要件或其内容违反国家法律的强制性规定,且不存在转化为有效的可能性。某些合同或条款尽管显失公平,但《合同法》赋予了当事人撤销或变更的权利。《合同法》第五十四条第一款第二项规定,"在订立合同时显失公平的,当事人一方有权请求人民法院或者仲裁机构变更或者撤销"。

### (二)合法原则

《合同法》第四十四条、第八条分别规定了"依法成立的合同,自成立时生效""依法成立的合同,对当事人具有法律约束力"。法条中"依法"二字的内涵很明确——虽然说合同是双方当事人意思表示一致的结果,但是当事人的意思表达要有一定的规范和底线,特别是对于格式合同这种单方面预先拟订的合同形式更是如此。这个规范和底线的具体规定就是《合同法》第五十二条,"有下列情形之一的,合同无效:(一)一方以欺诈、胁迫的手段订立合同,损害国家利益;(二)恶意串通,损害国家、集体或者第三人利益;(三)以合法形式掩盖非法目的;(四)损害社会公共利益;(五)违反法律、行政法规的强制性规定。"

### (三)解释说明原则

《合同法》第三十九条规定:"采取合理的方式提请对方注意免除或者限制其(代指提供格式条款的一方)责任的条款,按照对方的要求,对该条款予以说明。"

上面已经说过,商品房买卖合同文本是示范文本,开发商与购房人之间的权利和义务是比较平衡的。实践中大量存在的补充协议是开发商预先拟订的,常包含许多对购房人不利的条款,如交房时间的确定、不可抗力条款的解释、共有面积的确定分摊、关于基础设施和公共配套建筑的开发利用等,甚至包含许多针对开发商的免责条款。比如有些开发商在补充协议中规定:"政府部门有关文件批准的延迟、市政配套批准及安装的延误,导致开发商不能按期交付房屋的,开发商有权按实际影响的时间相应延迟交付房屋,而不用承担延迟交付房屋的责任。"由于补充协议大多含有建筑、房地产、法律等方面专业术语,一般购房人很难完全搞懂。对于这些,开发商有义务向购房人进行解释和说明。

**(四)优先保护承诺格式合同一方当事人合法权益的原则**

正如前面所述,格式合同的优点在于提高交易效率,缺点则是容易导致侵害承诺格式合同一方当事人的利益,造成合同权利失衡的现象。基于这一现实,《合同法》在设计格式合同制度时更加着重保护承诺格式合同一方当事人的合法权益。除了《合同法》第三十九条、第四十条的规定以外,《合同法》第四十一条专门规定了有利于承诺格式合同的一方当事人的合同解释原则,"对格式条款有两种以上解释的,应当作出不利于提供格式条款一方的解释"。

**三、商品房买卖合同订立阶段应注意的问题**

通过上面的分析不难得出,格式合同是一把双刃剑,一方面提高了效率,降低了成本,但另一方面也有可能造成双方当事人权利失衡。因此,开发商在拟订补充协议的时候,要严格遵照《合同法》对于格式合同的相关规定,特别是交房时间的确定、不可抗力情形的列举、共有面积的确定分摊、关于基础设施和公共配套建筑的开发利用等对购房人合法权益有重大影响的条款。对于购房人,从某种意义上来说,更要充分重视补充协议,审慎对待。补充协议作为合同的补充部分,是对整个合同的补充。从一定意义上说,补充协议中提到的问题更容易发生。所以,在审阅补充协议时,建议购房人充分注意并完善以下内容:

(1)明确办理不动产权证的期限。由于种种原因,有的项目初始确权的资料不完整,可能直接导致延误购房人办证的时间,甚至影响购房人的预期利益。

(2)列举不可抗力的情形。不可抗力是合同当事人免责的法定事由,指的是合同签订后,不是由于合同当事人的过失或疏忽,而是由于发生了合同当事人无法预见、无法预防、无法避免和无法控制的事件,以至于不能履行或不能如期履行合同,违约方可以免除履行合同的责任或者推迟履行合同。以上无法预见、无法预防、无法避免和无法控制的事件在《中华人民共和国民法通则》(本书以下简称《民法通则》)中是指"不能预见、不能避免和不能克服的客观情况"。此类条款对于购房人的合法权益影响极大,因此,购房人应认真审阅,拒绝同意开发商擅自扩大的不可抗力的情形,如所谓"有效施工日不足""政府行为等"。

(3)明确装饰装修标准。如果购买的是成品房,那么就必须明确装修标准,切忌含糊其辞。如禁用"进口材料""一线品牌"等词,一定要明确各种材料的品牌、规格、型号、颜色等。

(4)明确面积误差处理方式。《商品房销售管理办法》规定了商品房合同面积与产权面积差异处理方式,即按照合同约定。合同未做约定的,才按照《商品房销售管理办法》第二十条第二款中大家所熟知的面积误差比绝对值超出3%时的处理规则处理。

(5)明确退房的具体情形和责任。退房的具体情形包括面积误差比绝对值超出3%、规划变更、按套(单元)计价的预售房屋套型与设计图纸不一致或者相关尺寸超出约定的误差范围、主体结构质量不合格等。但除了主体结构质量不合格,购房人可以当然退房之外,其他情形的退房均要考虑合同应如何约定的问题。

(6)各类商品房广告的主要内容力争写入合同。实践中,不少购房人看了开发商发布的各类精美的售楼广告之后怦然心动,但是拿房之后大失所望,找开发商理论却被告知商品房广告一概属于要约邀请。虽然《最高人民法院关于审理商品房买卖合同纠纷案件适用法律若干问题的解释》(法释〔2003〕7号)第三条规定了商品房广告和相关宣传资料视为要约的认定标准:"出卖人就商品房开发规划范围内的房屋及相关设施所作的说明和允诺具体确定,并对商品房买卖合同的订立以及房屋价格的确定有重大影响的,应当视为要约。该说明和允诺即使未载入商品房买卖合同,亦应当视为合同内容,当事人违反的,应当承担违约责任。"但是这种标准是在诉讼过程中法庭所适用的标准,且该标准仍然需要依赖法官根据项目的具体情况与广告宣传资料的具体内容做出判断。因此,那些让购房人怦然心动、激起购房冲动的宣传用语,应该力求写进合同。

实践中,商品房买卖合同纠纷五花八门,仅凭本书有限的篇幅不能完全涵盖商品房买卖合同纠纷所涉及的合同签订、履行、争议解决等诸多问题,有限的法条也规范不了无限的社会现象。健康、稳定的商品房买卖市场秩序,需要合同双方特别是开发商本着诚信经营、质量至上的理念来订立合同、履行合同,直至完美交房。同时,购房人自身也应尽到审慎义务,对于上百万的买卖切不可漫不经心。特别是对于商品房买卖知识一窍不通的购房者,更要请熟人朋友帮忙参谋甚至直接请律师参与其中,以充分维护自身合法权益。

综上所述,本案中,开发商根据合同的约定按时交付商品房是其主要合同义务,相应地也是购房人的主要权利。同样,购房人根据合同的约定给付房款是其主要合同义务,也是开发商享有的主要合同权利。因此,开发商逾期交房与购房人迟延给付房款所承担的违约责任的约定本应基本一致,而开发商在商品房买卖合同示范文本中事先拟订的这种格式条款明显属于"霸王条款"而归于无效。

司马迁在《史记·货殖列传》中说,"天下熙熙,皆为利来;天下攘攘,皆为利往。"企业的逐利性,即企业在经济活动中获取最大经济利益,是企业成立的根本目的,是企业固有的本质属性,本无可厚非。但是,现代市场经济自主性、竞争性、契约性和平等性的固有特征要求市场经济主体必须树立法治理念,在市场经济行为中诚实守信,合作共赢。那种把合同相对方当成敌人,挖坑给对方跳的行为,无异于杀鸡取卵,自毁品牌。

## ② 令人怦然心动的楼书、广告全是要约邀请吗?

**【案例】** 笔者在工作中常常接到购房人手持楼书、报纸广告来投诉开发商的商品房买卖合同违约行为,称开发商"货不对板",交付的商品房与商品房销售时散发的各类宣传资料大相径庭。例如,小区大门内仅有四棵棕榈树就是"东南亚风情小区"了;所谓的"小桥流水"实际上是一条干涸的蜿蜒小沟,既无桥也无水;所谓的"景观房"就是从卫生间的窗户往外看有一些建筑小品;等等。此类纠纷在商品房卖合同纠纷中占比较大。

**【分析】** 对于楼盘广告、宣传资料的内容,开发商为什么一再强调"本广告为要约邀请",不说成是"要约"呢?其中有何玄机?说白了就一句话:要约和要约邀请的法律后果不一样。如果是要约,则广告和宣传资料构成商品房买卖合同内容;如果是要约邀请,那就没有法律意义。

**一、要约概述**

**(一)合同的概念与合同订立的方式**

合同,又称契约、协议,是平等的当事人之间设立、变更、终止民事权利义务关系的协议,是双方当事人之间的"法律"。当事人应全面、正当履行合同约定的义务。

《合同法》第十三条规定,"当事人订立合同,采取要约、承诺方式。"合同本质上是一种合意。所谓合意,是指当事人对合同必备条款的内容达成一致意见。当事人合意的过程,就是对合同内容协商一致的过程,而这个过程就是经过要约、承诺完成的。向对方提出合同条件、做出签订合同的意思表示称为"要约",而另一方表示接受的意思表示称为"承诺"。

（二）要约构成要件

如上所述,要约是一方当事人向另一方当事人发出的请求订立合同的意思表示,并期待得到对方肯定的答复。一项订约建议要成为要约,要取得法律效力,必须具备一定的条件,包含一些必需的内容;否则,受要约人会无所适从。合同理论通说认为,要约成立的要件有四个:

（1）要约是特定合同当事人的意思表示。发出要约的目的在于订立合同,要约人必须使接收要约的相对方能够明白是谁发出了要约以便做出承诺。因此,发出要约的人必须能够确定,必须能够特定化,并不一定需要说明要约人的具体情况,也不一定需要知道他究竟是谁。如自动售货机,消费者不需要了解究竟是哪家公司安置的,谁是真正的要约人;只要投入货币,便会完成交易。

（2）要约必须向要约人希望与之缔结合同的相对人发出。合同因相对人对于要约的承诺而成立,所以要约不能对希望与其订立合同的相对人以外的第三人发出。但相对人是否必须是特定的人,学界有着不同的看法:一种观点认为,要约必须是向特定人发出的,向不特定人发出的订约建议是要约邀请。因为,向特定人发出的要约,一旦承诺合同就成立;而向不特定的人发出的订约建议,承诺了也不会当然导致合同成立。另一种观点认为,要约可以向不特定人发出。现实中有许多向不特定人发出要约的情况,如自动售货机的设置,电车、渡船、公共汽车的行驶,戏院、电影院的开设,包括悬赏广告等。就悬赏广告而言,其内容具体确定,诸如"提供有价值的线索,奖励十万元"。虽然是广而告之,但是实质上是向潜在的知情人发出要约。第二种观点不是说在一切情况下都可以向不特定人发出要约。例如,如果向不特定人以出让某一特定物为内容的订立合同的建议,如果视为是一个有效的要约,则会造成一物数卖,这当然是行不通的。

（3）要约必须具有缔约目的并表明一经承诺即受此意思表示的约束。简单地说,要约的目的是签订合同,并且对方一旦承诺,合同即宣告成立,双方均受该合同的约束。这一点很重要,很多类似订约建议的表达实际上并不表示只要对方接受合同就成立。例如"我打算以五千元把我的钢琴卖掉""我的仓库里还有两千吨钢材要卖掉",尽管都是特定当事人对特定当事人的陈述,但是因为其没有明确表达与之签订合同的意愿,所以仍然不是一个有效的要约。

（4）要约的内容必须具备足以使合同成立的主要条件。这要求要约的内容必须是确定的和完整的。所谓确定,是要求要约的内容必须明确清楚,不能模棱两可、产生歧义;所谓完整,是要求要约的内容必须满足构成一个合同所必备的条件,但并不要求一个要约事无巨细、面面俱到。要约的效力在于,一经受要约人承诺,合同即可成立。因此,如果一项订约建议含混不清、内容不具备一个合同的最根本的要素,是不能构成要约的。即使受要约人做出承诺,也会因缺乏合同的主要条件而使合同无法成立。上面提到的钢琴的品牌、使用年限、出售价格,两千吨钢材的型号、规格、生产厂家等均不明确,对方无法确定买还是不买,即无法给予承诺,当然也就不构成一项要约。一项要约的内容可以很详细,也可以较为简明。通常情况下,法律对此并无强制性要求。只要其内容具备使合同成立的基本条件,就可以作为一项要约。至于何为合同成立的基本条件,法律并无强制性规定。有人说,《合同法》第十二条规定了合同的必备条款。但在笔者看来,这是一个误区。该条其实是建议性条款,是合同一般应包括的条款而并非合同成立的充要条件:当事人的名称或者姓名和住所;标的;数量;质量;价款或者报酬;履行期限、地点和方式;违约责任;解决争议的方法。一般来说,只要对方当事人承诺并且有可履行性即可,不必面面俱到。

### (三)要约与要约邀请的区别

要约邀请,根据《合同法》第十五条的规定,是指"希望他人向自己发出要约的意思表示"。因此,要约邀请其实就是邀请对方向己方发出要约,即己方发出一个商业信息希望对方主动向己方发出要约。寄送的价目表、拍卖公告、招标公告、招股说明书、商业广告等均是实际生活中典型的要约邀请。

下面以寄送的价目表为例简要进行分析,以帮助读者进一步了解什么是要约邀请。寄送的价目表,无论在大陆法系还是在英美法系国家,都认为是要约邀请。对照要约构成要件,价目表仅指明商品名和价格,并没有指明数量,对方不能以"是""对"或者"同意"等肯定词语答复而成立合同,自然不符合作为要约的构成要件,而只能视作要约邀请。寄送的商品价目表,是商品生产者或者销售者推销商品的一种方式,旨在为消费者提供商品信息,这种方式当然表达行为人希望订立合同的意思,但并不表明他人表示承诺就立即达成一个合同。实际上,寄送的价目表与货物标价陈列在性质上没有什么差别,只是方式有所不同,商品标价陈列亦属于要约邀请。在商店买卖东西,虽然商品的价格是标明的,但要买多少数量,总是由顾客提出要求;否则,不就变成《中华人民共和国消费者权益保护法》所禁止的强买强卖了吗?

要约与要约邀请,区别在于以下几点:

(1)效力不同。要约对要约人具有约束力,即一旦要约送达,要约人就不得撤回;如果当事人想要撤销要约,那么撤回要约的通知须在要约到达受要约人之前或者与要约同时到达。而要约邀请对要约人没有在撤回上的限制,当事人可以任意撤回,要约邀请不存在撤销的问题。

（2）要约以订立合同为直接目的,受要约人承诺送达,合同即告成立。要约邀请,则是向他人传递信息唤起他人注意,从而引起他人向己方发出要约。

（3）要约必须包含能使合同得以成立的必要条款,或者说,要约必须能够决定合同的基本内容。如对一个买卖合同要约来说,通常需要标的、数量、价金三个条款。而要约邀请不要求包含使合同得以成立的必要条款。要约邀请一般只是笼统地宣传自己的业务能力、产品质量和服务态度等。

（4）要约一般是针对特定的对象进行,而要约邀请的对象则一般是不特定的对象,是就一般情况而言的。但不宜以对象的不同作为划分要约与要约邀请的基本标准,要约可以针对不特定的多数人,这并不妨碍某特定人的承诺与要约的结合而成立合同;要约邀请亦不妨碍针对特定的当事人,特定的当事人可以根据要约邀请的内容提出自己的要约。

（5）要约一般是针对特定相对人的,故要约多采取一般的信息传达方式:口头方式和书面方式。要约邀请一般是针对不特定多数人的,故往往借助电视、广播、报刊等媒介传播。

综上,要约与要约邀请最根本的区别是:受要约人有承诺权,而受要约邀请人只有要约权而没有承诺权。这是两者效力上的区别。

**二、商品房楼书广告的性质**

商品房买卖不同于一般的商品买卖,其过程极为复杂。开发商拿地之后就开始在各类媒体上进行宣传造势,在商品房销售现场发放印刷精美且内容让人怦然心动的各类宣传品,从小区规模、建筑式样、建筑材料、节能环保到景观绿化、物业服务、配套设备设施,再到商机、预期效益等各方面渲染楼盘形象,吸引公众眼球。于是,不少人冲着诱人的宣传,兴冲冲地与开发商签订了商品房买卖合同。但在实践中,往往由于楼盘广告、宣传资料的描述与实际交付的房屋之间有不小的差距,令购房人大失所望,与开发商进行交涉,但常常没有结果。究其原因就在于购房人对楼书、广告、宣传资料的性质认识不清。

《合同法》第十五条第一款有明确的规定,"要约邀请是希望他人向自己发出要约的意思表示。寄送的价目表、拍卖公告、招标公告、招股说明书、商业广告等为要约邀请。"楼书、广告等宣传资料是开发商向不特定的多数人所做的一种宣传,是一种信息的传递,意图引起他人的注意,仅仅起到引诱他人前来选购商品房的作用,这就是要约邀请——传递信息给购房人,希望购房人前来选购、洽谈（亦即购房人向开发商发出要约）。由此可以看出,要约邀请只是合同的准备阶段,不是签订合同的必备程序。从严格意义上来说,要约邀请不是商品房买卖合同行为的有效组成部分。学术界甚至有人认为要约邀请不是法律行为，只是事实行为。要约邀请既然不是商品房买卖合同的有效组成部分，那么其内容当然也不能视为商品房买卖合同的组成部分。

所以，一般来说，楼书、广告等本身不能成为合同的内容，对于开发商来说，它们不具有相应的法律约束力。换句话说，楼书、广告等一般不能作为购房人维权的证据。

但是，是不是所有的商品房销售广告和宣传资料都是要约邀请而致使购房人无法维权呢？也不尽然！《合同法》第十五条第二款规定，"商业广告的内容符合要约规定的，视为要约。"要约的规定是什么呢？《合同法》第十四条规定，"要约是希望和他人订立合同的意思表示，该意思表示应当符合下列规定：（一）内容具体确定；（二）表明经受要约人承诺，要约人即受该意思表示约束。"

此外，《最高人民法院关于审理商品房买卖合同纠纷案件适用法律若干问题的解释》第三条明确规定，"商品房的销售广告和宣传资料为要约邀请，但是出卖人就商品房开发规划范围内的房屋及相关设施所作的说明和允诺具体确定，并对商品房买卖合同的订立以及房屋价格的确定有重大影响的，应当视为要约。该说明和允诺即使未载入商品房买卖合同，亦应当视为合同内容，当事人违反的，应当承担违约责任。"

至于何谓"出卖人就商品房开发规划范围内的房屋及相关设施所作的说明和允诺具体确定，并对商品房买卖合同的订立以及房屋价格的确定有重大影响的"因素，有的比较明显，特别是一些数据和比较明确的承诺。例如，"3 000 m² 的中心花园""绿化率达40%"等，以及关于基础设施和相关配套设施的承诺，如配有新风系统、恒温恒氧恒湿等。有的就是要约邀请而不能视为合同的内容，比如说"环境优美""交通便利""商机无限"之类的词语。还有的认定比较复杂，不同的法官可能有不同的理解。

为了避免此类纠纷，笔者建议，购房人如果特别在意某些楼书或者广告内容，应该将其明确写进商品房买卖合同。

## ③ 开发商拥有对楼书、广告的"最终解释权"吗?

【案例】 在五花八门的平面广告中,商家往往在广告位最不起眼的地方用很小的字标注"本公司拥有对本广告的最终解释权"的字样,房地产广告中此类标注更是屡见不鲜。遇有当事人对于广告内容质疑时,商家往往振振有词——本公司拥有对本广告的最终解释权。那么,对于广告的内容,商家果真有"最终解释权"吗?

【分析】 "最终解释权"问题由来已久,按理说,《合同法》《中华人民共和国消费者权益保护法》出台之后应该很好地解决了这个问题,但是正如案例中描述的那样,"最终解释权"还是时不时出现在广告中。诚然,商家对自己的广告、宣传确实拥有一定的解释权,但并不拥有所谓的"最终解释权",因为拥有最终解释权的实际上是国家司法机关,而商家只可以对自己的行为做出解释。从商家的初衷来看,这似乎是一种自我保护的措施。那么"最终解释权"真能保护商家吗?在笔者看来,未必。

**一、"最终解释权"的性质**

从字面上看,"最终解释权"一词的字面意思很简单:"最终"是指最后、末了,再没有回旋余地;"解释"是指说明含义、原因、理由等。"最终解释权"就是,最后说明含义、原因、理由的权利。

从《合同法》的意义上说,广告中的"最终解释权"属于《合同法》所规定的格式条款。所谓格式条款,是指为了重复使用而预先订立合同,并在订立合同时未与对方协商的条款,又称标准合同、标注条款、格式合同等。典型的格式条款主要存在于邮电、铁路等垄断性行业。不存在垄断性的行业,为了简化交易、节约时间,某些情况下也会使用格式条款。商品房广告正是如此,内容是开发商预先拟订、由其单方面提供、未经与购房人协商、不允许购房人予以修改或补充,并且可以反复使用,其具有格式条款的一些主要特点,因此商品房广告一般被认定为格式条款。开发商在其商品促销广告中声明保留"最终解释权"的条款就属于格式条款。

**二、关于格式条款的法律规制**

1.《合同法》相关规定

第三十九条规定,"采用格式条款订立合同的,提供格式条款的一方应当遵循公平原则确定当事人之间的权利和义务,并采取合理的方式提请对方注意免除或者限制其责任的条款,按照对方的要求,对该条款予以说明。格式条款是当事人为了重复使用而预先拟订,并在订立合同时未与对方协商的条款。"

第四十条规定,"格式条款具有本法第五十二条和第五十三条规定情形的,或者提供格式条款一方免除其责任、加重对方责任、排除对方主要权利的,该条款无效。"

第四十一条规定,"对格式条款的理解发生争议的,应当按照通常理解予以解释。对格式条款有两种以上解释的,应当作出不利于提供格式条款一方的解释。格式条款和非格式条款不一致的,应当采用非格式条款。"

第四十二条规定,"当事人在订立合同过程中有下列情形之一,给对方造成损失的,应当承担损害赔偿责任:(一)假借订立合同,恶意进行磋商;(二)故意隐瞒与订立合同有关的重要事实或者提供虚假情况;(三)有其他违背诚实信用原则的行为。"

第四十三条规定,"当事人在订立合同过程中知悉的商业秘密,无论合同是否成立,不得泄露或者不正当地使用。泄露或者不正当地使用该商业秘密给对方造成损失的,应当承担损害赔偿责任。"

2.《合同违法行为监督处理办法》(国家工商行政管理总局令第51号)相关规定

第九条规定,"经营者与消费者采用格式条款订立合同的,经营者不得在格式条款中免除自己的下列责任:(一)造成消费者人身伤害的责任;(二)因故意或者重大过失造成消费者财产损失的责任;(三)对提供的商品或者服务依法应当承担的保证责任;(四)因违约依法应当承担的违约责任;(五)依法应当承担的其他责任。"

第十条规定,"经营者与消费者采用格式条款订立合同的,经营者不得在格式条款中加重消费者下列责任:(一)违约金或者损害赔偿金超过法定数额或者合理数额;(二)承担应当由格式条款提供方承担的经营风险责任;(三)其他依照法律法规不应由消费者承担的责任。"

第十一条规定,"经营者与消费者采用格式条款订立合同的,经营者不得在格式条款中排除消费者下列权利:(一)依法变更或者解除合同的权利;(二)请求支付违约金的权利;(三)请求损害赔偿的权利;(四)解释格式条款的权利;(五)就格式条款争议提起诉讼的权利;(六)消费者依法应当享有的其他权利。"

3.《零售商促销行为管理办法》(商务部、国家发展和改革委员会、公安部、国家税务总局、国家工商行政管理总局令2006年第18号)相关规定

第六条规定,"零售商促销活动的广告和其他宣传,其内容应当真实、合法、清

晰、易懂,不得使用含糊、易引起误解的语言、文字、图片或影像。不得以保留最终解释权为由,损害消费者的合法权益。"

4.《最高人民法院关于审理商品房买卖合同纠纷案件适用法律若干问题的解释》的相关规定

第三条规定,"商品房的销售广告和宣传资料为要约邀请,但是出卖人就商品房开发规划范围内的房屋及相关设施所作的说明和允诺具体确定,并对商品房买卖合同的订立以及房屋价格的确定有重大影响的,应当视为要约。该说明和允诺即使未载入商品房买卖合同,亦应当视为合同内容,当事人违反的,应当承担违约责任。"

综上所述,所谓"最终解释权",实质上是少数有不良企图的开发商在商品房交易过程中提供的一种虚假、模糊的信息,它违背了《合同法》规定的公平、诚实信用原则,侵犯了购房者的知情权。若双方发生纠纷,"最终解释权"仅能为开发商提供一个解释的机会,并且开发商无权对条文进行"最终裁定",所以任何有损购房者合法权益的"解释"都不具有法律效力,开发商更无权利用"最终解释权"推卸其相应的侵权责任。

## ④ 认购发票不等于商品房预售合同

【案例】 2011 年 5 月 7 日,莫某看中了某楼盘的一套房,当场刷卡交了 5 万元定金,开发商开具了一张认购发票,发票上注明了买受人的姓名、房号、单价、总价,以及车库面积与价格,并与售楼小姐约定一周之内签订正式商品房买卖合同。在随后近半个月时间内,双方围绕房屋面积计算及计价方式产生了较大争议,一直没有能够顺利签订商品房买卖合同。在这之后,莫某分别于 2011 年 8 月 6 日、9 月 7 日两次往售楼小姐提供的开发商账号上各打进 10 万元。同时,开发商分别于 2011 年 10 月 7 日、11 月 5 日两次给莫某公证送达律师函,内容均是敦促莫某前来签订商品房买卖合同,逾期不签则将该房另行销售,且没收其认购定金。对于这两份律师函,莫某及其家庭其他成员均予拒收。在长期商谈未果之后,开发商将该房于 2012 年 9 月 13 日卖给黄某,与之签订了商品房买卖合同并在房管部门备案。在此情况下,莫某认为开发商"一房二卖",要求开发商退回已交纳的 25 万元,并依法赔偿其 25 万元,以及另行赔偿其 10 万元精神损失费。

【分析】 笔者接待处理了这起纠纷。开发商坚持认为自己对于这起纠纷的处理方式有理有节,并无不妥之处。莫某认为开发商"一房二卖"必须退一赔一,最低限度也要参照当前民间借贷的利率行情计算利息。在查阅了相关书面材料,并听取了双方陈述以及莫某的诉求之后,笔者与双方及各自的代理律师进行如下沟通。

**一、莫某与开发商之间无商品房买卖合同关系,本案不构成"一房二卖"**

**(一)商品房"一房二卖"的认定及其法律后果**

"一房二卖",学界有人将之定义为"房地产开发商以同一商品房为标的,与两个不同主体签订商品房买卖合同,将其出售给两个人的行为"。笔者认为该定义有失偏颇。实践中,"一房二卖"的情形之一是开发商与第一买受人签订商品房买卖合同,并为其办理商品房所有权转移登记手续后,再与他人签订商品房买卖合同的行为。这种情况下,第一买受人已经依法取得了房屋的所有权,开发商在这之后再与第三人签订以该商品房为标的的买卖合同,实际上是无权处分他人财产的行为。依据《合同法》相关规定,后一份商品房买卖合同虽然也属于有效合同,但处分行为本身效力待定。先买者已经依据物权排他性的效力原则取得房屋所有权;后买者只能向开发商主张债权。《商品房销售管理办法》第十条规定,"房地产开发企业不得在未解除商品房买卖合同前,将作为合同标的物的商品房再行销售给他人。"因此,应该把商品房的"一房二卖"定义为"房地产开发商与第一买受人订立商品房买卖合同后,于办理商品房所有权转移登记以前又与第二买受人就同一商品房订立买卖合同的行为"似乎更为妥当。

由上面的分析可以看出,商品房"一房二卖"的表现形式就是开发商先后与两个买受人签订了商品房买卖合同。至于开发商应该承担的商品房"一房二卖"的法律后果,《最高人民法院关于审理商品房买卖合同纠纷案件适用法律若干问题的解释》第八条、第九条、第十条规定非常明确。第八条赋予了先买者的惩罚性赔偿请求权:"商品房买卖合同订立后,出卖人又将该房屋出卖给第三人","导致商品房买卖合同目的不能实现的,无法取得房屋的买受人可以请求解除合同、返还已付购房款及利息、赔偿损失,并可以请求出卖人承担不超过已付购房款一倍的赔偿责任"。第九条赋予了后买者的惩罚性赔偿请求权:卖方"故意隐瞒所售房屋已经出卖给第三人或者为拆迁补偿安置房屋的事实","导致合同无效或者被撤销、解除的,买受人可以请求返还已付购房款及利息、赔偿损失,并可以请求出卖人承担不超过已付购房款一倍的赔偿责任"。恶意串通的情况下先买者的请求权无效。第十条规定,"买受人以出卖人与第三人恶意串通,另行订立商品房买卖合同并将房屋交付使用,导致其无法取得房屋为由,请求确认出卖人与第三人订立的商品房买卖合同无效的,应予支持。"

**(二)莫某与开发商之间应界定为预约合同关系**

本案中,莫某现场认购了商品房,交纳了5万元定金,双方约定一周之内签订商品房买卖合同。开发商出具的认购发票上注明了买受人的姓名、房号、单价、总价,以及车库面积与价格。据此,依据《合同法》规定,莫某与开发商之间应认定为预约合同关系,即莫某与开发商之间约定在将来的一周之内签订商品房买卖合同。之所以不能将其认定为正式的商品房买卖合同,是因为这种认购本身不具备成就商品房买卖合同的主要内容。《最高人民法院关于审理商品房买卖合同纠纷案件适用法律若干问题的解释》第五条规定,"商品房的认购、订购、预订等协议具备《商品房销售管理办法》第十六条规定的商品房买卖合同的主要内容,并且出卖人已经按照约定收受购房款的,该协议应当认定为商品房买卖合同。"《商品房销售管理办法》第十六条第二款规定,"商品房买卖合同应当明确以下主要内容:(一)当事人名称或者姓名和住所;(二)商品房基本状况;(三)商品房的销售方式;(四)商品房价款的确定方式及总价款、付款方式、付款时间;(五)交付使用条件及日期;(六)装饰、设备标准承诺;(七)供水、供电、供热、燃气、通讯、道路、绿化等配套基础设施和公共设施的交付承诺和有关权益、责任;(八)公共配套建筑的产权归属;(九)面积误差的处理方式;(十)办理产权登记有关事宜;(十一)解决争议的方法;(十二)违约责任;(十三)双方约定的其他事项。"

综上所述,莫某与开发商之间是商品房预约合同关系,不适用退一赔一法则。

在本案处理过程中,有人认为,不管两份买卖关系的表现形式是认购书还是合同文本,只要前一个买卖关系尚未解除而发生了后一个买卖关系,就构成"一房二卖"的违法行为。笔者认为,这种说法是不对的。单从字面上理解,这种说法未尝不可,但是"一房二卖"是从法条中提炼出来的一个较为通俗的说法,从法条内容看,无论是规章还是最高人民法院司法解释,对于"一房二卖"的界定均是"房地产开发企业不得在未解除商品房买卖合同前,将作为合同标的物的商品房再行销售给他人"。请注意,法条中的表述是"合同",而合同是个很严谨的法律术语,商品房买卖合同也是如此。同样的道理,对于后一个买卖关系也是如此。

**二、莫某与开发商之间争议的解决方式**

《最高人民法院关于审理商品房买卖合同纠纷案件适用法律若干问题的解释》第四条规定,"出卖人通过认购、订购、预订等方式向买受人收受定金作为订立商品房买卖合同担保的,如果因当事人一方原因未能订立商品房买卖合同,应当按照法律关于定金的规定处理;因不可归责于当事人双方的事由,导致商品房买卖合同未能订立的,出卖人应当将定金返还买受人。"本案中,双方之间之所以未能签订商品房买卖合同,是因为双方就房屋面积计算以及计价方式产生了较大争议,未能妥善协商处理,合同未能签订的原因不可归责于任何一方。据此,该纠纷正确的处理方式是开发商将5万元定金退还给买受人,并将20万元连同同期银行活期存款利息一同返还。

在本案处理过程中,莫某要求参照民间流行的借贷利率来计算25万元产生的利息。笔者认为,该要求于法无据。双方之间的纠纷属于商品房买卖合同纠纷,并非民间借贷纠纷,更何况对于违约方应承担的所谓惩罚性利息或者赔偿并无约定。

需要指出的是,开发商在律师函中告知莫某"逾期不签订商品房买卖合同,则没收定金"的说法,显然不能成立。

**三、莫某主张精神损害赔偿,于法无据**

从民法理论上讲,精神损害赔偿属于侵权责任的范畴。虽然违约可以导致包括精神损害在内的非财产性损失,但对于生活在市场经济社会之中的任何一个理性的人来讲,订立合同本身就意味着风险,精神损害的风险应当包括在这种风险之内,不能单独就精神损害再主张一次赔偿。

本案中,莫某要求主张精神损害赔偿,笔者认为,一方面,这超出了行政调解的受案范围;另一方面,精神损害赔偿以民事侵权为前提,民事侵权行为构成要件之一是侵权行为人存在过错。本案中,莫某与开发商未能签订商品房买卖合同,纯粹因为双方当事人对于合同面积条款及其计价方式有争议,其原因不可归责于当事人任何一方。

---

## ⑤ 商品房认购定金规则

**【案例】** 开发商在商品房销售过程中,出于维系客户的需要,往往先期与购房人签订"认购书"。"认购书"中常见"本协议签订后,购房人必须在七日内到售楼处与开发商签订《商品房买卖合同》。购房人到期不签订商品房买卖合同的,其所付购房定金不予退还,本公司有权将该房另行出售"的类似条款。实践中,因签订商品房"认购书"后由于种种原因不能顺利签订商品房买卖合同,而产生认购定金纠纷的案例比较常见。

**【分析】** 该条款的不妥之处在于开发商未能正确认识商品房认购行为的本质属性,极大地限制了购房者的合同自由权利,显得霸气十足。

## 一、商品房认购概述

### (一)商品房认购的定义

商品房认购,是房地产行业发展到一定阶段的产物,是市场营销的一种模式,并非是法律概念,通常以商品房认购书的形式出现,是商品房买卖双方在签署预售合同或买卖合同之前所签订的文书,是双方对于即将进行的商品房买卖有关事宜的初步确认。简单来说,商品房认购即开发商承诺在一定期间保证不将房屋卖给除认购人以外的第三人,认购人则保证在此期间遵循协议约定的条款与开发商就买房事项进行商谈进而达成一致意见,顺利签订商品房买卖合同的行为。这种认购行为的主要特征是买卖双方约定的是为将来订立合同而谈判的义务,而并非最终达成签约。

### (二)商品房认购书的性质

通常来说,商品房认购书往往由开发商单独拟订,内容包括购房人姓名、房号、面积、单价、总价、定金给付,以及在将来某个时段内签订正式合同。《合同法》第二条规定,"本法所称合同是平等主体的自然人、法人、其他组织之间设立、变更、终止民事权利义务关系的协议。"毋庸置疑,商品房认购书属于合同。但是,从认购书内容来看,却非商品房买卖合同,是预定将来某一时段内双方商谈进而顺利签订商品房买卖合同的合同,认购书本身并不产生商品房买卖的效果。从理论上来说,商品房认购书属于预约合同,与之相对应的是本合同,即商品房买卖合同。因此,处理商品房认购纠纷与商品房买卖合同纠纷,在事实认定和法律适用上大相径庭。

### (三)商品房认购达成合意之后的法律效力

关于商品房认购书法律效力问题,《最高人民法院关于审理商品房买卖合同纠纷案件适用法律若干问题的解释》第五条明确规定:"商品房的认购、订购、预订等协议具备《商品房销售管理办法》第十六条规定的商品房买卖合同的主要内容,并且出卖人已经按照约定收受购房款的,该协议应当认定为商品房买卖合同。"此类认购书如果与将来的商品房买卖正式合同没有冲突,完全可以作为商品房买卖合同的补充条款。

(1)对开发商来说,不能将商品房认购书中所确认的商品房再承诺给其他购房人。

(2)认购人应按照约定的时间与开发商商谈商品房买卖合同条款的具体内容。

(3)如认购人在约定的期限内无正当理由未与开发商接触、商谈,无故拒不按约定的时间签订商品房买卖合同,则开发商有权将商品房认购书确认的商品房另行出售给他人,认购人无权要求返还定金;反之亦然。如果在签订商品房买卖合同时,开发商已经将认购书确认的商品房另行出售(如开发商与他人签订了商品房买卖合同、房屋已交付等),则应当双倍返还定金。

(4) 如果对于商品房买卖合同条款,双方不能达成一致,使得双方未能顺利签订商品房买卖合同,视为双方均没有违约行为,房屋开发商应当将定金如数返还给认购人。

**二、未能签订商品房买卖合同,认购定金的处理方法**

《最高人民法院关于审理商品房买卖合同纠纷案件适用法律若干问题的解释》第四条规定:"出卖人通过认购、订购、预订等方式向买受人收受定金作为订立商品房买卖合同担保的,如果因当事人一方原因未能订立商品房买卖合同,应当按照法律关于定金的规定处理;因不可归责于当事人双方的事由,导致商品房买卖合同未能订立的,出卖人应当将定金返还买受人。"

实践中,签订了商品房认购书之后未能顺利签订商品房买卖合同的案例比较常见,其原因也是多种多样,如跟风冲动订房之后后悔、家庭其他成员不同意、经济条件不允许、贷款困难、对商品房买卖合同条款有异议不能达成一致意见等等。对于未能顺利签订商品房买卖合同的情况,认购定金是否退还的问题,不能一概而论。

(一) 定金概述

1. 定金的定义

定金,是以合同订立或在履行之前支付的一定数额的金钱作为担保的担保方式。给付定金的一方称为定金给付方,接受定金的一方称为定金接受方。

2. 定金的法律特征

(1) 定金是一种金钱担保方式。定金是通过给付一定数额的金钱担保合同的订立、生效、履行或者解除的。它的担保性体现在法律对定金罚则的规定上,即给付定金的一方不履行约定的债务的,无权要求返还定金;收受定金的一方不履行约定的债务的,应当双倍返还定金。

(2) 定金是通过定金合同和给付行为设定的。首先,定金合同是主合同的从合同,它既可以体现为主合同中的定金条款,也可以是单独订立的合同。定金合同应当采取书面形式,或者尽管采取口头形式,但实际给付定金的,不影响定金的成立。其次,定金合同是实践合同,即定金合同自交付定金之日起生效。

(3) 定金必须以明确的意思表示约定。当事人要么明确约定其给付的金钱为定金,要么约定定金罚则的实际内容,否则不构成定金。《最高人民法院关于适用〈中华人民共和国担保法〉若干问题的解释》第一百一十八条规定，"当事人交付留置金、担保金、保证金、订约金、押金或者定金等，但没有约定定金性质的，当事人主张定金权利的，人民法院不予支持。"

3. 定金的种类及适用条件

在担保法理论上，根据定金担保目的的不同，可以将其区分为以下4种：

（1）订约定金。订约定金又称为立约定金，是指为担保合同的订立而支付的一定数额的金钱，以一方拒绝订立主合同为适用条件。

（2）成约定金。成约定金是以担保合同的成立或生效为目的而给付的一定数额的金钱，以合同不成立或不生效为适用条件。

（3）解约定金。解约定金是指以担保合同的解除为目的而支付的一定数额的金钱，以在合同履行过程中一方当事人解除合同为适用条件。

（4）违约定金。违约定金实际上就是履约定金，即以担保合同的履行而支付的一定数额的金钱，以违约行为的客观存在为其适用条件。

（二）商品房认购定金规则

我国《民法通则》《担保法》《合同法》《中华人民共和国物权法》（本书以下简称《物权法》）以及相关最高人民法院司法解释对于定金的适用规则均有明确规定，但具体应用在实践中，依然比较复杂。至于商品房认购定金的适用规则，倒是比较简单。《最高人民法院关于审理商品房买卖合同纠纷案件适用法律若干问题的解释》第四条规定，"出卖人通过认购、订购、预订等方式向买受人收受定金作为订立商品房买卖合同担保的，如果因当事人一方原因未能订立商品房买卖合同，应当按照法律关于定金的规定处理；因不可归责于当事人双方的事由，导致商品房买卖合同未能订立的，出卖人应当将定金返还买受人。"

1. 适用定金规则

《最高人民法院关于审理商品房买卖合同纠纷案件适用法律若干问题的解释》规定，适用定金规则的前提是"因当事人一方原因未能订立商品房买卖合同"。何为"因当事人一方原因"？《最高人民法院关于审理商品房买卖合同纠纷案件适用法律若干问题的解释》中没有列举，法律亦没有规定，但这并不妨碍我们就此做出事实判断，那就是当事人一方违约行为的客观存在。对于开发商一方来说，可能存在的原因是该项目没有取得商品房预售许可证明、商品房一房二卖、该项目已抵押、擅自提价等。对于购房人来说，可能是反悔、家庭成员意见不统一、按揭贷款不能及时到位等原因而要求退房。这种"一方原因"，其实质是违约行为。既然是违约行为，那就必须依法承担违约责任，承担双倍返还定金或者定金被没收的后果。

## 2. 返还定金

返还定金的前提是"因不可归责于当事人双方的事由,导致商品房买卖合同未能订立"。这里的"不可归责于当事人双方的事由",通常来说有两种情况,一种是法定的免责事由,那就是不可抗力,即指当事人(对双方都是)"不能预见、不能避免并不能克服的客观情况"(《民法通则》第一百五十三条》)。《合同法》第一百一十七条第一款也有相应的规定,"因不可抗力不能履行合同的,根据不可抗力的影响,部分或者全部免除责任,但法律另有规定的除外。"

实践中,"不可抗力"变成不少人口中的一个常用词,变成回避自身责任的一个借口。这里有必要扼要介绍一下"不可抗力"。合同行为中的不可抗力,是指合同签订后,不是由于当事人一方的过失或故意,发生了当事人在订立合同时不能预见、对其发生和后果不能避免并且不能克服的事件,以至于不能履行合同或不能如期履行合同的客观情况。遭受不可抗力事件的一方,可以据此免除履行合同的责任或推迟履行合同,对方无权要求赔偿。不可抗力通常包括两种情况:一种是自然原因引起的,如水灾、旱灾、暴风雪、地震等;另一种是社会原因引起的,如战争、罢工、政府禁令等。在法律上确立不可抗力制度的意义在于:一方面,它体现了社会公平。不可抗力的产生,正是从社会公平的角度出发,适当减轻了承受一方的责任,其实施结果亦体现了社会公平,社会的发展又把不可抗力从法官的"自由裁量"上升为法律规定。另一方面,不可抗力有利于保护无过错当事人的利益,维护过错原则作为民事责任制度中基本归责原则的实现,体现民法的意思自治理念;此外,它可以促使人们在交易时,充分预测未来可能发生的风险,并在风险发生后合理地解决风险损失的分担问题,从而达到合理规避风险、鼓励交易的目的。

至于"不可归责于任何一方"的另一种情形,就相对复杂了。实践中,最为典型的莫过于双方对于正式商品房买卖合同条款不能达成一致的情形。商品房买卖合同文本本身由国家住建部门和工商部门联合监制,其内容清楚明确,权利义务的设定公平合理。但实践中,往往因补充协议的内容不能达成一致意见而导致合同不能签订。这种情况下,开发商应退还定金。此外,如因当事人意志以外的因素(如国家贷款政策的调整等)而导致商品房买卖合同未能订立的,收取定金的当事人一方应将定金返还给对方当事人。

基于以上分析,为了避免认购定金纠纷,建议开发商在自制的商品房认购书中明确约定,"认购人未在约定的期限内与出卖人协商商品房买卖合同相关条款的,出卖人有权解除本认购书。出卖人解除认购书的,认购人已支付的定金不予退还,出卖人有权将该商品房另行出卖给第三方。认购人在约定的期限内与出卖人协商商品房买卖合同的相关条款,但双方未达成一致意见,认购书自动解除;双方也可以协商解除本认购书。认购书解除后,出卖人应当将已收取的定金退还认购人。"

## ⑥ 开发商单方填写合同条款,声明"不得更改"?

**【案例】** 购房人与开发商签订商品房买卖合同时,开发商常常拿出事先填好的合同文本及补充协议,并言明"不得更改"。这是典型的"霸王合同",其中不少条款都是"霸王条款"。

**【分析】** 单就商品房买卖合同示范文本而言,该文本为国家建设和工商部门起草的示范合同文本,本不会产生"霸王条款"。然而,文本中许多条款均为空白条款或可选择条款,意在交由商品房买卖双方具体协商一致后共同填写与确定。而实践中,开发商所提供的合同文本上,已单方提前填写或直接确定了本应由双方协商的合同条款,并声明不得更改,这是"霸王合同"的主要表现。其一,牺牲了购房人的意志自由,有悖于合同的本质属性;其二,强词夺理,似是而非,如在允许延期交房的空白栏内,将由于政府部门的办事程序耽搁、施工单位的逾期交工等原因作为其免责事由予以"约定";将开发商主动申请的规划变更和政府部门依职权而进行的规划变更等一律规定为"不可抗力",扩大了"不可抗力"这一法律概念的适用范围;其三,开发商将商品房买卖合同中对买受人有利或相对公平的有关条款划掉,对应与购房人协商确定的条款自行选定。如直接将设计变更的条款划掉,或另行填写为"如有设计变更,买受人不退房,据实结算房款";在面积误差处理上,直接将由开发商承担违约责任、买受人有权退房的条款划掉,自行填写为"买受人不退房,据实结算房款"。凡是规定开发商严重违约后购房人可以单方解除合同的条款,大多被开发商做类似如上单方面修改。至于补充协议中的"霸王条款",则更是屡见不鲜了。

笔者在工作中指出某些开发商商品房买卖合同存在"霸王条款"的问题时,少数开发商往往振振有词,"合同以及补充协议是公司法律顾问审核过的!"但是,有多少开发商真的把法律顾问当作顾问的呢?此外,需要指出的是,开发商的法律顾问往往奉行当事人主义,在审核或者拟订商品房买卖合同时往往站在开发商的角度,强调开发商所享有的权利,有意无意地忽视购房人的利益。实践中,有的法律顾问或者漫不经心,或者敷衍了事,甚至根本就是滥竽充数,还有的则根本不负责任,对开发商唯唯诺诺。笔者遇到的很多法律顾问,他们给人的感觉是老板秘书,而不是律师。试想,在这种情况下出炉的合同,又如何称得上公平合理的呢?更何况,对于那些扩大自身权利、加重对方责任的条款,以及由于欺诈、重大误解等原因而签订的合同,法律对其基本是持否定态度的。

从另一个角度来说,"市场经济中每个成员的权利与义务基本对等,才是经济发展的强大基础。否则,社会就要动荡。"笔者对此深以为然。

## ⑦ 商品房买卖合同尚未签订,何来合同备案?

**【案例】** 市民许某看中了某楼盘的一套房,交纳了30万元定金之后,售楼处工作人员便从电脑上打印出一份商品房买卖合同让许某签字。许某仔细翻看了合同条款之后,不同意合同中关于面积差异"按实结算"的计算方式。许某要求,当合同约定面积与产权登记面积的误差超出3%时,他有权退房;而售楼处工作人员坚持认为这是公司统一规定,必须要按实结算,双方互不相让。在此情况下,许某表示房子不买了,要求开发商退回30万元定金。售楼处工作人员认为,该合同已经在房管部门进行了备案,无法撤销。许某仔细一看,才发现合同的每一页下方均有合同备案号。他对此感到非常困惑,感觉其中必有蹊跷——没有与开发商签订任何形式的合同,何来的合同备案呢?

**【分析】** 首先需要指出的是,通常所说的商品房买卖合同备案针对的是商品房预售合同。对于商品房现售合同,开发商只需要根据《商品房销售管理办法》第八条的相关规定,"在商品房现售前将房地产开发项目手册及符合商品房现售条件的有关证明文件报送房地产开发主管部门备案"即可。

实践中,类似于案例中的纠纷虽然较为少见,但一旦发生就关乎上百万的买卖是否合法有效。这对于当事人合法权益、对于房地产市场秩序影响较大。

**一、商品房买卖合同备案的意义**

《中华人民共和国城市房地产管理法》(本书以下简称《城市房地产管理法》)第四十四条第二款规定,"商品房预售人应当按照国家有关规定将预售合同报县级以上人民政府房产管理部门和土地管理部门登记备案。"《城市房地产开发经营管理条例》第二十七条规定,"房地产开发企业预售商品房时,应当向预购人出示商品房预售许可证明。房地产开发企业应当自商品房预售合同签订之日起

30 日内,到商品房所在地的县级以上人民政府房地产开发主管部门和负责土地管理工作的部门备案。"《城市商品房预售管理办法》第十条第一款规定,"商品房预售,开发企业应当与承购人签订商品房预售合同。预售人应当在签约之日起 30 日内持商品房预售合同向县级以上人民政府房地产管理部门和土地管理部门办理登记备案手续。"

因此,根据上述法律、法规和规章的规定,开发商与购房者签订商品房合同(指的是商品房预售而非现售)后,开发商应在规定期限内到商品房所在地的县级以上人民政府房地产开发主管部门和负责土地管理工作的部门登记备案。申请登记备案的主体是开发商;登记备案的期限是在签订商品房买卖合同之日起 30 日内;登记备案的机关是商品房所在地的县级以上的房地产管理部门和土地管理部门。但是上述法律法规均没有明确登记备案的性质和法律效力,也没有赋予购房者申请登记备案的权利,这就是登记备案制度的严重法律缺陷。

但是,从上述法条内容不难看出,我国设立商品房预售合同登记备案制度的目的有二:一是为行政机关对商品房交易进行管理监督设置一个有效的抓手,防止开发商"一房二卖",维护商品房预售买受人的合法权益,极大地减小购房人风险;二是便于政府及时掌握房地产市场相关数据,及时调整房地产市场相关政策。

**二、商品房买卖合同备案程序**

从近年来商品房预售市场上的通行做法来看,购房人与开发商之间在签订了商品房认购书之后,售楼处工作人员就打开电脑上与房管部门联网的商品房预售程序终端,按照与购房人商定的内容进行填空,然后将自带合同备案号的合同文本打印出来,双方签字盖章。换句话说,商品房买卖"合同"备案在前,双方签字盖章在后。在买卖双方比较和谐的情况下,这种程序一般不会产生什么争议,毕竟,合同文本已在商品房销售现场明示,在签订合同之前购房人往往也认真审阅了。但是,带有备案号的合同打印出来之后,如果购房人反悔,根据《最高人民法院关于审理商品房买卖合同纠纷案件适用法律若干问题的解释》第四条的规定,"出卖人通过认购、订购、预订等方式向买受人收受定金作为订立商品房买卖合同担保的,如果因当事人一方原因未能订立商品房买卖合同,应当按照法律关于定金的规定处理;因不可归责于当事人双方的事由,导致商品房买卖合同未能订立的,出卖人应当将定金返还买受人。"

通过上述分析,不难得出结论,商品房预售合同备案的正当程序应该是双方签订纸质合同在前,与该合同内容完全一致的网络文本备案在后,两份合同效力一样。

综上所述,本案中许某与开发商"因不可归责于当事人双方的事由,导致商品房买卖合同未能订立的",开发商应将定金返还给许某。

## 8 商品房买卖合同可以约定公共部位使用权归开发商吗?

**【案例】** 在笔者搜集的商品房买卖合同补充协议中,有几份内容含有这样的格式条款:"该商品房所在楼宇的屋面使用权不属于买受人""该商品房所在楼宇的外墙面使用权归开发商拥有,直至本项目全部交付使用"等等。对于这些明显无效的条款,购房人虽然明知是"霸王条款",但往往因为是格式合同而无奈接受。

**【分析】** 案例中的类似条款违反了法律法规的强制性规定,属于无效条款。实践中,对于什么是格式条款,什么是示范条款,其效力如何,不少人还存在误解。对此,分析如下。

### 一、格式条款与示范条款

《合同法》第十二条第二款规定:"当事人可以参照各类合同的示范文本订立合同。"第三十九条第二款规定,"格式条款是当事人为了重复使用而预先拟订,并在订立合同时未与对方协商的条款。"同时,《合同法》用三个条文对于格式条款进行了规范,而对于什么是示范合同及其规范并未做出规定。同一部法律条文中,出现了两种关于合同的不同表述,造成在实践中常常将格式条款与示范文本相混淆,因此,有必要分析格式条款、示范文本的概念,将格式条款与示范文本加以区别。

#### (一) 《合同法》对格式条款的限制

合同,是双方当事人意思表示一致的结果。在缔结合同的过程中,双方当事人自由地表达自己的意思,在追究自身利益最大化的同时充分兼顾对方当事人的合法权益,最终实现合同目的,达到双赢的结果。但"格式条款是当事人为了重复使用而预先拟订,并在订立合同时未与对方协商的条款",这种条款牺牲了另一方当事人自由表达内心意思的自由。在这种情况下,拟订格式条款的一方就有可能利用这种优势地位拟订一些不公平、不合理甚至违法的条款。因此,《合同法》对于格式条款进行了明确的限制。根据《合同法》第三十九条、第四十条、第四十一条的规定,拟订格式条款应遵循下列规范:

(1) 采用格式条款订立合同的,提供格式条款的一方应当遵循公平原则确定当事人之间的权利和义务,并采取合理的方式提请对方注意免除或者限制其责任的条款,按照对方的要求,对该条款予以说明。

（2）格式条款具有《合同法》第五十二条（该条规定,有下列情形之一的,合同无效:一方以欺诈、胁迫的手段订立合同,损害国家利益;恶意串通,损害国家、集体或者第三人利益;以合法形式掩盖非法目的;损害社会公共利益;违反法律、行政法规的强制性规定）和第五十三条（该条规定,合同中的下列免责条款无效:造成对方人身伤害的;因故意或者重大过失造成对方财产损失的）规定情形的,该条款无效。

（3）提供格式条款一方免除自身责任、加重对方责任、排除对方主要权利的,该条款无效。

（4）对格式条款的理解发生争议的,应当按照通常理解予以解释。对格式条款有两种以上解释的,应当做出不利于提供格式条款一方的解释。

（5）格式条款和非格式条款不一致的,应当采用非格式条款。

## （二）示范合同概述

示范合同,一般是由国家工商总局制定并发布,或者由国务院有关业务主管部门制定,经国家工商总局审定、编号后,会同各制定部门联合发布。示范合同种类繁多,仅住建部门就有建设工程勘察合同、建设工程造价咨询合同、建设工程设计合同示范文本（房屋建筑工程）、商品房买卖合同示范文本等二三十种示范合同文本。推广使用示范文本,有诸多好处:

（1）推行合同示范文本制度,是保护当事人合法权益的重要保证。推行合同示范文本制度最基本的指导思想是为企业服务、为当事人服务、为社会服务。因此,广大合同当事人既是示范文本制度的执行者,又是示范文本制度最直接的受益者。

（2）合同示范文本内容比较详细,具体条款完备,为签订合同提供了范本。

（3）当事人依据示范文本签订合同,可以减轻撰写合同条款的负担。

（4）为一些不熟悉有关法律、不懂得有关专业知识的当事人提供了具体的辅导和帮助,可减少签约的盲目性,避免上当受骗。

（5）合同示范文本具有平等性,它根据当事人法律地位一律平等的原则,规定了各方的权利和义务,可杜绝"霸王条款"等各种形式的显失公平的条款。

（6）合同示范文本具有合法性,其各项条款完全依据《合同法》等有关法规制订,当事人按照这一格式签订合同可以防止出现违法条款。

（7）推行合同示范文本制度,有利于合同仲裁机构和人民法院及时解决合同纠纷,保护当事人的合法权益,保障国家和社会公共利益。合同,既是当事人履行各自权利和义务的凭证,也是仲裁机构和人民法院在审理合同纠纷案件时借以判断当事人是非过错的最主要证据之一。当事人按照合同示范文本签订合同,基本可以避免条款短缺、解释不清等情况，当事人的权利和义务容易分辨，即使发生纠纷，也可以比较容易地举证，寻求法律的保护。

（8）推行合同示范文本制度，是完善合同法律制度的一项新措施，是对合同法律制度的充实。

**二、商品房项目中的公共部分全归纳**

《物权法》第六章规定，建筑区划内的道路、绿地、公共场所、公用设施、物业服务用房、占用业主共有的道路或者其他场地用于停放汽车的车位等都是全体业主的共有部分，其所有权属于全体业主。《最高人民法院关于审理建筑物区分所有权适用法律若干问题的解释》（法释〔2009〕7号）第三条又进一步明确了《物权法》第六章所称的共有部分的范围："（一）建筑物的基础、承重结构、外墙、屋顶等基本结构部分，通道、楼梯、大堂等公共通行部分，消防、公共照明等附属设施、设备，避难层、设备层或者设备间等结构部分；（二）其他不属于业主专有部分，也不属于市政公用部分或者其他权利人所有的场所及设施等。建筑区划内的土地，依法由业主共同享有建设用地使用权，但属于业主专有的整栋建筑物的规划占地或者城镇公共道路、绿地占地除外。"

综合以上两方面的分析，不难得出结论：案例中的绝大多数条款是开发商事先拟订的格式条款，反映的是开发商一方的意志。显而易见，类似的条款内容与上述法律和司法解释的规定明显相悖，因而归于无效。

此外，需要明确的是，《合同法》第五十二条第五项规定，违反法律、行政法规的强制性规定的合同无效。《最高人民法院关于〈中华人民共和国合同法〉若干问题的解释(二)》第十四条规定，《合同法》第五十二条第五项规定的"强制性规定"，是指效力性强制性规定。《最高人民法院关于当前形势下审理民商事合同纠纷案件若干问题的指导意见》（法发〔2009〕40号）第十五条亦规定，"违反效力性强制规定的，人民法院应当认定合同无效；违反管理性强制规定的，人民法院应当根据具体情形认定其效力。"这意味着司法部门在数十年来民商事审判的实践中，越来越明显地贯彻鼓励交易、维护交易安全的合同法立法宗旨，以及贯彻契约自由的合同法精神，倾向于保护合同效力，对认定合同无效的态度日趋谨慎。

## ⑨ 购房人只要存在违约行为,开发商就有权解除合同?

**【案例】** 某开发商拟订的商品房买卖合同补充协议中有这么一条,"若乙方违反合同中约定之任何条款,甲方有权解除本合同,并有权对乙方欲购之商品房另行出售,乙方所付定金不予返还。"

**【分析】** 类似案例中的合同条款,尽管在实践中极为罕见,但放任开发商的此类行为,对于广大购房人的合法权益具有极大的影响,因此还是有必要给这样的开发商上一课。从法律上来说,这种格式条款违反《合同法》关于格式条款的规定,属于无效条款。

笔者在工作中曾经看到一份商品房买卖合同补充协议,小五号字,单倍行距,足足有 8 页之多。商品房买卖合同示范文本(2000 版)加上补充协议,总条款达 60 条之多。这些条款对开发商和购房人双方所享受的权利和承担的义务均进行了明确的约定。在这些约定义务当中,有的是合同主要义务,有的是先合同义务,还有的是后合同义务,不同的义务对双方的利益影响程度不同。例如,购房者因个人信用问题不能贷款直接导致不能给付房款、开发商房屋质量存在重大问题、各项配套设施均不到位而强行交付使用等违约行为,均对双方合法权益造成重大影响,双方就此约定合同解除权,合理合法。从理论上说,这些行为都是根本违约行为,往往导致被违约人无法实现合同的目的。但即便是购房者迟延交付房款,根据《最高人民法院关于审理商品房买卖合同纠纷案件适用法律若干问题的解释》第十五条的规定,开发商应该催告,而且购房者还有三个月的宽限期,而不是购房人只要有了未按合同约定付款的情形,开发商就有权解除合同。如果因为购房者其他一些无足轻重的枝节性问题而直接导致开发商解除合同,显然对购房者是不公平的。

这种约定一般发生在房价"跑风"的时候。房价上涨了,开发商巴不得购房人退房,或者找个购房人违约的理由强迫购房人退房,然后重新卖个好价钱。但是,这仅仅是开发商的一厢情愿。《合同法》总则第一条开宗明义,阐明了立法宗旨,那就是"保护合同当事人的合法权益,维护社会经济秩序",结合《合同法》第三章关于效力待定合同、可变更(可撤销)合同及无效合同的规定,不难得出一个结论:《合同法》的立法本意是鼓励交易,维护交易安全。《合同法》对合同的解除,不论是约定解除权还是行使法定解除权,均有着严格的规定,从不轻易否认一份合同的效力。《合同法》第三十九条、第四十条、第四十一条对于格式条款进行了明确的规定。本案例中的这类条款属于《合同法》第四十条规定的"格式条款具有本法第五十二条和第五十三条规定情形的，或者提供格式条款一方免除其责任、加重对方责任、排除对方主要权利的，该条款无效"的情形，属于无效条款。

因此，在商品房买卖合同履行过程中，即便购房人存在违约行为，但只要不是根本违约行为，根据《合同法》的规定，法院不会支持开发商的诉讼请求。

试问，如果今天的房地产市场是买方市场，开发商还会拟订这种强势条款吗？

## ⑩ 一楼"花园"和顶楼"露台"可以随意赠送吗？

【案例】 东区某楼盘交付使用之后，业主投诉不断，投诉内容主要集中在一楼业主擅自占用一楼所谓"花园"进行各类装饰改建活动，有的是弄个小桥流水，有的是弄个葡萄架，有的是弄个凉亭，有的是叠个假山，还有的是学皮五辣子"楂房子"——将院落原有的绿篱隔断外扩，如此等等，不一而足。执法机关上门查处，当事人的说法也是五花八门，有的说是"开发商卖房子的时候承诺院子给我们用"，有的说"我的院子我做主"，还有的说"我知道这是公共绿地，但谁没事做来这闲逛啊？"实践中，类似上述开发商所做"买一楼送花园""买顶楼送露台"的允诺并非个案，这种允诺也确实是一大卖点，迎合了不少购房人的心理——同样的户型结构，尽管成交价比其他楼层的价格高出不少，但一楼业主多了个"花园"，顶楼业主多了个"露台"，使得购房人觉得该房性价比很高，但是，所有类似的承诺甚至是交易都是合法有效的吗？

【分析】 所谓一楼私家花园，无非就是用木栅栏、铁栏杆或者绿化将楼前一小块土地圈起来，留给一楼业主使用的部分。露台，一般是指住宅中的屋顶平台或由于建筑结构需求而在其他楼层中设计出来的大阳台。由于它面积一般均较大，上边没有屋顶，所以称作露台。需要注意的是，此处的露台应区别于屋面。如果是屋面，其所有权和管理权绝对属于全体业主所有，任何私人不得擅自使用和排他使用。

根据《物权法》及《最高人民法院关于审理建筑物区分所有权纠纷案件具体应用法律若干问题的解释》的相关规定，露台、花园等能否赠送，不能一概而论，购房人对此要严格甄别。

《最高人民法院关于审理建筑物区分所有权纠纷案件具体应用法律若干问题的解释》第二条第二款规定:"规划上专属于特定房屋,且建设单位销售时已经根据规划列入该特定房屋买卖合同中的露台等,应当认定为《物权法》第六章所称专有部分的组成部分。"据此,露台要成为专有部分的组成部分,必须具备以下条件:① 规划上专属于特定房屋。这里所说的"规划",特指经过规划行政主管部门批准的规划以及与建设有关的所有文件,如施工图等。② 物理上专属于特定房屋,是该特定房屋的附属物。也就是说,只有通过该房屋才能到达露台,即所谓"自古华山一条路"。③ 销售合同有约定。如果露台要成为某特定房屋的组成部分,必须要有合同依据。也就是说,开发商与购房人签订合同时,已经明确约定出售的部分包括露台。在符合上述三方面条件的情况下,开发商有权将顶层露台销售或赠送给某个特定业主。

那么底层小院(绿地)是否可以参照此规定呢? 在该条款中,司法解释在"露台"后面用了个"等"字,笔者认为,这个"等"应当包含一切与露台性质相近的其他附属物,底层小院(绿地)应在其中。这样看来,《物权法》第七十三条规定,"建筑区划内的绿地,属于业主共有,但属于城镇公共绿地或者明示属于个人的除外",这里的"明示属于个人"也就有了实际操作标准。据此,所谓"明示属于个人",既包括规划确定为个人所有,也包括合同确定为个人所有,如果规划确定为业主共有,则不能依据合同确定为个人所有。参照本条关于露台的解释,笔者认为,在审判实践中可以从以下几方面把握绿地是否属于特定房屋的组成部分:① 该绿地在规划上专属于特定房屋;② 开发商在卖房时已经根据规划将该绿地列入该特定房屋买卖合同中;③ 该绿地被围了起来,只能从该特定房屋才能进入,即"明示"的标准就是具有构造上和利用上的独立性。

综上所述,在同时满足了规划上的专有性、构造和利用上的专有性,并且在销售合同上明确约定的条件之下,开发商才有权将顶层露台或底层小院(绿地)销售或附赠给特定业主。

然而,对于普通购房人而言,碰到此类情况要做出正确的判断还是有些难度的。最简单的办法就是查询规划许可手续,看看赠送部分是否属于小区共用部分,一般可通过项目的建设规划批准文件予以认定或咨询规划部门来确定。业主在购房时除了要仔细查看购房合同约定外,还应要求开发商出示向有关部门报建的规划设计文件和图纸。如果是小区公共部分,开发商无权把这栋楼的公用面积单独赠送给某一业主,口头或书面的赠送承诺都是无效的;后期,业主在使用过程中容易因其他业主投诉等发生矛盾,并不能随心所欲地使用该公共部分。而因不熟悉相关规定已经购买了此类房产,并因此比其他业主多支付了成本的,可搜集相关宣传、承诺证据来维护自己的权益。在这种情况下业主可以选择退房,由开发商承担相应的损失,可以要求开发商对这种欺诈销售行为进行赔偿。

## ⑪ 如何界定车位车库"只售不租"

【案例】 一小区业主陈某与小区物业公司签订了停车服务协议,约定"本车位产权归开发商所有。如产权方将此车位售出,由甲方协调,在小区车库未满的情况下,另行安排车位供乙方停放,乙方须无条件服从。"有其他业主欲向开发商购买由陈某承租的车位,在陈某明确表示不买的情况下,开发商将该车位卖与他人。陈某非常纳闷,"不是禁止开发商对车位、车库'只售不租'吗?"

【分析】 对于上述案例中涉及的所谓车位车库"只售不租"问题,实践中,不少人对此认识有误。如何准确认定开发商对车位、车库的"只售不租"行为,结合《物权法》《江苏省物业管理条例》的相关规定,笔者谈谈自己的认识。

**一、相关法律规定及解读**

（一）相关法律规定

(1)《物权法》第七十四条第二款规定,"建筑区划内,规划用于停放汽车的车位、车库的归属,由当事人通过出售、附赠或者出租等方式约定。"

(2)《江苏省物业管理条例》第六十二条第三款规定,"建设单位未出售或者未附赠的车位、车库,应当优先出租给本区域内业主,租金按照价格行政主管部门核定的标准执行;业主要求承租车位、车库的,建设单位不得只售不租。拟出租车位、车库数量少于本区域要求承租车位、车库业主的房屋套数时,应当通过抽签等公平方式确定给未购买或者未受赠车位、车库的业主,每户业主只能承租一个车位或者车库。"

（二）解读

(1) 在住宅小区项目交付使用之前,项目规划红线范围内的所有建筑物、构筑物以及各种附属设备设施的所有权包括土地使用权,均属于开发商所有。商品房购房人在购房的同时想拥有车位车库的,"由当事人通过出售、附赠或者出租等方式约定"。《物权法》并没有明确规定开发商处置车位、车库的方式,仅仅规定不论是采取出售、附赠、出租中的哪一种方式,均由当事人两方协商一致后确定。

(2) 对于《江苏省物业管理条例》禁止开发商对车位、车库"只售不租"的规定,不可望文生义或断章取义,而应通读本法条的全部内容,才能得出正确结论。《江苏省物业管理条例》第六十二条第三款,在开发商拥有"未出售或者未附赠的车位、车库"的前提下,共有三个层次的规定:一是住宅小区内按照规划设置的车位、车库应该优先满足业主的需要;二是禁止"只售不租";三是拟出租车位、车库数量少于本区域要求承租车位、车库业主的房屋套数时的公平公正的处置方式规定,即抽签(或摇号)。

**二、正确认识"只售不租"**

实践中,不少人认为只要开发商还有车位、车库,只要业主要求承租,开发商就必须无条件按照规定予以出租。对于这种说法,笔者不敢苟同。一是这种说法显然是断章取义,违背了《物权法》及《江苏省物业管理条例》的相关立法精神;二是这种说法也从根本上违背了所有权的基本理论和法律规定。正确认识"只售不租",笔者认为要从以下三个方面予以把握:

1. 准确把握时间节点

如上所述,项目建设之初直至交付使用之前,小区建筑红线之内的一切权利人均为开发商,车位、车库也概莫能外。购房人如何拥有车位、车库,应由双方当事人协商一致后书面约定,其处置方式包括出售、附赠或租赁。

因此,认定车位、车库"只售不租",不能无限扩大其外延。换句话说,从何时才可以开始审视、认定开发商存在车位、车库"只售不租"的行为,对于"建设单位未出售或者未附赠的车位、车库"的状态,必须要有一个开始点。否则,车位、车库租售问题将陷于混乱。对此,《江苏省物业管理条例》并未明确界定。笔者认为,在商品房开始预售直至交付使用之前,应该确认并尊重开发商对于车位、车库处置的主导权;交付使用之后,如果尚有未出售或者未附赠的车位、车库,对它们是租是售,则应充分尊重业主的意见。当然,这种认定也有一定的问题——假如直至交付时商品房多数并未售出,则后来的业主们对于车位、车库的需求又该如何满足呢?须知,绝大多数住宅项目的车位、车库配比并未达到1∶1。

也有人认为,应该规定开发商对于车位、车库或租或售的比例。这种说法看似可行,其实难度也不小。一是不同的业主态度,业主对于车位、车库有着不同的需求;二是车位、车库或租或售的比例定死了之后,往往容易造成实际操作的僵硬化——卖不掉,租不到,或者不购买,租不掉。

2. 准确把握业主的需求

随着汽车时代的到来,一个家庭拥有一部甚至两部以上的私家车已不是新鲜事。对开发商根据规划设置的车位、车库应优先满足业主的需求的规定,要有一个正确的认识:一是业主需求是全体业主的需求,而不是少数业主的特殊的需求;

二是需求本身应该有个限度，而不是无止境的需求，应根据小区车位、车库数量与房屋套数的比例合理确认业主的需求是否得到满足。

3. 合同至上

围绕车位、车库的争论由来已久，学界与坊间也是众说纷纭，莫衷一是。笔者认为，不论什么观点，不论什么理论，尊重已经依法成立并生效的合同约定是这一切的根本所在。上述案例中的焦点不在于开发商是不是存在对车位、车库"只售不租"的行为，而是在于陈某对于其已经承租的车位在本人不买他人已经购买的情况下，是不是有义务退还该车位而服从物业公司的另行调剂。根据协议约定，答案是肯定的。

---

## ⑫ 商品房买卖合同被宣布无效，购房人该如何维权？

【案例】 2009年4月，何某向某开发商购买了小海商贸城北区一号楼底楼建筑面积为833㎡的铺面。合同签订之后，何某按照约定向开发商交纳了全款。2010年11月，何某收房之后将铺面进行了简单装修并租赁给他人开店。之后，由于开发商一直未取得商品房销售许可证，亦未办理工程竣工验收手续，几年来与购房人之间一直官司不断。2013年4月，开发商向法院提起民事诉讼，以合同没有经过公证处公证、房屋未取得商品房销售许可证为由，要求撤销与何某之间的商品房买卖合同，并返还房屋。法院认定商品房买卖合同无效，判决双方返还，即何某交还铺面给开发商，开发商则将房款退给何某。对此判决，何某大惑不解，愤愤不平——这不是在鼓励那些没有实力的开发商，在没有取得预售许可证的情况下卖楼，在经营不善时甩掉包袱，等到地产增值时又道貌岸然地收回房屋，以卖个更好的价钱吗？（本案例基本内容来自于"新浪财经"）

【分析】 上述案例虽然在实践中较为少见，但是一旦发生，其性质相当恶劣。一方面，受害的将是全体购房人，并且会引起一系列不良连锁反应；另一方面，这种群体性的购房矛盾所引发的社会负面影响也是巨大的，对房地产市场秩序将带来严重的破坏作用。法院对于本案所做判决结果，无疑是正确的。但是，何某的损失也是显而易见的，是不是他就该自认倒霉呢？对此，笔者做如下分析。

**一、直到起诉时仍未取得商品房预售许可证的商品房买卖合同无效**

《城市房地产管理法》第四十四条第一款规定，"商品房预售，应当符合下列条件:(一) 已交付全部土地使用权出让金,取得土地使用权证书;(二) 持有建设工程规划许可证;(三) 按提供预售的商品房计算,投入开发建设的资金达到工程建设总投资的百分之二十五以上,并已经确定施工进度和竣工交付日期;(四) 向县级以上人民政府房产管理部门办理预售登记,取得商品房预售许可证明。"《城市房地产开发经营管理条例》(中华人民共和国国务院令第 248 号)第二十三条第四项规定,房地产开发企业预售商品房,应当已办理预售登记,取得商品房预售许可证明。由此可见,我国商品房预售实行许可制度。《合同法》第五十二条第五项规定,违反法律、行政法规的强制性规定的合同无效。显而易见,开发商在未领取商品房预售许可证明的情况下,与购房人签订的商品房买卖合同是无效的。依据《最高人民法院关于审理商品房买卖合同纠纷案件适用法律若干问题的解释》(本案例以下简称《解释》)第二条规定,"出卖人未取得商品房预售许可证明,与买受人订立的商品房预售合同,应当认定无效,但是在起诉前取得商品房预售许可证明的,可以认定有效。"

本案中,从庭审举证情况来看,直到起诉时开发商仍未取得该项目商品房预售许可证明,依据法律和司法解释的规定,该商品房买卖合同无效。法院判决双方返还,并无不妥之处。

这里需要说明的是,《解释》既然规定"出卖人未取得商品房预售许可证明,与买受人订立的商品房预售合同是无效的",那为什么又规定"但是在起诉前取得商品房预售许可证明的,可以认定有效"? 这就要从《合同法》的立法宗旨说起了。笔者认为,从《合同法》条文内容看,不难得出这样的结论,即《合同法》的立法宗旨有两个,一是鼓励交易。这世界有生产就必须要有消费,否则,经济不就要面临倒退甚至崩溃了吗? 房地产市场正是如此。二是维护交易安全。《合同法》很多条文,特别是总则部分均贯彻了这一立法宗旨,以充分保护合同当事人的合法权益。

庭审中,原告何某辩称商品房买卖合同是有效的,其依据是《解释》第五条及第六条的规定,即"商品房的认购、订购、预订等协议具备《商品房销售管理办法》第十六条规定的商品房买卖合同的主要内容,并且出卖人已经按照约定收受购房款的,该协议应当认定为商品房买卖合同";"当事人以商品房预售合同未按照法律、行政法规规定办理登记备案手续为由,请求确认合同无效的,不予支持"。这种辩称是错误的,错就错在何某将商品房买卖合同的备案与预售许可混为一谈了。商品房预售许可,是房管部门对于商品房预售管理的一条刚性行政管理手段,其根本目的在于维护购房人合法权益,维护房地产市场秩序,防止开发商一分钱不投入"空手套白狼"。而商品房买卖合同备案的目的在于防止开发商为了套现而"一房二卖",维护购房人合法权益,维护房地产市场秩序的。但商品房买卖合同备案与商品房买卖合同成立生效之间,并无必然联系。商品房买卖合同已经签订但未备案的,不影响合同效力。

**二、何某可以追究开发商缔约过失责任**

本案中,何某与开发商之间的商品房买卖合同归于无效,无效合同的法律后果首先是双方各自返还从对方取得的财产。然而,对于何某而言,其损失是客观存在的,例如,合同订立过程中支出的相关费用、利息损失、丧失了其他购房机会而蒙受了损失等。对此,何某并不是束手无策的,完全可以依法追究开发商缔约过失责任。

合同被确认无效或撤销后将导致合同自始无效,这也就是效力溯及既往的原则。我国《民法通则》第六十一条规定:"民事行为被确认为无效或者被撤销后,当事人因该行为取得的财产,应当返还给受损失的一方。有过错的一方应当赔偿对方因此所受的损失,双方都有过错的,应当各自承担相应的责任。双方恶意串通,实施民事行为损害国家的、集体的或者第三人的利益,应当追缴双方取得的财产,收归国家、集体所有或者返还第三人。"

《合同法》第五十八条规定:"合同无效或者被撤销后,因该合同取得的财产,应当予以返还;不能返还或者没有必要返还的,应当折价补偿。有过错的一方应当赔偿对方因此所受到的损失,双方都有过错的,应当各自承担相应的责任。"第五十九条规定:"当事人恶意串通,损害国家、集体或者第三人利益的,因此取得的财产收归国家所有或者返还集体、第三人。"

(一)缔约过失责任的定义

传统的民法理论将民事责任分为侵权责任和违约责任。侵权责任,是指民事主体因实施侵权行为而应承担的民事法律后果。换句话说,侵权责任是指任何人都对他人承担这样一种义务,即不因为自己的错误(过错)行为而侵害他人的合法权益,否则即构成侵权行为,要对受害方承担责任。侵权行为基本上都是违法行为。违约责任是违反合同的民事责任的简称,是指合同当事人一方不履行合同义务或履行合同义务不符合合同约定所应承担的民事责任。

然而,随着市场经济的发展,介于侵权责任与违约责任之间出现了一种特殊的民事责任,那就是一方当事人违反诚实信用这一民事活动基本原则,在缔结合同过程中采取坑蒙拐骗的手段,致使合同不能订立或合同订立之后依法归于无效而被撤销,而且另一方当事人因此蒙受了损失。因此,当一方当事人在缔约过程中因自己的过失、过错使另一方当事人的信赖利益受损时,即使合同尚未成立或无效,甚至被撤销,法律也应依法对此进行调整,使利益平衡得以恢复,由此来维持一定的社会经济秩序,这就是民法理论中的缔约过失责任。简单地讲,所谓缔约过失责任,是指在合同订立过程中,一方因违背其依据诚实信用原则所应负的义务而导致另一方信赖利益遭受损失,应承担的民事责任。

**（二）缔约过失责任的特征**

我国《合同法》第四十二条规定:"当事人在订立合同过程中有下列情形之一,给对方造成损失的,应当承担损害赔偿责任:(一) 假借订立合同,恶意进行磋商;(二) 故意隐瞒与订立合同有关的重要事实或者提供虚假情况;(三) 有其他违背诚实信用原则的行为。"第四十三条规定:"当事人在订立合同过程中知悉的商业秘密,无论合同是否成立,不得泄露或者不正当地使用。泄露或者不正当地使用该商业秘密给对方造成损失的,应当承担损害赔偿责任。"这些规定都涉及缔约过失责任的内容,是适用缔约过失责任的请求权基础。此外,《民法通则》第六十六条关于无权代理,第六十七条关于违法代理的规定,以及《合同法》四十八条、第五十八条的规定,均为适用缔约过失责任理论的体现。从这些法条的规定可以看出,缔约过失责任具有以下 3 个特征:

(1) 法定性。缔约过失责任主要是基于法律的规定而产生的民事责任。只要缔约当事人具有以上法条规定的缔约过失情形之一,并给对方造成损失的,即应依法承担缔约过失责任。

(2) 财产性。缔约过失责任是一种财产责任。法律所规定的缔约过失责任的承担方式主要是赔偿损失,即缔约过失方承担其缔约过失行为所导致的对方当事人财产减损后果。

(3) 补偿性。因一方当事人的缔约过失行为给对方造成损失的,该当事人应承担损害赔偿责任,以补偿相对人因此而受的损失,维护交易安全,保护当事人的合法权益。

**（三）缔约过失责任的构成要件**

(1) 缔约一方有违背了其依据诚实信用原则所应负的义务的事实(也叫前契约义务、先合同义务)。当事人在缔约时应遵循诚实信用原则,尽到交易上必要的注意义务。

(2) 缔约过失的事实(行为)必须发生在合同订立阶段,使得合同未成立,或者说合同虽成立却因违法而被撤销。

(3) 必须有已造成他人损失的事实。损害事实是民事责任的构成要件之一,缔约过失责任也不例外,即一方的缔约过失必须给对方造成损害。

(4) 缔约一方或双方有过错。过错是缔约过失责任的归责原则。缔约当事人一方或双方有过错是指当事人故意或过失对合同的缔约没有尽到必要的注意。缔约当事人的过错是承担缔约过失责任的前提。

本案中,开发商的缔约过失责任是比较明显的。在商品房买卖合同订立阶段,开发商未明确告知该项目尚未领取商品房预售许可证明的事实,而且直到起诉之前都没取得预售许可,订立的商品房买卖合同依法属于无效合同。由此给购房人何某带来的损失也显而易见,而绝非将购房款一退了之所能弥补的。

**(四)缔约过失责任的赔偿范围**

一般来说,缔约过失责任的赔偿范围包括直接损失和间接损失。

直接损失一般为:缔约费用;准备履约和实际履行所支付的费用;因缔约过失导致合同无效、被变更、被撤销所造成实际损失;因身体受到伤害所支出的医疗费等合理费用;因支出缔约费用或准备履约和实际履行支出费用所失去的利息;等等。

间接损失主要包括:因信赖合同有效成立而放弃的获利机会损失,亦即丧失与第三人另订合同的机会所蒙受的损失;利润损失,即无过错一方在现有条件下从事正常经营的活动所应获得的利润损失;因身体受到伤害而减少的误工收入;其他可得利益损失。

此外,因一方缔约过失造成损失时,受损失的一方有及时采取措施防止损失扩大的义务,没有及时采取措施致使损失扩大的,无权就扩大的损失要求赔偿。但受损失的一方因防止损失扩而支出的合理费用,则应由缔约过失方来承担。同时,如果缔约双方当事人在缔约过程中都有违反前契约义务的过错行为,致使合同无效或被撤销,并均给对方造成损失的,就由双方各负其责,亦即各自承担相应的责任。

本案中,购房人何某可以依法追究开发商缔约过失责任,要求赔偿损失:为订立合同而合理支出的交通费、通信费、误工费、利息损失、预期收益,租金损失、营业损失、房屋价格上涨带来的实际损失等。

---

## ⑬ 慎重行使商品房买卖合同不安抗辩权

【案例】 2013年4月19日,陆先生与某开发商签订了商品房买卖合同,并向开发商交纳了7万元定金。合同约定:陆先生购买该开发商开发的某楼盘房屋一套,总价为168万元;合同签订之后7个工作日之内,陆先生交齐88万元首付款,余下的80万元由开发商代为办理按揭贷款。2014年4月23日,他听朋友说这家开发商因拖欠材料款,被多家建材供应商告上了法庭,以及由于该市区划重新调整之后其所购房产地块规划也要重新调整,他觉得这次投资购房有风险,于是向开发商提出退房要求。开发商回复不同意,要求陆某履行合同,否则将没收其定金7万元。陆某随后向法院提起诉讼,要求解除合同,退还定金。

【分析】 对于上述案例,陆某向笔者投诉称,他的诉讼请求合法合情合理,并且极其专业地认定自己是在行使不安抗辩权。笔者仔细查阅他所提供的相关材料,并就相关情况询问了开发商后认为,陆某要求退房的依据不足。换句话说,陆某行使商品房买卖合同不安抗辩权,缺乏事实依据。

毋庸置疑,只有在合同双方当事人都全面、适当履行了合同义务之后,合同的目的才能实现。因此,在合同履行过程中,一方未按合同约定履行义务、未全面履行义务或有证据显示不能保证按合同履行义务时,另一方当事人理应享有暂缓履行自己合同义务的保留性权利,以防自己的损失扩大,这在民法理论中被称作抗辩权。对此,我国《合同法》对于合同履行中的抗辩权有明确的规定,并将合同履行抗辩权分为3种,即同时履行抗辩权、不安抗辩权和先履行抗辩权。上述案例中,陆某要求退房,实际上是在行使不安抗辩权。只不过,他对于这种权利的认识比较模糊。

### 一、不安抗辩权之法律规制

所谓不安抗辩权,是指当事人互负债务、有先后履行顺序的,先履行的一方有确切证据表明另一方丧失履行债务能力时,在对方没有恢复履行能力或者没有提供担保之前,有权中止合同履行的权利。规定不安抗辩权是为了切实保护当事人的合法权益,防止借合同进行欺诈,促使对方履行义务。我国《合同法》第六十七条规定,"当事人互负债务,有先后履行顺序,先履行一方未履行的,后履行一方有权拒绝其履行要求。先履行一方履行债务不符合约定的,后履行一方有权拒绝其相应的履行要求。"第六十八条规定,"应当先履行债务的当事人,有确切证据证明对方有下列情形之一的,可以中止履行:(一)经营状况严重恶化;(二)转移财产、抽逃资金,以逃避债务;(三)丧失商业信誉;(四)有丧失或者可能丧失履行债务能力的其他情形。当事人没有确切证据中止履行的,应当承担违约责任。"第六十九条规定,"当事人依照本法第六十八条的规定中止履行的,应当及时通知对方。对方提供适当担保时,应当恢复履行。中止履行后,对方在合理期限内未恢复履行能力并且未提供适当担保的,中止履行的一方可以解除合同。"

### 二、不安抗辩权之构成要件及行使方式

(一)不安抗辩权之构成要件

由上述法律规定可知,当事人行使不安抗辩权须具备以下条件:

(1)双方当事人因同一依法成立并生效的双务合同而互负债务;

(2)合同义务的履行有先后顺序;

（3）先履行一方的债务已经届满清偿期；

（4）后履行义务方存有不能履行或可能不能履行的事实。

**（二）不安抗辩权之行使方式**

（1）行使不安抗辩权人（后履行义务人）需承担举证责任，需有确切的证据证明对方当事人有不履行或不能履行义务的证据。

（2）行使不安抗辩权人（后履行义务人）履行通知义务。

需要注意的是，行使不安抗辩权，源于自己内心的不安，担心自己履行合同义务之后却承担了非常明显的而且影响巨大的风险，其行使不安抗辩权的根本目的是保证自己的合同权利最终得以实现，保障交易的安全，而不是解除合同。行使不安抗辩权的表现方式就是通知对方：己方中止履行义务，即暂停履行或延期履行，但其合同义务依然存在。当对方当事人提供担保之后或者主动先履行义务时，不安抗辩权人应主动履行合同义务。

当然，依据《合同法》的规定，先履行义务人（不安抗辩权人）中止履行后，后履行义务人在合理期限内未恢复履行能力并且未提供适当担保的，先给付义务人可以解除合同。解除的方式：由先给付义务人通知后给付义务人，通知到达时发生合同解除效力；但后给付义务人有异议时，可以请求人民法院或仲裁机构确认合同解除效力。

**三、陆某不当行使不安抗辩权，败诉风险明显**

如上所述，本案的焦点就在于陆某能否拿出确切的证据证明自己两年后肯定不能拿到符合合同约定的商品房。陆某的理由有二：一是该开发商因拖欠材料款被多家建材商告上法庭；二是因区划调整而可能导致规划调整，他最终拿到的房子可能"货不对板"。

对于这两点理由，笔者认为其不构成不安抗辩权的行使要件。开发商在房地产项目运作中与供应商、施工方产生各类纠纷，这在房地产市场中较为常见。本案中，开发商与建材供应商之间的材料款诉讼，与开发商是否有能力继续运作项目直至最终顺利交房，两者之间并无必然联系。对于第二个理由，更不能作为陆某行使不安抗辩权的理由。原因很简单，规划调整的事实尚未发生，陆某不能用道听途说的消息作为证据。

退一万步说，即使证据确切，可以行使不安抗辩权，陆某也不能直截了当地提出退房，而应该提出暂时性的中止履行合同。退房，意味着解除已生效的合同。对照上述法律规定，很显然，这是个不当的诉讼请求。

综上所述，笔者认为，陆某行使不安抗辩权，状告开发商要求退房的诉讼请求，应该不会得到法院的支持。

## ⑭ 如何正确认识房地产调控背景下因房贷难而引发的逾期付款纠纷?

【案例】 2010年4月初,市民卜女士与某开发商签订了一份商品房买卖合同。合同约定,卜女士购买该开发商开发的某楼盘中的一套房屋,房屋总价为112万元,并约定首付60万元,其余52万元进行按揭贷款。签订合同之后,卜女士交纳了首付款。2010年4月17日,《国务院关于坚决遏制部分城市房价过快上涨的通知》(即"国十条")出台。"国十条"要求"严格限制各种名目的炒房和投机性购房。商品住房价格过高、上涨过快、供应紧张的地区,商业银行可根据风险状况,暂停发放购买第三套及以上住房贷款"。卜女士的购房带有投资性质,所购房系第四套房。经多方协调,卜女士还是无法获得银行贷款。无奈之下,卜女士要求解除商品房买卖合同,并要求开发商返还首付款。开发商则认为,合法有效的合同必须得到执行,且卜女士无法获得银行贷款原因不在开发商,开发商自身没有任何过错,要求卜女士除一次性付清52万元剩余房款外,还应按合同约定承担逾期付款的违约责任。多次商谈无果后,开发商按照合同约定提请仲裁。

【分析】 在仲裁庭审过程中,双方当事人进行了激烈的争辩。卜女士认为,不能办理贷款的根本原因是国家房贷政策发生了变化,本人无法预料更无法左右,不能贷款的原因不能归咎于购房人。开发商则认为自己更无过错,坚持要求卜女士继续履行合同并承担违约责任。本案焦点在于,购房人因无法获得银行贷款而导致逾期付款甚至根本履行不了合同,开发商能否要求解除合同? 卜女士是否应该承担违约责任? 笔者认为,此类纠纷不能一概而论。

本案的基本事实是,卜女士与开发商签订了商品房买卖合同之后,国务院出台了严苛的"国十条",直接导致卜女士无法获得房贷。换句话说,合同生效后客观情况发生了变化,这是卜女士在签订合同时无法预见的。在此情况下,如果要求卜女士继续履行合同,对其有失公平。

处理因"签订合同之后无法获得贷款"的类似纠纷,应准确把握以下两点:

(1) 如果是"签订合同之后才发生无法获得贷款"的情况,在理论上应该属于"情势变更"。虽然我国《合同法》并未确认该原则,但是《最高人民法院关于适用〈中华人民共和国合同法〉若干问题的解释(二)》第二十六条对此有明确的规定,"合同成立以后客观情况发生了当事人在订立合同时无法预见的、非不可抗力造成的不属于商业风险的重大变化,继续履行合同对于一方当事人明显不公平或者不能实现合同目的,当事人请求人民法院变更或者解除合同的,人民法院应当根据公平原则,并结合案件的实际情况确定是否变更或者解除。"国家出台房地产市场调控措施,直接导致购房人不能办理第四套房屋按揭贷款,这种情况确实属于购房人卜女士无法预计的客观情况变化。

(2) 如果是"签订合同之前(针对当事人房产状况)就无法获得贷款",那就不适用上述"情势变更"原则。这种情况下,购房人可以依据《最高人民法院关于商品房买卖合同纠纷案件适用法律若干问题的解释》第二十三条之规定,行使解除合同的权利。该规定明确:"商品房买卖合同约定,买受人以担保贷款方式付款、因当事人一方原因未能订立商品房担保贷款合同并导致商品房买卖合同不能继续履行的,对方当事人可以请求解除合同和赔偿损失。因不可归责于当事人双方的事由未能订立商品房担保贷款合同并导致商品房买卖合同不能继续履行的,当事人可以请求解除合同,出卖人应当将收受的购房款本金及其利息或者定金返还买受人。"

在此,笔者建议无论是购房人还是开发商,应时刻关注国家当前相关房地产市场调控政策特别是房贷政策,签订商品房买卖合同之前向银行或房管部门咨询一下,那么,此类纠纷完全可以避免。对于购房人来说,支付购房款是其主要合同义务,更应清楚自身付款能力。如需贷款,符合贷款要求是签订商品房买卖合同前的必修课。

---

## ⑮ 现场公证是否导致诉讼时效中断?

【案例】 2006 年 7 月,卞某向开发商购买了两套别墅,双方签订了两份商品房买卖合同。合同约定了房屋总价、建筑面积、交房时间、交房条件以及相应的违约责任。2007 年 7 月,开发商按照合同约定向卞某发出交房通知,要求卞某到物业公司办理交房各项手续。卞某在察看房屋时发现存在地面不平整、室内净高不等、进出车库的通道与车库地面有高差、室外木栅栏残缺等情况,拒绝收房。此后,开发商进行了一些维修并分别于 2007 年 9 月、2008 年 7 月、2009 年 10 月三次向卞某发出交房通知,但卞某以房屋存在各种问题为由坚持不予办理交房手续。在此期间,卞某于 2009 年 5 月办理了现场公证,由公证员拍摄了现场照片,出具了公证书,证明这些照片拍摄的时间、地点和拍摄者。2010 年 5 月,卞某提起诉讼,要求开发商承担逾期交房违约责任并承担本案诉讼费,共计上百万之巨。

在本案审理过程中,争议焦点之一即被告认为原告起诉超过了诉讼时效,依法应予驳回起诉;而原告认为有效的现场公证导致诉讼时效中断,被告应该承担相应的合同违约责任。在法院内部也形成了如上两种意见。

【分析】

## 一、诉讼时效概念及相关法律规定

诉讼时效是一个比较复杂的问题。单就概念而言,一般认为,诉讼时效是指权利受到侵害的权利人在法定的时效期间不行使权利,当时效期间届满时,人民法院对权利人的权利不再进行保护的制度。在法律规定的诉讼时效期间内,权利人提出请求的,人民法院会依法强制义务人履行义务;而在法定的诉讼时效期间届满之后,权利人行使请求权的,人民法院不再予以保护。这里需要指出的是,诉讼时效届满后,义务人虽可拒绝履行其义务,权利人请求权的行使仅发生障碍,但权利人权利本身及请求权并不消灭。诉权是一项基本人权,受法律保护。当事人超过诉讼时效后起诉的,人民法院应当受理,受理后经查明无中止、中断、延长等事由的,判决驳回其诉讼请求。简单地说,对于超过诉讼时效的案件,法院或仲裁机构虽可受理,但是权利人丧失了胜诉权。

诉讼时效制度是一项基本的民事法律制度,设立该制度的现实意义在于促使权利人及时维护自己的合法权益,及时维护交易安全,保障社会秩序。如果没有这一制度,权利人请求权永久存在,那么,一方面不利于维护权利人合法权益,另一方面也使得社会秩序时刻处于一种不稳定的可能状态之中。

关于诉讼时效,我国法律及相关司法解释做出了非常明确的规定。就民事诉讼时效来说,我国《民法通则》第一百三十五条规定,“向人民法院请求保护民事权利的诉讼时效期间为二年,法律另有规定的除外。”从现有民事法律和最高人民法院相关司法解释来看,我国民事诉讼时效分为一年、两年、三年、四年和二十年。学理上一般将两年称为一般诉讼时效,其他时效称为特别诉讼时效。

此外,关于诉讼时效的中止、中断,《民法通则》也做出了相关规定,第一百三十九条规定,“在诉讼时效期间的最后六个月内,因不可抗力或者其他障碍不能行使请求权的,诉讼时效中止。从中止时效的原因消除之日起,诉讼时效期间继续计算。”第一百四十条规定,“诉讼时效因提起诉讼、当事人一方提出要求或者同意履行义务而中断。从中断时起,诉讼时效期间重新计算。”《最高人民法院关于审理民事案件适用诉讼时效制度若干问题的规定》等相关司法解释对诉讼时效的中止、中断做出了更为详细的一些规定。

## 二、本案诉讼时效争议的处理

从上述分析可以看出，本案诉讼时效适用一般时效，即卞某于 2007 年 7 月知道开发商不具备交房条件并意欲强行交房，从这时起开始计算诉讼时效，时效为两年，直到 2009 年 6 月为止。在此期间，"（权利人）提起诉讼、当事人一方提出要求或者同意履行义务而中断"。

从法条规定可以得出一个结论，对权利人而言，如果在诉讼时效期间提起诉讼或者直接向义务人提出履行义务，则诉讼时效中断。

具体到本案，卞某在 2007 年 7 月就知道这两套别墅存在各种问题，应该书面向开发商指出问题所在，并要求开发商进行维修、尽快交付，同时保留追究开发商逾期交房的违约责任，或者直接向法院提起诉讼，追究其质量违约责任。但是，卞某于 2010 年 5 月才向法院提起诉讼。在此期间，他并无向开发商主张权利的任何行动。

行文至此，本案庭审焦点即现场公证是否导致诉讼时效中断，应该不难得出结论，那就是现场公证并不导致诉讼时效中断。现场公证仅是卞某保留证据或者说固定证据的一种手段，不是向义务人主张权利的方式方法。而且在现场公证之后，卞某并未就此立即向开发商主张权利，从而直接导致卞某丧失胜诉权。

---

## ⑯ 开发商预售的车库又被卖给他人，该案如何定性和处理？

【案例】 购房人王某与开发商签订了商品房买卖合同，合同约定王某购买玫瑰花园 3 栋 402 房，同时王某选购了 3 栋底楼 2 号车库。合同对房屋建筑面积、房款、交房条件及交房日期等事项均进行了约定。一年后开发商通知王某拿房，在办理交房手续过程中，王某发现她原先购买的 2 号车库被开发商卖给了他人，并给她配备了 7 号车库。王某要求开发商把 2 号车库调回来，开发商回答说那位业主已经办理了拿房手续，2 号车库已一并交付，无法调回。同时，开发商认为，在调换车库时，销售人员电话征求了王某的意见，她当时在电话里答应了，应视为对商品房买卖合同的变更的认可。对此，王某拒不承认，认为开发商"一房二卖"，要求开发商承担相应的法律责任。开发商认为自身行为不构成"一房二卖"，并且认为 7 号车库与 2 号车库在面积、朝向、内部结构等方面一模一样，并且 7 号车库距离楼梯更近，更加方便王某的生活。对此，王某并不领情，坚持己见。

双方经过多次商谈，无法达成一致意见。王某向仲裁机构申请仲裁，要求开发商交付2号车库，如果实在不行则拿7号车库，同时要求开发商承担2号车库价款一倍的违约金。庭审中，开发商提出仲裁反请求：鉴于王某拒不收房，要求解除商品房买卖合同。后经仲裁庭反复做工作，该案以调解的方式结案。

【分析】 在该案审理过程中，双方唇枪舌剑，各执一词。王某坚持认为开发商"一房二卖"，要求拿回2号车库，并追纠其"一房二卖"双倍返还车库款的民事责任（庭审中声称拿7号车库，开发商承担相当于2号车库价款一倍的违约金）；开发商坚持认为王某电话中同意了调换车库的要求，而且两个车库在面积、朝向、内部结构等方面一模一样，并且7号车库距离楼梯更近，更加方便王某的生活，应该视为开发商正确履行了合同义务。

**一、王某预购的车库被开发商转卖给他人，不能视为"一房二卖"**

开发商"一房二卖"具有极大的危害：一是购房人损失惨重，维权成本高；二是对房地产市场秩序也造成了极大的破坏。建设部《商品房销售管理办法》对此明令禁止。该办法第十条规定，"房地产开发企业不得在未解除商品房买卖合同前，将作为合同标的物的商品房再行销售给他人。"

本案中，开发商转卖的是车库，车库是商品房的附属设施，是商品房买卖合同标的物的附属设施，而非商品房本身。综合本案事实可知，开发商调换的7号车库在面积、朝向、内部结构等方面与2号车库一模一样，并且7号车库距离楼梯更近，更加方便王某的生活。王某购房的目的是居住，开发商如此履行合同能够满足王某当初签订商品房买卖合同的根本目的，应视为开发商履行了合同义务，而不能公式化地认为开发商"一房二卖"。

**二、如果王某电话答应了开发商调换车库的要求，能否视为对商品房买卖合同的变更？**

《合同法》第十条规定，"当事人订立合同，有书面形式、口头形式和其他形式。法律、行政法规规定采用书面形式的，应当采用书面形式。当事人约定采用书面形式的，应当采用书面形式。"《城市房地产开发经营管理条例》第二十八条规定，"商品房销售，当事人双方应当签订书面合同。"

从以上法律法规规定可以看出，订立商品房买卖合同，唯一有效的形式是书面合同，其他形式，即便是双方当事人达成了一致意见，由于合同形式不合法，也不能认定双方之间存在合同关系。同样的道理，合同的变更与解除也要采取书面形式。本案中，开发商认为王某曾经在电话中同意了销售人员的车库变更要求，显然，这种抗辩理由缺乏法律依据，更何况王某对此不予认可。

**三、如果王某拿了7号车库,能否要求开发商承担瑕疵,履行违约金?**

综合本案事实,如果王某拿了7号车库,开发商未完全按照合同约定的内容履行义务的事实是客观存在的,应该说,开发商履行合同行为是有瑕疵的,但是这种瑕疵对王某的合法权益来说,影响是微乎其微的。庭审中,王某之所以坚持要2号车库,其抗辩理由是:"2号车库在该栋楼底楼最西侧,此处正好是个死角,她家私家车可以停放在这里而不必进车库,对任何人都没有影响,车库也可以改作他用。"按照《民法通则》和《物权法》相关规定,王某的这个抗辩理由是不成立的,应不予采纳。

实践中,不少人有一个认识误区,即当事人一方不履行、不完全履行合同义务或者履行合同义务不符合约定的,就要支付违约金。其实,根据我国《合同法》规定,承担违约责任的方式有多种,包括继续履行、采取补救措施或者赔偿损失等,采取补救措施包括修理、更换、重做、退货、减少价款或者报酬等方式。支付违约金只是承担违约责任的方式之一。本案中,开发商履行合同不符合合同约定的事实是存在的,拿出7号车库应视为采取了正确的补救措施,不可以进一步要求开发商承担违约金。

**四、开发商申请解除合同的反请求,能否得到支持?**

本案在审理过程中,很长一段时间双方之间各持己见,无法调解。开发商数次给王某发出交房通知,但王某拒不拿房,拒不办理交房手续。于是,开发商提出解除合同,返还王某已付购房款。

笔者认为,在商品房买卖合同关系中,购房人的主要义务是支付房款,主要权利是按照合同约定的期限拿房。本案中,王某拒绝办理交房手续、拒不拿房,是放弃或者暂时放弃了自己的主要权利。商品房买卖合同中对此情形未予约定,也就是说合同未约定在这种情况下可以解除合同。《合同法》第九十二条关于合同法定解除的情形的规定也不包括上述情形。因此,开发商要求解除合同的请求缺乏事实和法律依据,应予驳回。开发商通知王某收房而王某拒绝收房,应视为开发商已交房,商品房本身的损毁风险已转移给王某,除非王某书面告知开发商不收房的正当理由。

在这种情况下,笔者认为,开发商可以适用提存制度,将该房交与公证机关进行提存。提存,是指由于债权人的原因而无法向其交付合同标的物时,债务人将该标的物交给提存机关而消灭债务的制度。提存之后,开发商及时了结了债务(交付商品房)关系,避免产生延迟履行的新债务(逾期交房违约责任),有利于保护债务人的利益,同时,也兼顾了购房人的合法权益。

## ⑰ 房地产项目运作固有风险不可转嫁于购房人

【案例】 有一份商品房买卖合同补充协议中有以下条款:"如在规定的日期内基础及公共设施未达到使用条件,若不属于出卖人的原因,则出卖人有义务尽力配合解决,但不承担相应的经济及法律责任。不属于出卖人的原因有,出卖人已与包括但不限于水、电、气、燃气、电话、道路建设、供水、供热、智能化设施等相关单位签订了相应的施工安装合同,并按合同履行了相关义务,但有关单位没有履约等情况。"从笔者搜集到的材料来看,商品房买卖合同中存在这类条款的情况不在少数。相信不少有过买房经历的读者对此条款也并不陌生。实践中,引发群体性交房纠纷的起因之一就是基础及公共设施直至交房时仍不具备交付使用条件。

【分析】 笔者认为,类似案例中开发商所列条款,显然是想把房地产项目运作中的部分风险转嫁于购房人身上,而开发商自己则"旱涝保收"。这可谓是一个典型的"霸王条款"。

商品房买卖合同的"霸王条款",一般来说,就是少数开发商为逃避法定义务、减免自身责任、加重对方责任,而事先拟订的单方面的不平等格式合同、通知、声明和店堂告示等,或者以行业惯例等说法限制购房人权利、加重购房人责任、严重损害购房人利益的合同条款。

上述案例中,开发商在向购房人交房之后,若水、电、气、电话、道路建设、供水、供热、智能化设施等部分或全部未达到使用条件,如果开发商与"相关单位签订了相应的施工安装合同,并按合同履行了相关义务,但有关单位没有履约",则尽管购房人的合法权益受到了侵犯,但开发商仍不承担"相应的经济及法律责任"。如此强词夺理,实属"霸王条款"。根据《合同法》第四十二条的规定,该条款属于无效条款,其理由如下:

(1)国家相关法律、法规、规章均明确规定"房地产开发项目竣工,经验收合格后,方可交付使用"。此处的"验收合格",一方面是指设计单位、建设单位、施工单位和监理单位共同验收并报建设主管部门备案;另一方面是指规划、消防等部门分项验收合格。

(2)水、电、气等设备设施以及道路等公共配套设施及时到位,是商品房交付使用题中应有之意。而且此处的供水、供电、供气应该是一种正常的居民供用水、电、气的关系,是供水、供电、供气等单位与居民直接建立的合同关系,而不可以是工地上临时提供的水、电、气。

（3）如果"有关单位没有履约"，按照《合同法》相关规定，此处的"有关单位"应该依据施工合同的约定，向开发商承担继续履行、赔偿损失、给付违约金等合同违约责任。换句话说，开发商是否向施工单位主张违约责任以及如何主张违约责任，均不影响开发商向购房人承担违约责任。开发商在向购房人承担了违约责任之后，可以按照施工安装合同的约定向施工方（即"有关单位"）追究相应的违约责任及要求赔偿损失。合同，是双方当事人之间的"法律"，一方当事人没有完成或没有全部完成合同约定的义务或者法定义务，则必须承担相应的违约责任，正所谓"生病吃药"。至于"病因"是别人传染的还是自身免疫系统出问题了，则与治病本身无关，更不能作为"不吃药"——免责的事由，正所谓"一码归一码""桥归桥，路归路"。

（4）合同相对性原理告诉我们，合同相对性是指合同项下的权利和义务只发生在当事人之间，合同只能对合同当事人产生约束力。换句话说，合同仅在缔约人（合同当事人）之间发生效力，对合同外第三人不产生效力；任何一方合同缔约人不得以合同约定涉及第三人利益的事项，而与第三人发生权利义务关系，否则合同无效（合同当事人依法享有的撤销权和代位权是合同相对性突破的例外）。在上述案例中，开发商与施工单位、购房人分别发生建筑工程施工合同关系和商品房买卖合同关系，而施工单位与购房人之间并不存在任何法律关系。商品房交付使用之后，开发商无论是依据法律还是依据合同的约定，均应承担售后质量保证与维修义务，并配合买受人与水、电、气等单位办理正常的供用手续。

房地产项目具有投资大、建设周期长等显著特点，在项目立项、可行性研究、设计、施工、交付使用、物业管理等各个阶段都存在大量的不确定因素（典型的如国家政策的调整、市场行情的变化、相关行政机关行政不作为或者乱作为所带来的项目调整等各类风险），使得原定的计划、方案受到干扰，原定的目标不能实现。这些事先不能确定的内部和外部干扰因素，被人们称为房地产项目风险。如上文论及的那样，这些风险是房地产项目运作的固有风险，开发商对此应该有着足够清醒的认识，决不能将风险转嫁于购房人。

商品房买卖合同"霸王条款"与日趋成熟的房地产市场格格不入。事实上，"霸王条款"不仅损害购房人权益，也不利于开发商自身的长远发展。如果开发商不是更多地考虑如何提升楼盘品质和管理水平，而是把精力放在挖空心思来降低自身风险、加重购房人责任、损害购房人利益方面，这样目光短浅的企业肯定走不了太远。从本质上来说，市场经济中的合同行为，其根本目的是双赢，而不是给对方挖坑。

## 18 商品房"一房二卖"问题如何认定和处理?

**【案例】** 现实中,"一房二卖"问题是个虽不多见但性质恶劣的行为。笔者在工作中接触到几个这样的案例,例如媒体曾曝光的某中介公司负责人林某公然叫嚣"我可以一房五卖"、某拆迁安置房房主见钱眼开"一房二卖"、开发商将已售已抵押的商品房再次出售收受购房款等等。那么,此类问题到底如何定性?在处理过程中如何进行法律适用?下面将就这些问题进行分析。

**【分析】** 尽管开发商"一房二卖"在实践中较为罕见,但一旦发生,就会对购房人的合法权益造成巨大的侵害,同时对房地产市场秩序也产生极大的破坏。

关于开发商"一房二卖"问题,首先要确认开发商的行为是否构成"一房二卖"。《商品房销售管理办法》第十条规定,"房地产开发企业不得在未解除商品房买卖合同前,将作为合同标的物的商品房再行销售给他人。"从该条规定看,开发商"一房二卖"行为有以下几个构成要件:一是一方当事人是开发商而非其他主体,二是开发商已与购房人签订了商品房买卖合同,三是"将作为合同标的物的商品房再行销售给他人"。开发商的此类违法行为,需要承担两种责任:一是向房管部门承担行政违法责任,即房管部门依法给予其"警告,责令限期改正,并处2万元以上3万元以下罚款"的行政处罚;二是依法向"他人"承担民事责任。根据《最高人民法院关于审理商品房买卖合同纠纷案件适用法律若干问题的解释》第八条之规定,由于"商品房买卖合同目的不能实现",开发商须"解除合同、返还已付购房款及利息、赔偿损失",购房人"并可以请求出卖人承担不超过已付购房款一倍的赔偿责任"。在上述情况下,开发商对外签订的两份商品房买卖合同均是有效合同,开发商向"他人"承担的是合同违约责任。

需要指出的是,在适用上述规定的时候,要特别注意开发商第二个销售行为的组成,即该行为是否构成与"他人"之间的合同关系。如果仅仅是预收了部分房款,而房屋的单价及总价等商品房买卖合同必备条款均欠缺的话,只能将其看成销售意向而不能认定为上述法条所规定的"再行销售",从而不适用上述处理规则。

购买商品房,往往是人们一生中最大的消费。对于开发商来说,固然要做到守法经营、诚信经营,来保障双方的合法权益。但对于购房人来说,其自身也一定要尽到审慎的义务,谨防开发商"一房二卖":一是查阅购买楼栋是否办理了商品房预售许可证,这可以在商品房销售案场公示栏查阅,也可以咨询当地房管部门。二是在当地房管部门相关网站查阅拟购买的房屋状况。如扬州市房管部门对于商品房销售的实时监控是做得比较到位的,购房人随时可以查阅拟购买房屋的状态,不同状态用不同的色块进行标注:红色表示该房"已售已备案",黄色表示"已售未备案,该房已预订或已售出,但合同尚未备案",绿色表示"该房已批准销售,尚未售出",灰色表示"该房因各种问题限制销售"。三是签订商品房买卖合同之后要求开发商及时备案或在合同中加以约定。实践中,也有的是开发商在网上填写向房管部门备案,然后打印出自带备案号的商品房买卖合同双方签字盖章。

## ⑲ 商品房交付主体到底是谁?

**【案例】** 市民徐先生购买了某开发商开发的商品房,交房的时候根据开发商公示的流程,徐先生须先到物业公司交纳物业管理费、签订物业服务合同,然后才能从物业公司手中取得商品房钥匙等。徐先生认为,他买的是开发商的房子,理应由开发商亲自将房子交给他,怎么半路杀出个程咬金呢? 于是,纠纷顿起。

**【分析】** 在商品房买卖过程中,商品房交付是其中一个重要环节。实践中,围绕商品房交付使用,开发商与购房人之间产生了不少矛盾和纠纷,如交付主体到底是开发商还是物业公司? 不完全符合交房条件是否直接导致购房人有权不收房? 验房与交付到底孰先孰后? 等等。

商品房买卖合同双方当事人分别是开发商与购房人,交付使用时交付主体却往往变成了物业公司。开发商将商品房的钥匙交给物业公司,通知购房人从物业公司领取房屋钥匙,而物业公司往往把购房人交纳物业管理费作为领取房屋钥匙的前提,这似乎是个"行规"。然而,这个行规就那么天经地义吗?

笔者认为,双方当事人如无特别约定,则由物业公司交房给购房人的做法是错误的,是一种违约行为,购房人有权拒绝受领并要求开发商履行交房义务。

合同相对性原理告诉我们,合同约定的权利和义务如无特别规定,则只发生在合同当事人之间。购房人与开发商签订商品房买卖合同,并依据合同的约定向开发商支付了购房款,开发商应按合同的约定向购房人交付商品房(通常以交付房屋钥匙为标志)。商品房交付使用,对于开发商来说是其主要义务,对于购房人来说则是其主要权利。

开发商将交房义务交由物业公司履行,实质上是混淆了开发商、物业公司与购房人三者之间的法律关系,更是一种典型的违约行为。

就三者之间的法律关系而言,开发商与购房人之间是买卖关系(交付之后还有法定与约定的配合办证以及售后维修等义务),开发商与物业公司之间是一种物业管理委托关系(在该合同关系中并无商品房交付方面的约定),购房人与物业公司之间是一种物业服务合同关系。

开发商将交房义务交由物业公司履行,对照我国《合同法》的相关规定,属于一种债务转移行为。《合同法》第八十四条规定,"债务人将合同的义务全部或者部分转移给第三人的,应当经债权人同意。"债务的转移以债权人的同意为其生效的标志。有鉴于此,在商品房买卖合同中如无特别约定,则由物业公司履行交房义务显然是违约行为。

如果商品房买卖合同中有"由物业公司交房"的类似约定,则购房人只要不存在合同中约定的开发商可拒绝交付房屋的情形,物业公司就不能拒绝向购房人交付房屋钥匙。当然,在这种情况下,购房人收房之后,向物业公司交纳物业费则是基于相关法律规定和《物业管理合同》的约定,既是购房人的约定义务,更是其法定义务。购房人不交纳物业费,物业公司可依据上述相关规定,追究购房人相应的法律责任,但不能以此为由拒绝向购房人交付房屋钥匙。

## ⑳ 逾期交房的责任认定及处理规则

【案例】 逾期交房是当前房地产市场上屡见不鲜的现象,也是购房人投诉较多的问题。从笔者接待处理的此类投诉和仲裁案件来看,大致分为以下三种情况:一是开发商未按合同约定的时间交房;二是开发商不符合合同约定而强行交房;三是商品房不符合法律法规或政府主管部门规定的交房条件。

【分析】 要妥善解决商品房逾期交付纠纷,应先弄清楚三点:一是商品房是否具备交房条件;二是逾期交房的处理规则;三是开发商免责情形。

关于商品房交付使用条件,《城市房地产管理法》《建筑法》《城市房地产开发经营管理条例》《建设工程质量管理条例》等法律法规均做出了明确规定。综合起来说,商品房交付使用有以下几个法定条件:一是对涉及公共安全的内容,必须经工程质量监督、消防、人防等部门验收;二是符合城市设计规划条件;三是配套的基础设施和公共设施要落实到位;四是拆迁安置方案已落实;五是物业管理与落实情况。

此外,购房人与开发商往往在商品房买卖合同中约定了商品房交付使用条件,或者开发商对购房人有明确的相关承诺,这些都是判断开发商是否构成逾期交房的重要标准。需要特别指出的是,对于合同约定的交房条件,就其文义而言,应该按照通常的理解。比如说合同约定了"交房时水电达到使用要求",此处的水电就不能是开发商临时从工地上私拉乱接的供水、供电。因为对于"水电达到使用要求"的正确理解是,业主与供水、供电单位之间建立了正常的供用水电关系。

对于开发商逾期交房,购房人应采取正确的维权措施和主张:

(1)如果开发商违反了法定的和约定的交房条件规定而构成逾期交房违约行为时,购房人可当然拒绝收房,并书面明确告知开发商拒绝收房的理由,直至达到法定和约定交付条件为止。

(2)因逾期交房给购房人造成损失的,可依据《最高人民法院关于审理商品房买卖合同纠纷案件适用法律若干问题的解释》第十七条第二款的规定进行维权,"商品房买卖合同没有约定违约金数额或者损失赔偿额计算方法,违约金数额或者损失赔偿额可以参照以下标准确定:逾期交付使用房屋的,按照逾期交付使用房屋期间有关主管部门公布或者有资格的房地产评估机构评定的同地段同类房屋租金标准确定。"

(3)根据《最高人民法院关于审理商品房买卖合同纠纷案件适用法律若干问题的解释》第十五条规定,当开发商逾期交房时,经(购房人)催告后起三个月的合理期限内仍未履行的,购房人有权解除合同。未经催告,在一年内购房人仍有权解除合同;逾期不行使的,解除权消灭。

(4)如果购房人已经按照约定的时间收房,即便是不符合约定或法定的条件而交房,则开发商也不承担逾期交房的违约责任,而承担因其他违约行为带来的违约责任。

最后,需要提醒的是,在某些情况下,即便是开发商逾期交房,开发商仍然可以免责。一是因出现了法律规定的不可抗力,或者当事人在合同里约定的开发商可以免责的情形。实践中,开发商往往将"规划变更"列为不可抗力而试图免责。笔者认为,该条款的法律效力是值得商榷的。如果政府规划部门依职权主动调整规划,需根据《中华人民共和国行政许可法》的规定承担由此而给开发商带来的损失;如果开发商申请规划变更且获批,则当然应该承担由此给业主带来的损失直至业主有权解除合同。总之,不可抗力的范围和情形是法定的,不可人为扩大解释。二是购房人违约在先,开发商按照合同的约定拒绝交房的。三是商品房具备了交付使用的法定条件,也符合合同约定的交房条件,但是购房人认为房屋存在其他瑕疵等问题而拒绝收房,在这种情况下,开发商往往不构成逾期交房的违约行为。

## ㉑ 正确看待验房报告

**【案例】** 笔者曾接待处理了不少商品房质量纠纷案,都是投诉商品房交付使用之后或者在交房之前验房师发现房子存在不少所谓的质量问题。其中,有业主向笔者出示了"验房报告",报告中确实明确指出房屋存在质量问题,有的报告中所述问题数量竟然达到 28 个之多!业主因此拒绝收房,要求开发商承担维修责任,并且要追究开发商逾期交房的违约责任。

**【分析】** 平心而论,业主倾其所有加上贷款,花费上百万购买了一套商品房,都希望自己房子的质量有所保障,都希望自己的房子能够物有所值甚至物超所值。然而,在交付使用之际,业主请专业人士进行验房,结果发现房子存在方方面面的问题,确实让人愤懑。毋庸置疑,验房的权利、验出问题后向开发商主张权利,既在情理之中,更是购房人依法享有的权利。笔者在此想表达的是,各方当事人应当正确认识验房报告的法律效力和实际意义,做到合法维权,理性维权。

一、随着人们维权意识的不断增强,验房行业应运而生

近年来,公众消费维权意识不断增强,绝大多数购房人并非建筑专家,因此请验房公司进行专业验房也就顺理成章了。而且,随着近几年国家对房地产市场有效的宏观调控,投资客逐步撤离了房地产市场,当前的购房人大多是刚需型、改善型的,对房屋的品质更加关注。于是,验房行业发展得如火如荼。可以说,验房行业是房地产市场不断发展的产物,是房地产市场不断规范和完善的产物。对于购房人来说,验房师的存在有一定的必要性,毕竟他们具有普通老百姓所没有的专业素养和能力,在一定程度上能够指出房屋表面出现的不合格的现象,对于购房人维护自己的合法权益起到了重要的参考作用。

二、目前,验房行为属于一个纯民间行为,验房报告尚不具备法律效力

笔者留心关注了近年来的涉房仲裁和诉讼案件,全国范围内至今尚未出现一例凭借验房师为购房人出具的验房报告作为审判重要依据而胜诉的案例。换句

话说,验房行业及验房机构的出现至今尚未能对房地产行业产生较大的冲击,开发商亦未对验房行业以及验房师的存在引起足够的重视。原因很简单,验房报告对其项目质量问题不构成威胁。

验房师在验房过程中,凭借小锤以及一些简单的仪器对房屋室内地坪、水电设施、层高、墙壁、门窗等肉眼能够看到的表面工程质量进行检查,依据国家相关法规和相关建筑设计规范出具检测报告。然而,目前对于这些验房机构和验房师,国家尚未出台相关法律对他们进行规范,验房师资格认证、验房机构资质等级等尚是法律空白。更何况,开发商向购房人交房,取得建设行政机关的房屋验收备案证明是法定条件之一。这两种情形的存在,使得验房报告无法对抗有法律效力的建设行政机关的房屋验收备案证明。验房报告的作用在于让购房人对自己的房屋质量(肉眼能看见的)有一个大致的认识,在仲裁或诉讼中,验房报告的作用最多体现在可作为第三方证据罢了。

### 三、两点建议

(1) 对于购房人来说,验房师的存在是有一定的必要性的,毕竟他们具有普通老百姓所没有的专业素养和能力,在一定程度上能够指出房屋表面的不合格的现象,对于购房人维护自己的合法权益起到了重要的参考作用。此外,如果确需进行房屋质量维权,购房人应委托专业律师代为处理,切忌盲目维权。

(2) 验房报告内容有待进一步规范。笔者所见到的验房报告,多数列举了将近 30 部规范,将其作为出具检测报告的依据。然而,在检测结果中对问题数据并未具体说明。例如,"南次卧净高误差 19 mm",该数据说明了什么?购房人一头雾水——是仅仅属于建筑瑕疵性质的问题,在装修的时候可以弥补一下?还是属于严重问题,必须由开发商重新处理?笔者在此建议,验房报告应对检测数据做出说明,让人一目了然,就像体检报告中关于血小板之类的检查数据说明一样,如人体血小板正常值为 $100 \times 10^9 \sim 300 \times 10^9$ 个/L,检测数据不在此范围即应到医院就诊。此外,验房师也应对检测出来的问题向业主进行实事求是的介绍和解释,如哪些是建筑质量通病,哪些是建筑瑕疵,哪些是开发商必须要立即整改的,既不能不负责任、轻描淡写,也不能夸大其词、耸人听闻。

## ㉒ 商品房验房问题

——到底是交房在先还是验房在先？验房机构出具的报告有用吗？

【案例】 笔者在工作中常常遇到这样的投诉：购房人拿着某验房机构出具的验房报告，指着其中的一些数据向我们投诉房屋质量问题。还有的购房人愤然投诉开发商不让验房师进门，要求先拿房再验房。更有甚者，楼盘的销售经理在交房期间带人与验房公司发生肢体冲突。实践中，商品房交付使用时，有的购房人往往坚持先验房再办理交房各项手续，而开发商往往坚持先交房再验房，由此引发了不少商品房交付使用纠纷。再者，验房机构出具的验房报告，效力几何？

【分析】 对于案例中的投诉，并不是个别现象。

首先需要指出的是，我国现行法律法规对商品房交付使用流程并无统一的、专门的强制性规定；其次，购房人和开发商之间如果就验房和交房顺序有约定的，应该按照约定执行：要么开发商配合购房人先验房，要么购房人配合开发商先行办理交房手续。

实践中，购房人与开发商在商品房买卖合同中极少约定验房与交房顺序。那么，在一无法定二无约定的情况下，面对购房人与开发商两种截然不同的诉求，到底谁是谁非？ 对此，笔者认为：

（1）应该确认的是，购房人对所购买商品房依法拥有当然的检验权。我国《合同法》第一百五十七条规定，"买受人收到标的物时应当在约定的检验期间内检验。没有约定检验期间的，应当及时检验。"商品房买卖合同，无疑属于《合同法》调整的范畴。即便在现行的法律法规中并无关于商品房交付使用流程的明确规定，但依据《合同法》的规定，购房人仍然有权对其购买的商品房拥有检验权。

（2）开发商交付使用的商品房，如果质量不符合约定或法定情形，开发商必须承担违约责任直至解除合同。

（3）开发商交付商品房之后，仍然对商品房及相关设备设施承担保修责任。

从以上分析可以得出一个结论，就是在商品房交付使用之际，无论购房人是否验房在先，只要在法定期限内，购房人发现商品房存在质量问题，随时可以向开发商主张权利，不会因为交房在前验房在后而丧失法定的权利。

实践中之所以出现验房与交房顺序方面的纠纷，究其原因，就是在卖方市场的环境下，开发商处于优势地位，购房人在交房之后再向开发商主张权利的过程很痛苦。如果在签订合同阶段购房人提出了开发商所不能接受的条件(如交房之前先验房),则有可能直接导致双方不能签订商品房买卖合同,从而使购房人失去这次买方机会。但在买方市场环境下,情形就会完全相反。

笔者在此呼吁广大开发商,在追求利润最大化的前提下,承担起相应的社会责任,为构建和谐社会做出自己应有的贡献。退一步说,即便是交房在前验房在后,对开发商的权利义务并无任何影响,该开发商承担的责任依然应该承担。既然如此,为何不在一种和谐的气氛中解决问题呢?同时,笔者也在此提醒广大购房人:合法维权,理性维权,切不可将建筑瑕疵或合理误差无限放大进而拒绝收房。因为此类做法可能得不偿失,甚至最终导致开发商解除合同,这是另外一个法律问题,在此不再赘述。

从2006年开始,验房成为一个新兴行业,应该说是商品房市场一定阶段的产物。验房师接受购房人的委托,凭借专业知识对商品房建筑质量、装饰装修、电气安全、室内环境等方面进行检测并出具报告。对于购房人来说,是花钱买放心;对于开发商、施工单位、监理单位甚至职能部门来说,也是有效的监督手段。目前,验房行业的发展仍然处在民间、自发状态,国家尚未出台相关政策法规对此进行规范。于是在实践中出了开发商不认可验房报告,法院及仲裁机构因其不具有法定的证据效力在庭审中不予采信,充其量是个第三方证据。但是,验房行业的存在有其合理的社会需求。商品房买卖合同纠纷产生之后,法院或仲裁机构根据案情委托司法鉴定机构对讼争房屋进行鉴定,鉴定人员本身也是跟现行验房师身份基本相一致的工程技术人员。从技术层面来说,验房报告与司法鉴定报告的效力并无区别。从保护购房人合法权益、维护房地产市场秩序的角度出发,应给予验房行业合理存在的空间。

## 23 如何正确认识和处理商品房"两证"逾期办理纠纷?

【案例】 某开发商兴建的"现代城"项目一期工程于2010年4月30日交付使用,直到2013年年底,因初始确权资料不全,购房人尚未能够办理房产证。购房人按照商品房买卖合同的约定申请仲裁,要求开发商承担逾期办证的违约责任。在庭审过程中,开发商承认逾期办证,但其辩称,逾期办证的原因在于规划用地红线图与土地实际使用状况不相符,致使土地证迟迟办不下来而直接导致"大证"办理不了,其正积极与规划及土地部门协调,并声称这是由于政府部门的原因而导致的逾期办证,因此不承担违约责任。

【分析】 在商品房买卖合同纠纷中,逾期办理"两证"纠纷占有较大的比例。而"大证"(开发商向房屋登记部门申请进行的房屋所有权初始登记)迟延办理是(购房人)逾期办证的主要原因。此类案件的处理结果,往往是由开发商承担逾期办证的违约责任。

**一、相关法律规定及其理解适用**

（一）相关规定

（1）《商品房销售管理办法》第三十四条第二款规定,"房地产开发企业应当在商品房交付使用之日起 60 日内,将需要由其提供的办理房屋权属登记的资料报送房屋所在地房地产行政主管部门。"第三款规定,"房地产开发企业应当协助商品房买受人办理土地使用权变更和房屋所有权登记手续。"

（2）《最高人民法院关于审理商品房买卖合同纠纷案件适用法律若干问题的解释》第十八条第一款规定,"由于出卖人的原因,买受人在下列期限届满未能取得房屋权属证书的,除当事人有特殊约定外,出卖人应当承担违约责任:(一)商品房买卖合同约定的办理房屋所有权登记的期限;(二)商品房买卖合同的标的物为尚未建成房屋的,自房屋交付使用之日起 90 日;(三)商品房买卖合同的标的物为已竣工房屋的,自合同订立之日起 90 日。"

（二）上述规定的理解与适用

1. 上述相关规定含有两方面的内容

（1）开发商应尽的行政法义务,即"房地产开发企业应当在商品房交付使用之日起 60 日内,将需要由其提供的办理房屋权属登记的资料报送房屋所在地房地产行政主管部门"。购房人购买商品房,在交房之后顺利取得房屋所有权证是题中应有之意,否则,房屋所有权仍在开发商名下,购买房屋的目的就不能根本实现。规章如此规定,是维护房地产市场秩序的需要,是维护购房人合法权益的需要。

（2）开发商应承担因自身原因而导致逾期办证的民事违约责任以及相应的行政责任。

开发商逾期办证,一属于违约行为,须向购房人承担相应的民事违约责任;二属于行政违法行为,房管部门有权依法责令开发商限期改正并处以罚款。

2. 司法解释中"由于出卖人的原因"的理解

关于"由于出卖人的原因"的理解,在理论和实践中存在一定的分歧。有人认为,不宜以开发商是否具有过错作为判断依据,只要开发商存在逾期办证的事实,其就该承担违约责任;有人认为,"由于出卖人的原因"是开发商承担违约责任的归责原则,系过错原则,开发商有过错才承担违约责任;甚至还有人认为政府行政行为导致的逾期办证,不能归结于"由于出卖人的原因",如因政府行政行为而导致的逾期办证,却由开发商承担违约责任,有违公平原则。

归责原则是当事人承担民事责任的根据和准则。我国《合同法》第一百零七条规定,"当事人一方不履行合同义务或者履行合同义务不符合约定的,应当承担继续履行、采取补救措施或者赔偿损失等违约责任。"第一百零九条也规定,"当事人一方未支付价款或者报酬的,对方可以要求其支付价款或者报酬。"由此可以看出,我国《合同法》规定的违约责任归责原则是严格责任原则,即不论违约人是否具有主观上的过错,只要客观存在违约行为,就应承担违约责任。

至于由于政府行政行为而引起的逾期办证问题,分两种情况处理:一是合法行政行为造成开发商损失的(这种损失包括开发商向购房人承担的相关违约责任),政府相关部门应依法予以补偿(如规划部门依职权进行的规划调整);二是违法行政行为造成开发商损失的,政府相关部门应依照《中华人民共和国国家赔偿法》的规定给予赔偿。但不论出于何种情况,政府行为均不应作为开发商是否承担违约责任的考虑因素,至多作为仲裁或诉讼中法官予以考虑的一个情节。

3. 相关注意事项

实践中,经常有购房人投诉开发商逾期办证而要求行政机关予以处罚甚至直接诉诸法律。在此,笔者提醒广大购房人注意以下两个方面:

(1) 签订商品房买卖合同时,要仔细审阅相关办证条款。如果约定了办证的期限,则该期限届满时未能取得房屋权属证书的,开发商才承担违约责任。该办证期限不受上述规章中"60 日"的限制,即通常所说的"有约定时从约定,无约定时应从法定"。

(2) 协助购房人办证是开发商的法定义务。向开发商主张逾期办证违约责任时,在举证时要着重证明开发商该协助而未协助。开发商的协助义务主要指办理完毕房屋所有权初始登记,还包括依照规定或约定履行通知、提供必要的证明文件等。

## ㉔ 也谈"房屋产权缩水"

**【案例】** 如今,不少市民都知道,开发商销售的商品房,因为用地性质不同,其土地使用权限有 40 年、50 年、70 年等多种区别。而且,不少市民认为,花同样的价钱买房子,当然是土地使用年限越长越好,否则就觉得吃了亏。扬州西区江阳西路一个商业楼盘,开发商于 2003 年取得了国有土地使用权证,2013 年交房时,部分细心的业主发现土地使用权只剩 30 年了。于是,纠纷亦随之而来。

**【分析】** 笔者发现,全国范围内类似案例中的争议为数不少,且绝大多数文章标题使用了"房屋产权缩水"等字样。笔者认为,这是某些媒体记者故意玩噱头,用敏感的字眼来博眼球;"房屋产权缩水"其实是个伪命题。笔者不揣陋见,就此问题谈点个人认识,并求教于方家。

**一、通常所说的"房屋产权缩水"实为"土地使用权期限缩短"**

(一)房屋所有权与土地使用权不是同一个概念,切不可混为一谈

房屋所有权,是房屋所有人独占性地支配其所有的房屋的权利。房屋所有人在法律规定的范围内,可以排除他人的干涉,对其所有的房屋进行占有、使用、收益、处分。房屋所有权,是一种永久性物权,没有期限一说。我国《宪法》《民法通则》以及《物权法》等相关条文均对此有非常明确的规定。《中华人民共和国土地管理法》第二条明确规定,"中华人民共和国实行土地的社会主义公有制,即全民所有制和劳动群众集体所有制。"所以说,房屋所有权与土地使用权不是同一个概念,切不可混为一谈。

关于土地使用权出让年限,《城市房地产管理法》第七条规定,"土地使用权出让,是指国家将国有土地使用权(以下简称土地使用权)在一定年限内出让给土地使用者,由土地使用者向国家支付土地使用权出让金的行为。"第十三条规定,"土地使用权出让最高年限由国务院规定。"《中华人民共和国城镇国有土地使用权出让和转让暂行条例》(中华人民共和国国务院令第 55 号)第十二条对于各类用途的土地出让最高年限均做了明确的规定。

因此,发生在商品房买卖过程中的所谓"房屋产权缩水"实为"土地使用权期限缩短"。

（二）行政法规对于不同性质的土地使用年限的规定并不完全适用于商品房购房人

《中华人民共和国城镇国有土地使用权出让和转让暂行条例》第十二条规定,土地使用权出让最高年限按用途确定:居住用地七十年,工业、教育、科技、文化、卫生、体育用地五十年,商业、旅游、娱乐用地四十年,综合或者其他用地五十年。一般来说,上述年限从土地使用权人领取"国有土地使用权证"之日起起算。对于房地产开发项目而言,从开发商拿地到业主办理"两证",这中间最起码有两三年的时间,如果是高层建筑项目或者项目分期开发等情形,这个时间可能更长。所以,业主们领到的"国有土地使用权证"上注明的使用年限低于上述规定,应是房地产项目开发时应有之意。业主们以"土地使用权期限缩水"为由进行维权,没有事实依据和法律依据。而且,在现实生活中,几乎每个商品房买受人都会面临这个问题,如果都去以"土地使用权期限缩短"而维权,那岂不是天下大乱了?很显然,这不是立法者的初衷,公众对此也不应过分解读。

有人说,土地使用权期限缩水对房产价格有很大的影响。姑且不论这一命题客观上是否站得住脚,不断上扬的房地产价格是否弥补了这一缺憾呢?

**二、业主以"土地使用权期限缩水"为由进行维权,需要弄清开发商是否存在违约或侵权的情形**

业主以"土地使用权期限缩水"为由进行维权,从民事责任方面来分析,不外乎两种情形,一是开发商违约,二是开发商侵权。

业主与开发商之间是商品房买卖合同关系,关于项目地块规划用途及使用年限在商品房买卖合同示范文本中有明确载明,市区商品房销售场所关于项目各项准建手续也有公示。由此可见,关于项目土地使用年限问题,开发商并无故意隐瞒之事实。《合同法》第四十二条规定,当事人在订立合同过程中有故意隐瞒与订立合同有关的重要事实或者提供虚假情况,给对方造成损失的,应当承担损害赔偿责任。结合法律规定,笔者认为,在此类纠纷中,开发商不承担违约责任。

《物权法》第一百四十九条规定,"住宅建设用地使用权期间届满的,自动续期。非住宅建设用地使用权期间届满后的续期,依照法律规定办理。该土地上的房屋及其他不动产的归属,有约定的,按照约定;没有约定或者约定不明确的,依照法律、行政法规的规定办理。"该法条中的"自动续期""依照法律规定办理""依照法律、行政法规的规定办理"等规定语焉不详,并且关于建设用地使用权期间届满之后,土地使用者到底应如何继续使用土地,现行法律并无明确规定。

世界上任何一个国家的土地作为国家资源,其使用都是有偿的。西方许多国家的业主虽然拥有所谓的(土地)"永久产权",但是每年都要承担沉重的物业税,其所交纳的物业税会根据房产价值的变化而变化。这种物业税实际上就是一种土地使用"租金",只不过他们是按年征收而已。在我国,建设用地使用权期间届满之后继续实行有偿使用,应该是公众的立法预期。对于某个特定的房地产项目而言,广大业主的土地使用权期间届满应该是在将来的某一特定时间点同时到期,不存在有先有后的问题。毋庸置疑,土地使用权期间届满之后如何继续使用土地,属于国家立法和政策层面问题,不能认定为开发商现实性的、既存性的侵权行为。

既然既不存在违约又不存在侵权,何来业主的维权之说?

综上所述,笔者之所以认为"房屋产权缩水"是个伪命题,一是认为在现行法律制度框架之内,探讨这个问题没有实质意义;二是土地使用权期限缩短,开发商对购房人是否构成违约或侵权,尚无定论。

笔者在整理本案例时,正值十二届全国人大五次会议在京召开,会议闭幕之后李克强总理在会见中外记者时回答了这个问题。其时,澎湃新闻记者提问总理如何解决房屋产权70年的问题? 将总理的回答抄录如下:"中国有句古话:有恒产者有恒心。群众对70年住宅土地所有权到期续期问题普遍关心。到期后,可以续期、不需申请、没有前置条件,也不影响交易。可能有人会问:你们只是说,有法律保障吗? 我在这里强调:国务院已经责成相关部门就不动产的保护相关法律抓紧研究提出议案。"

## ㉕ 商品房面积差异处理规则

【案例】 林某看中了某小区一套商品房,与开发商签订了商品房认购书,交纳了购房定金5万元,并约定签订认购书一周之内与开发商签订商品房买卖合同。在林某如约而至签订商品房买卖合同时,围绕房屋产权面积与合同面积误差如何处理,双方产生了分歧:开发商出示的商品房买卖合同文本中要求按实结算,多退少补,林某则要求按照《商品房销售管理办法》第二十条第二款第二项的规定处理,即"面积误差比绝对值超出3%时,买受人有权退房"。双方之间的争议无法协调,林某拒绝签订商品房买卖合同,而开发商则表示如果不签合同,则要依据商品房认购书的约定没收其购房定金。

【分析】 商品房面积是确定房屋使用价值和交易价格的基础,但由于房屋属于纯手工产品,不是机械化、模具化产品,合同约定面积与产权登记面积存在一定的误差有着客观必然性,而且在施工和测量过程中也会产生误差。所以,商品房交易中约定的销售面积与房屋的实际面积之间必然会存在误差。在商品房销售面积差异纠纷中,差异是纠纷产生的前提和基础,而差异处理方式才是引起纠纷的主要原因。实践中,由于商品房产权面积与合同面积差异引起的纠纷很常见。有的是在商品房买卖合同签订阶段双方争议很大,从而引发购房定金退还的争议;有的则是在交房阶段围绕房款按实结算的问题引起争议。此类争议多是群体性争议,一方面,购房人应增强相关商品房知识积累,努力维护自己的合法权益;另一方面,这类纠纷应该引起开发商及相关主管部门的高度重视,这对于进一步规范开发商市场行为、维护购房人合法权益、保证房地产市场健康稳定运行有着十分重要的意义。

**一、客观上,商品房多种计价方式和商品房买卖合同示范文本的漏洞使得面积差异纠纷处理起来比较棘手**

(一)商品房多种计价方式

《商品房销售管理办法》第十八条规定,"商品房销售可以按套(单元)计价,也可以按套内建筑面积或者建筑面积计价。"也就是说,商品房的销售计价方式有以下三种:按套计价、按套内建筑面积计价和按建筑面积计价。三种计价方式各有其优缺点。就按套计价而言,其优点是计算简单、直观、便捷,使当事人双方易于结算房价款;缺点是房价款与房屋面积数据没有直接关系,难以解决房屋"面积缩水"问题。至于按套内建筑面积计价,其优点是概念内涵明确、独立性强、测量简便容易;但是由于按套内建筑面积计价的房价款与分摊的共有建筑面积没有直接关系,购房者对于这部分的面积误差很难主张权利。按建筑面积计价的优点是能保证商品房销售面积的完整性,但是在这种计价方式中,虽然套内建筑面积与应分摊的共有建筑面积之和(即商品房的销售面积)是固定的,但二者的比例却是可变的,如果开发商在保持房屋建筑面积不变的情况下通过虚增共有建筑面积来减少套内建筑面积,购房者就很难保障自己的权益了。在目前的立法状况下,不同的计价方式会对商品房面积误差处理的结果产生不同的直接影响。多种计价方式并行虽然丰富了当事人的自主选择权,但也使房屋面积误差纠纷的处理变得复杂起来。同一种面积误差情形,因为计价方式不同,处理的原则和结果往往也不同。计价方式的多样化增加了面积误差纠纷处理的复杂性,消费者在选择计价方式时很难预料到计价方式对面积误差处理的不同影响,在签订合同时往往因为无所适从而听任开发商的引导。

### （二）商品房买卖合同示范文本设计存在漏洞

为了规范商品房买卖行为,建设部和国家工商行政管理局于2000年联合印发了《商品房买卖合同示范文本》(以下简称《示范文本》)。该《示范文本》的设计思路过于理想化,没有充分考虑到当事人双方所处地位和知识结构的重大差异。《示范文本》的设计是建立在买卖双方地位平等的基础上的,虽然在理论上对双方当事人而言还算是比较公平,但是,现实中当事人双方的经济实力和知识结构的重大差异导致他们地位严重不平等。虽然《示范文本》对购房人而言不属于格式合同,文本条文有许多涉及权利和义务的条款均留有空白之处供双方协商一致之后再行填写(这种情况下的商品房买卖合同条款应该认定为格式条款),但实践中购房者拿到的合同一般都是开发商事先填好的,购房人基本没有讨价还价的余地。因此,理论上公平的合同,却很难在实践中充分地保护消费者的权益。在这种情况下,笔者建议相关主管部门尽快修改完善《示范文本》,对"建筑面积""套内建筑面积""公共部位与公用房屋分摊建筑面积""套""套内"等一系列专业名词和术语做出解释,明确计价方式以及相应的纠纷处理细则。

## 二、在现行法律制度下,商品房面积差异处理规则

### （一）按套计价

《商品房销售管理办法》第十九条规定,"按套(单元)计价的现售房屋,当事人对现售房屋实地勘察后可以在合同中直接约定总价款。按套(单元)计价的预售房屋,房地产开发企业应当在合同中附上所售房屋的平面图。平面图应当标明详细尺寸,并约定误差范围。房屋交付时,套型与设计图纸一致,相关尺寸也在约定的误差范围内,维持总价款不变;套型与设计图纸不一致或者相关尺寸超出约定的误差范围,合同中未约定处理方式的,买受人可以退房或者与房地产开发企业重新约定总价款。买受人退房的,由房地产开发企业承担违约责任。"实践中,按套计价方式较为少见,相应地,此类面积误差纠纷也很少。

### （二）按套内建筑面积或者建筑面积计价

《商品房销售管理办法》第二十条规定,"按套内建筑面积或者建筑面积计价的,当事人应当在合同中载明合同约定面积与产权登记面积发生误差的处理方式。合同未作约定的,按以下原则处理:面积误差比绝对值在3%以内(含3%)的,据实结算房价款;面积误差比绝对值超出3%时,买受人有权退房。买受人退房的,房地产开发企业应当在买受人提出退房之日起30日内将买受人已付房价款退还给买受人,同时支付已付房价款利息。买受人不退房的,产权登记面积大于合同约定面积时,面积误差比在3%以内(含3%)部分的房价款由买受人补足;超出3%部分的房价款由房地产开发企业承担,产权归买受人。产权登记面积小

于合同约定面积时,面积误差比绝对值在3%以内(含3%)部分的房价款由房地产开发企业返还买受人;绝对值超出3%部分的房价款由房地产开发企业双倍返还买受人。"

《最高人民法院关于审理商品房买卖合同纠纷案件适用法律若干问题的解释》第十四条也做出了同样的规定。按套内建筑面积或者建筑面积计价时,当合同约定面积与产权面积有差异时,其基本处理规则是:合同有约定的,按照约定的处理规则处理争议;合同未做约定或约定不明的,按照规章规定的处理原则进行处理。

## ㉖ 商品房买受人在维权过程中应注意的问题

商品房买卖纠纷,内容虽各不相同,但万变不离其宗。作为购房人,需要注意以下几个基本问题:从法律层面上说,任何社会成员的权利和义务(责任),都离不开法定或约定;从市场经济固有的规律层面上说,购房过程本身就属于市场行为的一部分,必须要充分遵循市场经济规律;从权利救济层面上说,社会成员的权利保护途径有司法救济、行政保护、自我保护及社会舆论监督等。

实践中,不少购房人在面对商品房买卖(合同)纠纷时过于激动,缺乏理性,过度维权,最后往往得不偿失。要想避免商品房买卖(合同)纠纷,除了依赖立法的完善、仰仗政府及司法的权威以外,购房人自我保护的意识要增强,处理问题的方式要得当。具体来说,购房人应以合同为基础,在维护自身合法权益方面,着重注意以下几个问题:

### 一、正确认识合同,仔细审阅合同条款

合同理论告诉我们,合同是当事人之间的"法律",依法成立的合同,自成立时生效,当事人必须严格按照合同的约定享受权利和承担义务。有些购房人在签订商品房买卖合同时非常"大派",不重视内容,只管签字;还有些购房人把开发商妖魔化,认为合同文本条文中到处都是开发商准备的陷阱,从而对合同内容要求尽善尽美。

笔者认为,上述两种做法均不可取,前者是视买房为儿戏,漠视自己的合法权益;后者往往导致合同不能签订,自己的目的反而实现不了。商品房买卖合同文本是国家行政机关制定的示范文本,内容较为完整,照此签订应该不会有问题。

购房人在签订合同时，只需要关注开发商自行添加（或补充协议）或修改的条款即可。

### 二、正确对待广告，力争将自己特别关注的事项写进合同

实践中，购房人往往冲着那些让人怦然心动的广告直奔售楼部。如前述几个案例分析的那样，广告宣传是要约邀请，一般来说不能作为合同条款，没有约束力。售楼处工作人员的介绍特别是口头承诺，如果没有写进合同，也不具有约束力。如果购房人对绿化率、小区配套设施、小区周边环境等特别关注，就要和开发商协商将其写进合同。

### 三、立足于解决问题，不要轻起讼争

纷繁复杂的社会中，当事人之间产生矛盾和纠纷是很正常的事情。矛盾和纠纷的成因也很复杂，当事人存在违约行为及对违约行为错误的处理方式是其基本成因。处理矛盾和纠纷的方式方法很多，若按照低成本和高效率排序，则应该是当事人之间的和解—第三人主持的调解—行政机关介入调处—仲裁或诉讼。不到万不得已，不要轻易上法庭，上法庭只能作为最后的救济途径。

### 四、要注意保留和搜集证据

从证据角度来说，"打官司就是打证据"。如果迫不得已需对簿公堂，那掌握充分、可靠的证据是胜诉的保证。即使没有涉诉，掌握开发商违约方面的充分、可靠的证据，也会使自己在和开发商的谈判中处于有利的地位。因此，在整个交易的过程中，购房人都应该注意尽可能保留和搜集相关证据，包括合同和所有双方签订的协议，开发商出具的各类说明、解释和承诺，以及开发商所做的各类售楼广告。

### 五、解决纠纷要有勇有谋，集体维权效果好

毋庸置疑，单个的业主与开发商相比，两者占有的公共资源和公共关系是不成比例的。然而，鉴于同一小区内购房人面临的纠纷往往是一样的，因此，如果购房人选择集体维权，一是可以降低维权成本，二是可以增加与开发商谈判的筹码，三是开发商从企业声誉、品牌形象等角度考虑，一般都愿意与消费者协商解决问题。

### 六、请律师全程参与买房过程

购买商品房，是大多数购房人一生中最大的消费，而且这种消费本身相当复杂，面对商品房买卖合同纠纷，凭购房人有限的认知，往往有心无力。有一对老夫妻，自作主张把自己家闲置的一套房子卖了，签了二手房买卖合同，收了定金，晚上儿女们回来之后才发现亏大了——这套房子是学区房，比近在咫尺的非学区房至少要高出 20 万元！类似的例子屡见不鲜。房屋买卖纠纷因涉及的法律法规繁

杂、形式五花八门,纠纷各有不同,提出正确的诉讼请求是成功维权的基础,也是成功维权的关键。因此,笔者建议购房人邀请律师参与从签约到交房的全过程。虽说请律师有一定的开支,但是与上百万元的商品房相比、与费时费力地与开发商交涉解决问题相比,付出这点成本还是值得的。

## ㉗ 正确认识和处理商品房交付使用矛盾

**【案例】** 笔者在工作中接触处理了不少商品房交付使用矛盾,这其中既有群体性的矛盾也有个别化的矛盾。这些矛盾基本上可以分为两大类:一是开发商在合同规定的期限内通知交房,但购房人认为该房屋未达到交付条件或者认为房屋质量有问题而拒绝受领的(有一例是因为合同面积与产权面积比达到了 1∶1.2,拒绝按照合同"按实结算"的约定补缴房款);二是购房人接受房屋后认为该房屋不符合交付条件或者认为房屋质量有问题而主张开发商违约,甚至要求退房。购房人在维权过程中,既有理性的也有非理性的。这些矛盾本身属于民事合同纠纷,但是有些购房人不按合同约定的纠纷处理方式去维权,而是四处上访,甚至有一些过激的行为。还有些购房人不知道如何维权,陷入无奈与茫然。那么,面对林林总总的商品房交付使用矛盾,究竟如何正确认识?购房人到底该如何合法维权?笔者不揣陋见,试做如下分析。

**【分析】** 实践中,商品房交付使用矛盾可以细分为四类:一是商品房逾期交付;二是商品房楼书广告与现房"货不对板";三是商品房存在质量问题;四是面积差异问题。对于前两类,在实践中并无太大争议,此处不再赘述。对于后两类,现分析如下。

### 一、正确认识和处理商品房质量问题

(一)因房屋质量问题,购房人可以请求解除合同和赔偿损失的情形

(1)《最高人民法院关于审理商品房买卖合同纠纷案件适用法律若干问题的解释》(本案例以下简称《解释》)第十二条规定了商品房因质量问题而解除合同的条件:"因房屋主体结构质量不合格不能交付使用,或者房屋交付使用后,房屋主体结构质量经核验确属不合格,买受人请求解除合同和赔偿损失的,应予支持。"何谓主体结构?通常认为,主体结构指正负零以上的柱、梁、楼板,包括围护结构等所形成的整体系统。主体结构不包括承台、地梁、独立基础等。一般来说,

因为主体结构不合格而发生商品房交付使用矛盾的案例,在实践中非常少见。

（2）《解释》第十三条规定,"因房屋质量问题严重影响正常居住使用,买受人请求解除合同和赔偿损失的,应予支持。"因房屋主体质量经鉴定为不合格,或因房屋质量问题严重影响正常居住使用的,应解除合同,这在审判实践中已是共识。但"质量问题"达到什么程度可以解除合同? 什么样的情况属于"严重影响居住使用"? 对此,该《解释》未做详细规定,依赖于法庭或仲裁庭的自由裁量。

**（二）一般质量问题，在保修范围内的，购房人有权要求开发商承担修复责任**

《解释》第十三条第二款规定,"交付使用的房屋存在质量问题,在保修期内,出卖人应当承担修复责任;出卖人拒绝修复或者在合理期限内拖延修复的,买受人可以自行或者委托他人修复。修复费用及修复期间造成的其他损失由出卖人承担。"此处所说的质量问题指的就是一般质量问题,即房屋地基基础工程和主体结构工程之外的、未严重影响购房人正常居住使用的质量问题。笔者认为,质量问题包括屋顶、墙壁的漏水和渗水问题,室内地坪空鼓、开裂、起沙问题,墙皮、面砖、油漆等饰面脱落问题,厕所、厨房、盥洗室、阳台地面泛水、积水、漏水问题,电线漏电、灯具坠落、管道堵塞、暖气不热问题等。保修期从交付之日起计算,房屋交付使用后在保修期内出现的诸如上述的一般质量问题,买受人有权要求出卖人修复,修复费用及修复期间造成的其他损失由开发商承担。需要注意的是,实践中不少购房人因为房屋存在上述问题而拒绝收房,这其实是不可取的。正确的做法是,拿房之际发现房屋存在质量问题时,书面要求开发商进行修复,同时保留追究开发商逾期交房违约责任的权利。如果单纯拒绝收房而没采取任何手段,那么后期的维权将会变得很难。

**二、商品房面积误差的认定处理**

实践中,关于商品房面积误差的处理,不少业主有很多的认识误区,还有的以此为借口要求退房。其实,对于商品房合同面积与产权面积的误差解决方式,国家早有规定。《商品房销售管理办法》第二十条规定,"按套内建筑面积或者建筑面积计价的,当事人应当在合同中载明合同约定面积与产权登记面积发生误差的处理方式。

合同未作约定的,按以下原则处理:（一）面积误差比绝对值在3%以内(含3%)的,据实结算房价款。（二）面积误差比绝对值超出3%时,买受人有权退房。买受人退房的,房地产开发企业应当在买受人提出退房之日起30日内将买受人已付房价款退还给买受人,同时支付已付房价款利息。买受人不退房的,产权登记面积大于合同约定面积时,面积误差比在3%以内(含3%)部分的房价款由买受人补足;超出 3% 部分的房价款由房地产开发企业承担,产权归买受人。产权登记面积小于合同约定面积时,面积误差比绝对值在 3% 以内(含 3%)部分的房价款由房地产开发企业返还买受人;绝对值超出 3% 部分的房价款由房地产开发企业双倍返还买受人。

$$面积误差比 = \frac{产权登记面积 - 合同约定面积}{合同约定面积} \times 100\%$$

因本办法第二十四条规定的规划设计变更造成面积差异,当事人不解除合同的,应当签署补充协议。"

该法条完整规定了面积误差的处理方式,即"有约定按照约定,无约定按照法定"。

一般来说,商品房买卖在合同中往往约定"按实结算",即通常所说的"多退少补"。在商品房交付使用之际真的存在面积误差的时候,就应该遵循"按实结算"的原则。但少数购房人认为开发商违约,要么是拒绝补缴房款,要么是以此为由要求开发商赔偿甚至要求退房,这都是不正确的处理方式,得不到法律的支持。

需要注意的一点是,如果合同面积与产权面积差异过大,就另当别论了。例如,佘某购买的商铺合同面积是 42 ㎡,而产权面积为 52 m²,面积误差比达到了 23% 之多。合同虽然约定了"按实结算"的处理方式,但是这种误差显然超过正常范围,超过了常人所能预知的范围。在这种情况下仍然要求购房人按实结算,显然是不合理的。

# 二手房买卖篇

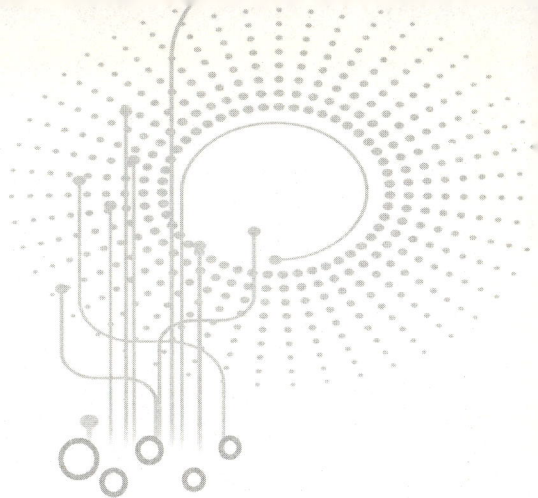

## ㉘ 房产中介新规

国家住建部于 2016 年 3 月 1 日颁布了修订后的《房地产经纪管理办法》(以下简称《办法》),并于 2016 年 4 月 1 日开始施行。这是我国第一部专门规范房地产经纪活动的部门规章。这部规章的主要内容扼要分析如下①:

### 一、住建部等三部委联合出台的《办法》的背景

房地产中介行业是房地产业的重要组成部分,目前还是一个比较年轻的行业。由于我国房地产中介方面的法律法规立法相对比较滞后,缺乏专业人才,中介机构的经营行为失范,不能保证客户的交易安全,缺乏诚信,以及行业组织的自律作用没有得到充分发挥等原因,房地产中介行业仍在低水平、低层次的质态上运行,整体美誉度不高。加之建设部于 1996 年颁布实施的《城市房地产中介服务管理规定》已远远不适应房地产中介服务管理的需要,住建部经过 5 年的调研和反复论证,最终出台了《房地产经纪管理办法》。这是我国第一个专门规范房地产经纪活动的部门规章。需要说明的是,法律上的房地产中介是一个大概念,包含房地产咨询、经纪和评估。《办法》所称房地产经纪,是指房地产经纪机构和房地产经纪人员为促成房地产交易,向委托人提供房地产居间、代理等服务并收取佣金的行为,也就是我们通常所说的"房地产中介"。

### 二、房地产经纪机构从事房地产经纪活动应当遵循的基本原则

《办法》明确规定,"从事房地产经纪活动应当遵循自愿、平等、公平和诚实信用的原则,遵守职业规范,恪守职业道德。"这些原则并不是《办法》的原创,在我国《民法通则》和《合同法》中均有明确规定,是人们从事民商事活动应遵守的基本原则。

### 三、《办法》的立法亮点

一是完善了监管机制,形成了监管合力。过去基本是房管部门一家在管理房地产中介行业,而《办法》新增了物价、人力资源与社会保障部门,它们与房管部门一起监管房地产经纪活动,有利于形成监管合力。二是提高了市场准入门槛。设立房地产经纪机构和分支机构,应当具有足够数量的房地产经纪人员,并且规

---

① 根据《城市房地产管理法》第五十六条的规定,房地产中介服务机构包括房地产咨询机构、房地产价格评估机构、房地产经纪机构等。人们通常所说的中介公司其实就是指房地产经纪机构。为了表述和普及的方便,本书仍然沿用了这一约定俗成的概念。

定备案制度。三是出台了多项有针对性的措施,保护二手房交易安全,维护当事人合法权益,同时也兼顾了房地产经纪机构的利益。四是政府角色重新定位,寓服务于管理之中。五是加大了对房地产经纪违法违规行为的处罚和责任追究力度。这些措施的逐步落实,必将极大地促进房地产经纪行业在一个高质态的层面上运行。

**四、《办法》对房地产经纪机构业务活动的新要求**

一是明确了房地产经纪的内涵。房地产经纪特指提供房地产居间和代理等服务并收取佣金的行为。二是明确了房地产经纪机构的信息公示和告知义务。《办法》规定了房地产经纪机构应当在经营场所公示的内容和应当向委托人说明的事项。三是规范了房地产经纪合同行为。《办法》对房地产经纪合同的形式和基本内容提出了具体要求。四是对房地产经纪服务实行明码标价制度。《办法》对房地产经纪服务的价格公开、禁止行为和法律责任等做了较为详细的规定。五是实行交易资金监管制度。《办法》要求,由房地产经纪机构代收代付交易资金的,应当通过房地产经纪机构在银行开设的客户交易结算资金专用存款账户划转交易资金。六是明确了房地产经纪机构和人员的从业禁止行为。《办法》明确了房地产经纪机构和人员不得有赚取差价、协助签订"阴阳合同"、为不符合交易条件和禁止交易的房屋提供经纪服务等违法违规行为。

**五、"政府角色重新定位,寓服务于管理之中"的具体内容**

《国务院关于加强法治政府建设的意见》(国发〔2010〕33号)要求各级行政机关"改进和创新执法方式,坚持管理与服务并重"。《办法》中的好几个条款均对房管部门为房地产经纪活动提供积极有效的服务做出了明确规定,如制定房地产经纪示范合同文本、构建统一的房地产经纪网上管理和服务平台,以及建立房地产经纪信用档案并向社会公示等,均充分体现了房管部门的服务职能。同时,《办法》还倡导房地产相关行业组织充分发挥自律作用,通过制定房地产经纪从业规程、逐步建立并完善资信评价体系、逐步建立并完善房地产经纪房源、逐步建立并完善客源信息共享系统等措施,来引领房地产经纪行业进一步走向规范,走向成熟。

## ㉙ 二手房买卖，收受定金要慎重

【案例】 2014年6月18日，王某通过某中介看中了老城区某套学区房，卖方代理人邹某的手机信息也明确显示房主要求"卖方净得价不低于60万元"，王某认可了这个价格，随即向中介方交纳了2万元"意向订金"。但随后没几天卖方反悔了，原来卖方经过查询获知，他家房子是学区房，并且该地段学区房最近价格猛涨，原因就在于该区从当年起严格实行小学生零择校的制度。于是，纠纷顿起。卖方邹某认为自己并未授权中介方收受订金等购房款项，中介方收受的"意向订金"跟他没有任何关系；买方王某认为，卖方代理人手机信息明确显示卖方认可60万元的净得价，坐地起价不应该，并且中介方应该赔偿其相关损失；中介方认为自己也没有错，代表卖方收受订金促成交易，其出发点无可厚非。

【分析】 笔者认为，上述这起二手房买卖纠纷，焦点在于对于中介方向买方收取的2万元"意向订金"如何认定。此外，综合分析本案案情，三方当事人均有过错。

**一、2万元"意向订金"性质认定**

诸如"意向订金""购房意向金"等均不是法律上的概念。一般来说，购房意向金指购房者为订购看中的由中介公司推荐的房屋而向中介公司支付的款项。如果卖方同意买方的购买条件（要约），中介公司即将意向金转交给卖方，此时意向金性质就发生了变化，自动转化成定金，意向金协议也自动转化为定金协议；如果买卖双方没有达成协议，中介公司将把意向金返还给买方。若意向金协议转换为定金协议，那么将对买卖双方产生约束力，买卖双方必须按约定履行义务。买方如果不按协议的约定签订买卖合同或不购买，卖方可以没收买方的定金；卖方如果不按协议的约定履行签订买卖合同义务或不出售，应双倍返还定金。

二手房买卖实践中，也有买方直接向卖方支付意向金的情况，不过这种情况很少。通常情况下，买卖双方达成一致意见之后就直接签订二手房买卖合同了，无须再进行意向订购。

综合本案事实，笔者认为，买方王某向中介方交纳的2万元"意向订金"，应该被认定为买方向中介方交纳的订购房屋意向金。

**二、本案例中三方当事人均未尽到谨慎的义务**

对于买方王某而言，他看中的这套二手房真实情况如何，房主的具体卖房条件是什么,他并不清楚。也就是在要约的内容不太明确的情况下,王某交纳意向金的行为有点草率。此外,王某本人对于交纳意向金的行为认识也是错误的,意向金不等于购房定金,买卖不能达成的话这笔钱无息退还,是一个基本的常识。

对于卖方而言,见利忘义,坐地起价。在其代理人邹某手机信息已经显示"卖方净得价不低于六十万元"、买方王某已经同意购买并向中介方交纳2万元意向金的情况下突然涨价,有违诚信原则。

对于中介方而言,与买卖双方均未签订房地产经纪服务合同,特别是对于房地产经纪服务的项目、内容、要求及完成的标准均未有明确的约定,有违房地产经纪服务活动规范,对于这笔流产的交易也是难辞其咎。

在本案处理过程中,买方王某提出,短时间内学区房价格暴涨,由于卖方和中介方的过错,直接导致他未能及时与卖方签订二手房买卖合同,由此产生了5万元左右的损失,该损失应由卖方和中介方共同承担赔偿责任。笔者认为,如果这种损害赔偿责任成立,则该责任既不是违约责任,也不是侵权责任,而是属于缔约过失责任。对于缔约过失责任的构成要件,我国《合同法》有着严格的界定。综合本案案情,缔约过失责任无法追究。

最终,在各方协调之下,中介方另行介绍了一套学区房,双方迅速成交,皆大欢喜。

在此,笔者提醒广大二手房买卖当事人及中介方,在二手房买卖过程中要注意两个方面,一是中介方与买卖双方要依法签订经纪服务合同,明确约定双方的权利和义务;二是买卖双方应本着公平、诚信的原则妥善协商;三是签订的相关协议内容要完整,形式要规范。

---

## ㉚ 维权之前先厘清法律关系
### ——一起二手房买卖合同纠纷剖析

【案情】 2011年9月30日,余某与赵某签订了房屋买卖协议,约定余某购买赵某位于某小区的101栋别墅,成交价约定为600万元,丁某为余某提供担保,向赵某出具了担保书,内容是"本人愿意为余某所欠赵某的房款事宜向赵某提供担保"。该房是现房成交,在余某给付了100万元定金之后,赵某向余某交付了钥匙,双方约定一年内付清余款。2012 年 4 月 15 日,余某又给付了 400 万。2012 年 9 月 14 日,余某给赵某寄送了一份律师函,称购房协议"存在重大法律瑕疵",并详细列举了该房存在的所谓的问题,还特别强调"建筑设计上存在无法弥补的永久性隐患",要求"在房屋总价款中减付 100 万元"。

【分析】 笔者向赵某详细了解了这起房屋买卖纠纷的情况,基本弄清了双方争议所在。总体感觉是,余某试图维权,却混淆了相关民事法律关系,告错了人。

依据房屋买卖协议的约定,双方当事人对以下几点基本事实没有异议:

(1)以某小区 101 栋别墅为标的的房屋买卖,系发生在余某与赵某之间的二手房买卖。

(2)该房是现房买卖,亦即余某在签订购房协议时明知该房现状,系现房买卖与交付。

(3)买方余某尚拖欠卖方赵某购房款 100 万元。

(4)丁某对剩余的 100 万元房款承担担保责任。

基于以上基本事实,就本案法律事实认定、法律适用问题,分析如下:

**一、混淆法律关系**

余某的律师函中指出"建筑设计未经审图批准,该房未经竣工验收,亦未提供质检报告",因而"存在重大法律瑕疵",这是混淆了相关法律关系。本案中,某小区开发商、余某、赵某三者之间,两两关系不同,不可混为一谈。

(1)开发商与赵某之间是商品房买卖合同关系,开发商依照法律规定和合同的约定,承担该小区 101 栋别墅售后维修义务。

(2)余某与赵某是二手房买卖合同关系。赵某办理了 101 栋别墅房屋所有权证之后,才与余某签订了购房协议。该房是现房买卖,协议中明确了系现状交付,而现状是什么呢?室内楼梯未建、室内门未装、厨房卫生间未做粉刷,水电卫开户,电视、电话、网络均未开户接通。余某时隔一年之久,在拿房装修完毕之后再以此为由要求赵某承担所谓的经济责任,一无法律依据,二无事实依据。

(3)余某办理了 101 栋房屋所有权证之后,依据《合同法》相关规定,该房权利义务概括转移,即由开发商继续向余某承担该房售后维修义务。余某认为该房墙面多处漏水、渗水,如确系开发商建筑施工之瑕疵,则开发商责无旁贷,应承担维修责任。

**二、购房协议合法有效,双方均应全面正确履行合同义务**

合同,是双方当事人之间的"法律",双方当事人均应全面正确地履行合同义务,全面实现当初签订合同的目的。本案中,赵某作为合同一方当事人,已履行交房之义务,配合另一方当事人办理了房屋所有权证,并承诺该房"如有严重问题甲方(赵某)协助维修"。而余某作为另一方当事人,未能完全按照合同的约定给付剩余的100万元房款,并找出各种理由拒付,赵某认为余某此举实为有违诚实信用的违约行为。如果余某认为"室内楼梯未建、室内门未装、厨房卫生间未做粉刷,水电卫开户,电视、电话、网络均未开户接通"因而要求赵某承担违约责任,那双方之间"现房交付、现状交付"的约定又作何理解呢?很显然,余某此举有违诚实信用的合同履行原则。

### 三、本案中担保问题分析

本案中,丁某为余某欠款向赵某出具了担保书,约定"本人愿意为余某所欠赵某的房款事宜向赵某提供担保"。对此,几方当事人均应有正确的认识。依据我国《担保法》《合同法》《物权法》相关规定,保证指债务人以外的第三人为债务人履行债务而向债权人所做的一种担保。保证是典型的人保,是一种信用担保,并不需要保证人提供任何财产来继续抵押或质押。根据保证人责任的大小,保证分为两种:一是一般保证,二是连带责任保证。所谓一般保证,是指当事人在保证合同中约定,债务人不能履行债务时,由保证人承担保证责任的保证。所谓连带责任保证,是指当事人在保证合同中约定保证人与债务人对债务承担连带责任的保证。这两种保证之间最大的区别在于保证人是否享有先诉抗辩权。在一般保证情况下,保证人享有先诉抗辩权,即"一般保证的保证人在主合同纠纷未经审判或者仲裁,并就债务人财产依法强制执行仍不能履行债务前,对债权人可以拒绝承担保证责任"。而在连带责任保证的情况下,保证人不享有先诉抗辩权,即"连带责任保证的债务人在主合同规定的债务履行期届满没有履行债务的,债权人可以要求债务人履行债务,也可以要求保证人在其保证范围内承担保证责任"。本案中,从丁某出具的担保书内容来看,应该是连带责任保证。换句话说,赵某在主张100万元尾款时,可以要求丁某承担连带责任。

## ③ 二手房买卖各方当事人均需尽到注意义务

【案例】 市民霍某遇到一件烦心事。原来,他与陈某及某中介公司在2014年6月签订了一份二手房买卖三方协议。签协议之前,卖方陈某在中介公司登记房源信息时及在双方商谈过程中均表示该房已满5年,不存在营业税及个税。协议约定,陈某净得房款93.8万元,该房过户税费及8 500元中介费均由买方承担。

霍某交完首付之后,在中介公司帮助之下,公积金和商业组合贷款已全部办结。但在交纳契税的时候霍某傻了眼,原来陈某购买该房并未满 5 年,需要交纳营业税及个税共计 65 000 元。霍某随即找到陈某,要求陈某承担这笔费用。而陈某振振有词:协议约定过户税费由霍某承担,因而拒绝承担这 6 万多元的费用,并且认为中介公司负有不可推卸的责任。中介公司经办人也是大呼冤枉,认为无论是登记房源信息还是在签订二手房买卖协议之前均询问过陈某,陈某均表示该房购买已满 5 年,不存在营业税和个税。因此,买卖双方找到笔者进行调解。征得双方同意之后,笔者组织三方当事人进行了调解。

【分析】 实践中,二手房买卖合同纠纷种类五花八门,纠纷产生的原因也非常复杂。就本案而言,笔者认为,陈某、霍某及中介公司均负有不可推卸的责任。三方当事人哪怕只有一方尽到注意的义务,该案的纠纷也不会发生。

**一、个人购买不足 5 年的住房对外销售的,须按规定交纳营业税和个税**

自 2005 年以来,出于对房地产市场进行宏观调控的需要,房产契税几度调整。个人购买不足 5 年的住房对外销售的,须按规定交纳营业税和个税,是近年来执行的契税政策。本案中,陈某作为营业税和个税纳税义务人,对于这项公开发布的、家喻户晓的税收政策,也许他真的不知道,也许他有意隐瞒了房屋购买不足 5 年的真相——反正过户税费由买方承担。不管陈某内心真实想法是什么,其纳税的法定义务是不能免除的。在调解过程中,陈某强调该房是在 2007 年 10 月购买的,至今已经 7 年之久,根本不存在营业税和个税之说。但经核查,陈某所说的 2007 年 10 月其实是他与开发商签订商品房买卖合同的时间,并非契税完税的时间。根据国家税务总局、财政部、建设部有关文件规定,"个人购买住房以取得的房屋产权证或契税完税证明上注明的时间作为其购买房屋的时间","纳税人申报时,同时出具房屋产权证和契税完税证明且二者所注明的时间不一致的,按照'孰先'的原则确定购买房屋的时间。即房屋产权证上注明的时间早于契税完税证明上注明的时间的,以房屋产权证明的时间为购买房屋的时间;契税完税证明上注明的时间早于房屋产权证上注明的时间的,以契税完税证明上注明的时间为购买房屋的时间"。本案中,无论是陈某确实不了解契税政策还是刻意隐瞒购买房屋未满 5 年的事实,对于 65 000 元"额外"税费的产生,陈某负有主要责任。

**二、霍某未尽注意的义务,也是本案纠纷产生的原因之一**

作为合同约定的承担过户费用的义务人,霍某未尽注意的义务,未查看陈某买房契税完税凭证及房屋产权证等材料,即未弄清楚自己到底要承担多少过户税费就草率地在二手房买卖协议上签字。对于本案纠纷的产生,霍某亦应承担一定的责任。

### 三、中介公司作为专业机构,亦未尽到注意的义务,应承担责任

《房地产经纪管理办法》明确规定,"房地产经纪机构签订房地产经纪服务合同前,应当向委托人说明房地产经纪服务合同和房屋买卖合同或者房屋租赁合同的相关内容,并书面告知房屋交易涉及的税费。"本案中,中介公司经办人由于疏忽大意,未认真查看陈某购房完税凭证及房产证等材料,对于本案纠纷的产生,同样负有不可推卸的责任。

### 四、在分清责任的基础上,拟订调整方案

如上所述,对于本案中 65 000 元的争议,三方当事人均负有不可推卸的责任。陈某作为营业税和个税的纳税义务人,未尽依法纳税之义务反而试图以合同约定为由将其转嫁给霍某,过错显而易见。霍某作为合同主要义务的承担者,未尽注意之义务,草率签订协议,亦应承担相应的责任。中介公司作为专业房地产经纪机构,对于本案纠纷的产生同样难辞其咎。需要指出的是,根据权利和义务相一致的合同原则,在计算中介公司应承担的责任时,不宜以 65 000 元而应以 8 500 元中介费作为计算基数。

综上所述,对于 65 000 元的"额外"费用,经过执法人员耐心反复做工作,最终,陈某、霍某、中介公司三方分别承担 40 000 元、20 000 元、5 000 元。

此外,综合分析本案案情,笔者认为,对于本宗房产交易,陈某与霍某至少都存在一个重大误解。依据我国《合同法》相关规定,陈某与霍某均有权要求变更或撤销该二手房买卖合同。

## ㉜ 二手房买卖涉及债权转让(房款给付)时需谨慎从事

【案例】 2009 年 9 月,王某开了一家二手车中介公司,由于手头比较拮据,便向朋友杨某借款 9 万元用于公司周转,并将房屋拆迁分得的三套拆迁安置房中的一套抵押给杨某。其时,该房尚未交付,房屋权利凭证仅仅是王某与拆迁公司签订的《拆迁安置补偿协议书》。经双方商谈,王某将该房作价 25.8 万元卖与杨某,杨某将名下两辆轿车作价 16.8 万元转让给王某,加上之前的 9 万元借款,双方之间算是钱货两讫。杨某拿到《拆迁安置补偿协议书》之后,找到某中介公司要求将该房出售。中介公司找到了买家徐某,王某、杨某、徐某以及中介公司一起去公证机构办理了房屋转让协议公证手续。该转让协议中卖方是王某,买方是徐

某,双方约定:王某将名下3套拆迁安置房中面积为75m$^2$的房屋(即王某卖给杨某的这套房)的安置权益转让给徐某,房价依然是25.8万元。协议同时约定,王某应配合徐某及中介方到拆迁公司办理更名手续,更名成功之日徐某付清房款。之后,徐某分三次将25.8万元房款交给杨某,同时杨某出具了收条。2013年6月,王某向仲裁机构申请仲裁,称徐某一不告知该房是否办了更名,二未支付25.8万元房款,要求解除转让协议,并支付违约金4万元。

【分析】 本案在审理过程中,就案件事实部分,几方当事人各执一词,陈述内容包括出示的证据内容截然相反,有诸多蹊跷之处,笔者在此暂不做评价,仅就类似案件中房款给付问题,向广大的二手房买卖当事人进行如下提醒。

**一、二手房买卖中房款给付有章可循**

为了维护二手房交易市场的正常秩序、买卖双方的合法权益,以及交易安全,各地房管部门对于二手房交易均有一系列规定。其中,资金托管就是一种行之有效的方式。简单地说,买方将房款打入房管部门指定并监管的账户,待房屋产权证办理完毕之后,双方同时交接,一方拿证,一方拿钱。这种方式有效避免了卖方房屋不能过户或买方不能及时给付房款的风险,有效维护了交易安全。

**二、拆迁安置房中的现金交易更需谨慎**

实践中,围绕拆迁安置房交易产生的纠纷在二手房交易纠纷中占比较大。纠纷产生的原因,有的是卖方见钱眼开坐地起价,有的是由于家庭矛盾卖方反悔,有的是买方因不能贷款而不能给付房款等。上述案例中,抛开其他因素不说,就房款给付义务来说,买方显然不够谨慎。

其一,合同法理论告诉我们,合同具有相对性。合同相对性原则包含了非常丰富和复杂的内容,并且广泛体现于合同的各项制度之中,学界一般将其概括为三个方面:一是主体的相对性,即指合同关系只能发生在特定的主体之间,只有合同当事人一方能够向合同的另一方当事人基于合同提出请求或提起诉讼。二是内容的相对性,即指除法律、合同另有规定以外,只有合同当事人才能享有合同规定的权利,并承担该合同规定的义务,当事人以外的任何第三人不能主张合同上的权利,更不负担合同中规定的义务。在双务合同中,还表现为一方的权利就是另一方的义务,权利和义务相互对应,呈现出"对流状态",权利人的权利须依赖于义务人履行义务的行为才能实现。三是责任的相对性,即指违约责任只能在特定的合同关系当事人之间发生,合同关系以外的人不负违约责任,合同当事人也不对其承担违约责任。

本案中,无论是拆迁安置协议的交付,还是房款的给付,均应该发生在王某与徐某之间。给付房款是徐某的主要合同义务,更应谨慎操作。遗憾的是,徐某未尽此义务,在没有任何书面约定的情况下将房款交与杨某,不论王某是否如被申请人和证人们所说的具有恶意仲裁的主观故意,也不论王某和杨某之间到底有何种约定,徐某的做法都显得有些草率。

其二,对于债权的转让,《合同法》规定得非常明确。《合同法》第八十条第一款规定,"债权人转让权利的,应当通知债务人。未经通知,该转让对债务人不发生效力。"由此可见,债权人转让权利,以"通知"债务人为生效要件。换句话说,本案中,本应王某享受的25.8万元房款如果由杨某享受的话,不论王某与杨某之间有何种约定,王某均应通知徐某,明确告知其将25.8万元交给了杨某。否则,该转让对徐某不发生效力,徐某依然应该对王某履行房款给付义务。

**三、合同权利转让的形式问题**

根据《合同法》第七十九条的规定,合同权利可以全部或部分转让给第三人(三种特殊情况除外)。第八十条第一款规定,"债权人转让权利的,应当通知债务人。未经通知,该转让对债务人不发生效力。"这里有个问题需要进一步厘清,那就是"通知"的形式问题。

其一,合同是当事人之间的"法律",当事人的权利和义务均通过一纸合同加以约定。合同权利的转让涉及合同义务人全面、准确履行合同义务的问题,"通知"的形式显得尤为重要。

其二,标的额巨大的合同,诸如房地产买卖合同,动辄几十万、上百万元交易额,当事人如何全面、正当地履行合同义务,对双方当事人的合法权益影响巨大。

本案中,就房款是否给付及如何给付的,当事人各执一词,存在根本性的分歧。其原因之一就在于当初对于房款如何给付,各方当事人虽然在转让协议中有明确约定,但是实际履行时又发生了变化,虽说当事人均心知肚明,但当一方当事人抱着"死无对证"的心态提出仲裁主张时,无疑给本案的事实认定带来了相当的难度。

回过头再来看看本案中"通知"的形式问题。这里所说的合同形式,是指当事人合意的外在表现形式,是合同内容的载体。《合同法》第十条规定,"当事人订立合同,有书面形式、口头形式和其他形式。法律、行政法规规定采用书面形式的,应该采用书面形式。当事人约定采用书面形式的,应当采用书面形式。"《城市房地产管理法》第四十条规定,"房地产转让,应当签订书面转让合同,合同中应当载明土地使用权取得的方式。"

实践中,无论是商品房买卖还是二手房买卖,已经做到了统一采取书面合同的方式,对当事人合同的权利和义务加以固化,具有权利义务关系明确、有据可查、便于预防和处理纠纷的优点。合同权利的转让,涉及原合同权利义务的变更,因此,类似案件中涉及合同权利的转让,应与原合同形式相对应,亦应采取书面形式。笔者认为,采取其他形式的通知,对于债务人而言不发生法律效力。当然,如果债务人已经履行债务,权利人和第三人均予以接受的除外。

## ㉝ 二手房买卖双方均需提前了解贷款政策

**【案例】** 2013 年 6 月中旬,为了孩子上学方便,娄某经某中介公司介绍,看中了市区一小区一套建筑面积约为 70m² 的二手房,房价为 65 万元(房主净得价),并与房主陈某夫妇顺利签订了二手房买卖合同,交纳了 3 万元定金。依照合同约定,付款方式为首付现金 30 万元,其余约定为公积金贷款,一个月内到账。此外,娄某承担本宗交易中介费 6 000 元。娄某去公积金中心办理贷款手续时,被该中心工作人员告知这笔贷款可以发放,但是要排队等候,少说要 3 个月。房主陈某不愿意了,明确表示,要么娄某选用商业贷款,要么解除合同并要求娄某承担违约责任。雪上加霜的是,当年五六月份,正值全国银行高烧不退闹钱荒,娄某即使转办商业贷款也十分困难。三方当事人为此闹得不可开交:卖方陈某夫妇坚持按合同办事;买方娄某感到十分委屈,要求退房拿回定金;中介公司认为中介行为已经完成,向娄某追索 6 000 元中介费。

**【分析】** 近年来,国家针对房地产市场不断出台各类调控政策,对商品房和二手房市场上的公积金贷款和商业贷款活动有着直接的影响。如果买方、卖方,特别是中介方对相关贷款政策不甚了解,极易产生房款给付及中介费纠纷。此类纠纷产生之后,各方当事人似乎都振振有词,极力主张自己的合同权利都是合法的、正当的,应得到有效的维护。

在笔者看来,类似案例中的纠纷,不可"一刀切"式地认为应由买方或者卖方承担违约责任,而需要结合相关贷款政策变化的时间点(段)和中介方在二手房交易中具体承担的义务具体问题具体分析。

**一、二手房买卖合同签订在前,相关贷款政策变化在后,合同应继续履行或协议解除,互不承担违约责任**

毋庸置疑,二手房买卖合同一经签订立即产生履行的法律效力,几方当事人均应全面履行合同的约定。买方娄某符合办理公积金贷款的各项条件,但是随着 2013 年 3 月"国五条"实施细则的出台,市区二手房交易量急剧增加,公积金二手房贷款呈"井喷"态势,公积金贷款资金相当紧张,贷款人需要排队等候。即使转办商业贷款,到账时间也要延迟两三个月。公积金贷款和商业贷款政策的变化对于买卖双方而言都是始料未及的。此时,双方当事人对于合同是否继续履行应进行协商:要么继续履行,相关义务履行时间协商顺延;要么协商一致解除合同,互不承担违约责任。

需要说明的是,从实际情况来看,公积金贷款资金的紧张不是一蹴而就的,从宽松到紧张有一个过程。尽管公积金贷款行情的变化属于不可抗力因素,但是具体到本案来说,需要具体情况具体分析,仔细分析签订合同时公积金贷款发放情况,以及对本宗交易带来的影响程度,部分或全部免除买方的违约责任。

**二、相关贷款政策变化在前,二手房买卖合同签订在后,买方如不能采取其他方式给付房款,应承担违约责任**

如上所述,二手房买卖合同签订之后,及时筹集房款按照合同的约定支付给卖方,是买方的主要合同义务。为了使义务顺利履行,买方于情于理都得在买房之前盘点家底,不足部分是贷款还是向亲戚朋友筹措,贷款是利用公积金贷款还是商业贷款,以及自身贷款条件是否具备等,均应做到心中有数。在本案中,如果贷款政策变化在前,二手房买卖合同签订在后,买方不能如期贷款到账,又不能采取其他方式给付房款的,应当承担违约责任。

此外,需要指出的是,中介公司作为从事二手房买卖居间、代理等活动的专业机构,应对当前二手房贷款政策有着非常清晰的了解,并结合买方当事人提供的相关资料对买方是否具备相关贷款资格做出一个明确的判断,对本宗二手房交易程序和其中可能存在的风险(很显然,此处的"风险"包括贷款风险)有清晰的认识并将风险告知当事人。这既是便于二手房买卖合同顺利履行的题中应有之意,更是《房地产经纪管理办法》明确赋予中介公司的法定义务。如果中介公司疏于履行这个义务,也应承担一定的责任。

综上所述,上述案例看起来有点复杂,其实,本宗交易之前,如果三方当事人哪怕有一方对当前公积金和商业贷款政策有所了解,也不至于出现案例中的这种纠纷。由此看来,在二手房交易之前,无论是买方还是卖方,特别是中介方,均有义务对当前公积金和商业贷款政策以及其他房地产政策有清晰的了解,以免二手房买卖合同生效之后出现类似的纠纷。

## ㉞ 二手房买卖中慎用公证（一）

### ——谨防中介公司恶意赚取差价

【案例】 2013年9月15日，市民黄某在某中介公司的介绍下与闫某及该中介公司签订了一份三方房地产买卖合同，黄某将其名下建筑面积为60 m²的房子卖给闫某，黄某净得价为43.8万元。合同同时约定买卖双方到公证处办理公证手续，之后买方付清全款，卖方交房，但并未约定去房管部门办理所有权转移相关事宜。合同也未约定中介费用数额，更未约定由谁支付。黄某儿媳得知此事之后向业内人士打听该地段房价情况，得到的回答是该房是市直某四星中学的学区房，价格应该在50万元上下。黄某认为自己吃亏了，并且认为中介公司没有如实告知该房真实价格，存在欺诈行为。合同约定了公证条款，中介公司由此也涉嫌"吃房"赚差价行为。

【分析】 一直以来，伴随着房地产业成为国民经济支柱产业的进程，二手房交易在我国房地产市场中一直比较活跃，成为房地产市场的重要组成部分。多年来，由于相关法律法规不健全、市场欠规范、点对点交易中可变因素多、当事人契约意识淡薄等多种原因，各类二手房交易纠纷不断。上述案例是二手房交易纠纷中的一个典型，案情本身并不复杂，但是却暴露出二手房交易中的诸多问题，如合同当事人主体资格不确定，合同主要内容约定不明确且不规范，中介公司佣金收取不透明、肆意赚取差价，甚至不惜弄虚作假伪造材料以偷逃税费等。

如上所述，本案涉及合同当事人主体资格、合同主要内容部分约定不明确等问题。首先谈谈二手房买卖中常见的公证问题。

所谓公证，是指公证机构根据自然人、法人或者其他组织的申请，依照法定程序对民事法律行为、有法律意义的事实和文书的真实性、合法性予以证明的活动。公证制度是国家司法制度的重要组成部分，是国家预防纠纷、维护法制、巩固法律秩序的一种司法手段。在此，需要指出的是，公证机构的证明活动与人民法院审理案件的诉讼活动不同。前者是在发生民事争议之前，对法律行为和有法律意义的文书、事实的真实性和合法性给予认可，借以防止纠纷，减少诉讼，公证的意义在于证据作用，公证本身并不能为当事人解决争议；而后者是在发生民事权益纠纷并由当事人起诉之后进行的，其目的是做出裁决，定纷止争。

二手房买卖中，公证是常见的行为，有的是当事人无暇分身，委托亲人朋友代为办理,有的是证明房产权属的合法来源,有的是证明住所地,有的是证据保全,还有的是证明亲属关系,等等。对于公证事项范围,《中华人民共和国公证法》对此均有明确规定。

本案中,三方当事人在合同中明确约定,卖方配合买方办理公证手续,但是,就公证的内容并未做出约定。纵观本案全过程,不能不让人怀疑买方及中介公司要求办理公证的动机。本合同有三点存疑之处,一是买方除了签名之外,身份证号码、联系电话、住址等都没有,其主体资格无法确认;二是中介公司作为合同一方当事人,在合同仅约定了服务的义务,未约定相应的权利,以及中介服务费如何收取,向谁收取等。难道这家中介公司是当代活雷锋?三是约定了公证条款,但是对公证的原因和公证的内容只字未提。据此分析,闫某的身份值得怀疑。他是中介公司工作人员,是"房虫",还是中介公司找来的"媒子""房托"?

在双方交涉过程中,买方闫某说房子是给在外地工作的儿子买的,卖方黄某也同意等他儿子回来之后再行办理手续,但此时买方及中介公司均一再要求黄某即刻配合去办理公证手续,公证的内容是黄某全权委托闫某办理房产过户事宜,否则要追究卖方黄某的违约责任。综合本案客观情况,笔者认为,买方及中介公司这种迫不及待要求办理公证手续的动机只有一个,那就是企图赚取差价(经向房地产评估人士咨询,该房客观上也确实有利可图)。本案中,如果黄某按照约定办理了公证手续,则闫某既是合同当事人,又是委托代理人,构成民法理论上的"双方代理"行为。虽然我国民法立法并未绝对禁止这种行为,但是如果这种代理行为对被代理人黄某的合法权益构成损害,就是一种无效代理。如果委托中介公司作为代理人并办理了公证手续,那么,对于公证的内容需要做出明确约定:不仅要约定由代理人代为办理房产过户事宜,更重要的是对代理的权限及可能带来的差价分配等要有明确的约定,人们常说的"一个愿打一个愿挨"要写在明处,正所谓"君子爱财取之有道",切不可暗箱操作、蒙蔽卖方。

## ㉟ 二手房买卖中慎用公证(二)

### ——谨防恶意违约与无效公证

【案例】 笔者在工作中经常接到关于二手房买卖的投诉,投诉的内容有相当一部分是质疑二手房买卖合同中的公证条款。据笔者不完全统计,二手房买卖过程中的公证大致有两种情况:一是买方或卖方委托他人代为办理各项手续,多为卖方委托中介方代为全权办理交易过户等各项手续;二是为了逃避商品房产权证办理未满 5 年上市交易需要交纳的不菲的营业税与个税,通过公证约定买卖双方先行交易,待房产证满 5 年时再办理过户手续。从投诉调查情况和实践中产生的有关纠纷来看,这两种公证均存在不少问题。

【分析】 实践中围绕二手房买卖而进行的公证,在二手房交易中普遍存在。中介公司热衷于蛊惑当事人办理公证手续的动机,一是为炒房客披上了一件貌似合法的外衣,二是逃避国家税收。同时,交易之后长时间不办理过户手续,随着市场行情的变化,实践中也产生了不少恶意违约行为。

### 一、关于公证

在本书第 34 个案例中,笔者已就公证略做介绍。需要强调的是,公证与诉讼不同,公证行为只是证明了当事人之间存在合同行为,不能证明合同本身的合法性,也不能解决争议。公证的意义仅仅在于证明,在诉讼或仲裁过程中起到一种证据的作用。

### 二、公证阻止不了恶意违约

如上所述,二手房买卖中的公证内容之一就是待房产证满 5 年时再办理过户手续。殊不知,这种约定其实对双方来说仍然存在极大的风险。由于二手房交易价格随着市场的变化和国家对房地产市场宏观调控政策的变化而变化,或者随着时间的推移,当事人对当初房屋买卖行为后悔了或者家庭成员有不同意见等诸多不确定的因素,实践中产生了不少恶意违约行为。比较典型的是卖方将该房屋再次出卖或者抵押,这种情况下特别是在办理了所有权过户或抵押登记的情况下,买方将失去对房产的权益;或者卖方突然涨价。尽管公证行为与当事人的恶意违约行为之间没有因果关系,但是客观上说明了这种公证对当事人来说没有实际的法律意义。

### 三、炒房客利用公证披上了一件貌似合法的外衣

笔者曾在某资料上看过一个数据，近几年在一些城市以炒房为目的办理二手房委托公证的占二手房交易数量的20%～30%。而这一现象在其他城市乃至全国大多数城市都普遍存在，公证成为炒作二手房的主要方式。从笔者接触的有关二手房买卖的纠纷来看，也的确如此。

无论是中介公司，还是中介公司找来的所谓"买方"，在二手房买卖合同签订过程中往往劝说卖方协助中介公司或者"买方"去办理公证手续，将卖方协助办理公证的义务在合同中予以明确，但是该公证条款又不具体说明公证的内容，以及届时双方在公证处还要签订的协议。而卖方往往认为反正房价款一次性到手了，至于签订文书等手续，倒显得漠不关心了。

中介公司或者所谓"买方"是否涉嫌故意炒房，一般来说可以从以下几个方面判断：一是中介公司或者所谓"买方"是否一再要求办理公证手续，二是是否坚持一定要将公证写进合同，三是是否存在故意夸大房屋缺陷一再压低卖方要价的情形，四是是否对于公证的内容支支吾吾或者干脆回避，等等。用网上曾经流传的一个笑话来说，以上4条"符合一条疑似，符合两条确诊"。

### 四、为逃税而进行的公证涉嫌无效

《合同法》第五十二条规定，"有下列情形之一的，合同无效：（一）一方以欺诈、胁迫的手段订立合同，损害国家利益；（二）恶意串通，损害国家、集体或者第三人利益；（三）以合法形式掩盖非法目的；（四）损害社会公共利益；（五）违反法律、行政法规的强制性规定。"

《中华人民共和国契税暂行条例》第一条规定，"在中华人民共和国境内转移土地、房屋权属，承受的单位和个人为契税的纳税人，应当依照本条例的规定交纳契税。"第八条规定，"契税的纳税义务发生时间，为纳税人签订土地、房屋权属转移合同的当天，或者纳税人取得其他具有土地、房屋权属转移合同性质凭证的当天。"第九条规定，"纳税人应当自纳税义务发生之日起10日内，向土地、房屋所在地的契税征收机关办理纳税申报，并在契税征收机关核定的期限内交纳税款。"

从上述法律法规来看，发生房地产交易行为的当事人交纳契税是其法定义务。如果二手房买卖双方当事人之间办理公证的目的是为了逃避个税与营业税，那么，这种约定显然是无效的；相应地，公证机关对此进行的公证也应属无效。

### 五、购房人对于"问题公证"的救济方式

关于公证的效力，《中华人民共和国公证法》第五章专章进行了规定。第三十六条规定，"经公证的民事法律行为、有法律意义的事实和文书，应当作为认定事实的根据，但有相反证据足以推翻该项公证的除外。"第三十九条规定，

"当事人、公证事项的利害关系人认为公证书有错误的,可以向出具该公证书的公证机构提出复查。公证书的内容违法或者与事实不符的,公证机构应当撤销该公证书并予以公告,该公证书自始无效;公证书有其他错误的,公证机构应当予以更正。"第四十条规定,"当事人、公证事项的利害关系人对公证书的内容有争议的,可以就该争议向人民法院提起民事诉讼。"

中介公司利用二手房买卖当事人对于公证的天然信赖或由于当事人对于公证法律规定不太了解而忽悠当事人进行了公证。但如前所述,这既不能阻止恶意违约,也为恶意炒房牟取暴利披上了一件合法的外衣。在这种情况下,当事人或相关利害关系人可以主张自己的合法权益。一方面,公证本身就是个证据,不是政府机关的行政决定。法院在审理当事人争议的过程中当然会对公证这一证据进行审查,有相反证据推翻的即不采纳,没有相反证据的即采纳作为认定事实的依据。另一方面,根据《公证法》第四十条的规定,当事人、利害关系人对于公证书的内容有争议的,可以就此提起民事诉讼。需要注意的是,这里的被告不是公证机构,而是中介公司或其他当事人。如果规定一个以公证机构为被告而请求法院解决公证书效力问题的诉讼,当事人、利害关系人的争议仍须再提起一个以当事人为被告的诉讼来最终解决争议,这是没有必要的。因为证据是与其所证明的事实密切相关的,不可能脱离其所证明的事实而对证据的效力进行认定,认定一个证据有效必然是以认定其所证明的事实为前提的。法院审理一个认定公证效力的案件,必然要对公证书证明的事实进行认定,做出撤销或者维持公证书的裁决。但是,仅仅撤销或者维持公证书并不能解决当事人、利害关系人的争议,其争议仍然会诉诸法院,法院还要对已经审理过的事实再进行审理。这样规定,当事人要起诉两次,而法院也要审理两次。这种制度设计是不经济、不科学的,也是没有必要的。

综上所述,二手房买卖当事人办理公证的行为虽有不少猫腻,但是只要有关权利人擦亮眼睛,在二手房买卖过程中多咨询业内人士或者律师,都能最大限度地维护自身的合法权益。

## ㊱ 隐瞒"凶宅"真相,买方有权退房

**【案例】** 杨某夫妻居住在城区一老小区,由于一次言语口角,妻子冲动之下趁杨某上班之际在家自缢身亡。杨某后悔不已,每次回家睹物思人,痛不欲生。几个月下来,杨某形容枯槁,工作中也是屡屡出错。后来,他在朋友劝说之下决定把房子卖了,离开这个伤心地。杨某在中介公司登记房源信息以及后来在跟买方卞某见面洽谈该房买卖事宜时,均隐瞒了其妻曾在房子里自缢身亡这一事实。卞某向杨某交纳了2万元定金并与之及中介公司签订了二手房买卖三方合同,合同约定了房价、付款方式及交房日期。合同签订之后,卞某带其家人又一次实地查看房屋,在向邻居了解该房屋及其周边环境时,一位邻居悄悄告诉他杨某之妻的情况。于是,卞某的家人埋怨其做事太马虎,卞某自己也非常愤怒,认为这套房子不吉利,是"凶宅"。随后卞某找到中介公司及杨某要求退房,退回定金,并且赔偿其精神损失。杨某认为双方之间已经签订了二手房买卖合同,按照合同的约定卞某应该按时给付房款,否则将追究其违约责任。双方为此闹得不可开交,中介公司也一筹莫展。

**【分析】** 随着二手房交易市场的活跃,各地法院受理关于"凶宅"买卖合同纠纷的案件屡见报端。早年无论是学界还是实务界对于"凶宅"纠纷案件争议较大,争议主要围绕"凶宅"的说法到底是迷信还是习俗,以及此类合同是属于无效合同还是属于可撤销合同而展开。但近年来,对于此类案件的处理方式趋于一致。

本案在处理过程中,也曾有两种不同意见,一种意见认为卞某过于敏感,所谓"凶宅"的说法纯粹是搞封建迷信那一套,应驳回卞某撤销合同及赔偿损失的请求。另一种意见认为,在国人的传统观念中,人们普遍对住宅内发生的非正常死亡事件感到忌讳和恐惧,按照《合同法》的有关规定,卞某享有撤销权。那么,此案到底该如何处理? 笔者不揣陋见,在此谈谈自己的看法。

### 一、关于合同成立之后的几种效力状态

笔者在工作中接触处理相关矛盾纠纷的时候,往往听到当事人振振有词:"我跟他签了合同,一切按照合同办事!"或者是,"没办法,我跟他有合同"之类的自认倒霉的观念。殊不知,这两种认识均有错误之处。我国《合同法》第四十四条规定,"依法成立的合同,自成立时生效。"对此处的"依法"应做广义的理解,亦即不违法。换句话说,法律从来没有规定张三非要跟李四签一份什么样的合同。

《合同法》对于合同成立之前当事人各自应承担的义务、成立之后的效力以及合同的履行规则均做了非常明确的规定。合同成立之后,只要不违反法律法规强制性的规定,一般来说合同均属有效。当然,不能要求每份合同的当事人都是法律专家。就笔者所接触到的各类合同纠纷来看,不论是主体资格还是合同内容,纠纷中的合同或多或少都存在一定的问题,相应地,合同成立之后也未必就当然有效进入履行的过程。一般来说,如果合同主体资格有问题,比如说没有代理权、超越代理权或者代理权终止后以被代理人名义订立的合同、无民事行为能力或限制民事行为能力的人所签订的合同,《合同法》均将此界定为效力待定合同。如果合同内容有问题,比如说当事人对合同重大事项有重大误解、显失公平、乘人之危,或者因欺诈、胁迫而签订的合同,那么此类合同一般界定为可撤销或可变更合同。如果符合《合同法》第五十二条之规定,均属无效合同,即:一方以欺诈、胁迫的手段订立合同,损害国家利益;恶意串通,损害国家、集体或者第三人利益;以合法形式掩盖非法目的;损害社会公共利益;违反法律、行政法规的强制性规定的合同。

法条中的"欺诈",一般是指以使人发生错误认识为目的的故意行为,行为人要么是隐瞒真实情况,要么是提供虚假情况。另一方当事人由于他人的故意的错误陈述,发生认识上的错误而做出了意思表示,并且这种意思表示客观上也使其利益受损,即构成因受欺诈而为的民事行为。为了保护受欺诈的当事人的合法利益,使其不受因欺诈而为的意思表示的约束,法律允许受欺诈的一方当事人撤销该项民事行为。

**二、订立合同时当事人应承担的相关法定义务**

我国《合同法》第六条规定,"当事人行使权利、履行义务应当遵循诚实信用原则。"所谓诚实信用原则又称诚信原则,是指民事主体在从事民事活动时,应当本着诚实守信的理念,以善意的方式行使权利、履行义务。该原则要求民事主体在民事活动中诚实不欺、恪守信用,并在获取利益的同时充分尊重他人和社会的利益。诚实信用原则作为民法的"帝王规则",既是一条守法原则,也是一条司法原则。诚实信用原则在以下两个方面发挥着作用:首先,它是对当事人进行民事活动时必须具备诚实、善意的内心状态的要求,对当事人进行民事活动起着指导作用;其次,诚实信用原则是对法官自由裁量权的授予。近年来,法院民事判决书中经常出现"根据诚实信用原则,……"的字样,诚信原则在审判实践中发挥着越来越重要的作用。《合同法》第四十二条第二项规定,当事人在订立合同过程中有故意隐瞒与订立合同有关的重要事实或者提供虚假情况给对方造成损失的,应当承担损害赔偿责任。第五十四条第二款规定,"一方以欺诈、胁迫的手段或者乘人之危,使对方在违背真实意思的情况下订立的合同,受损害方有权请求人民法院或者仲裁机构变更或者撤销。"从上述法条规定来看,当事人在订立合同的过程中,对于合同标的物的情况,本着诚实信用的原则,应向对方当事人做全面、客观、真实的介绍,切忌隐瞒相关重要事实或提供虚假情况,使得对方当事人违背自己真实意愿而签订合同。这是合同各方当事人应尽的法律义务。

### 三、何谓"凶宅"?"凶宅"的说法到底是迷信还是习俗?

#### (一)何谓"凶宅"?

"凶宅"的定义,目前占主流地位的说法是指在一定时期内曾发生过自杀或凶杀等人为因素致人非正常死亡的房屋。从这个定义中可以看出"凶宅"的成立应当符合的要件,一是房屋内有人非正常死亡的事实是客观存在的,非人们的主观想象。例如,因历史原因流传的所谓捕风捉影的"鬼屋"就不能简单地被认定为"凶宅"。二是房屋内人死亡的事实须是人为因素的非正常死亡。如此,就排除了正常生理死亡(如生老病死),如因房屋失火、煤气中毒等意外事件致人死亡的房屋。

应当注意的是,"凶宅"是因房屋内发生的非正常死亡的事实,但这一事实不能像标签一样永远伴随房屋。如果一个房屋内数年前曾发生过人非正常死亡的事实,但已经出租或出卖给他人使用多年,在这种情况下,从人们普遍心理和社会习俗来说,就不能再被认为是"凶宅"。

#### (二)凶宅"的说法到底是迷信还是习俗?

"凶宅"问题的产生和中国人根深蒂固的民俗文化有关。远古时代,生产力不发达,人们对于一些无法解释的自然现象产生崇拜和恐惧心理,慢慢地,这种心理演变成具体的、习惯性的、具有象征意义的行为,如过年的祭祀、对某些行为的语言上的避讳以及住房讲究风水等,从而逐渐形成民俗文化。在这里,民间习俗作为一种千百年传袭下来的习俗和生活经验,已经深深刻在中国人的心里,是客观存在并有一定合理性的。在法律层面上,这种合理的习俗可以归为善良风俗,是受法律保护的。从而,"凶宅"这一事实是能够引起法律关系变化的。在现实层面上,"凶宅"虽然在物理层面上没有瑕疵,但在普通人的心理上,人们购买房屋的目的是平安、舒适的生活。对于发生在住宅里的非正常死亡事件,别说是其他人,就是死者的亲人,往往也感到有些恐惧和忌讳。"凶宅"显然会影响人们的居住心理,也正是出于这一原因,使得这种房屋的价值在客观上受到了影响。因而,作为卖房者,如果为了将房屋卖出或为了卖高价而故意隐瞒"凶宅"这一重大事实,则违反了民事活动中的诚实信用原则,其行为就构成欺诈。

### 四、"凶宅"买卖合同纠纷的法律适用

通过以上分析,不难得出结论,卖方杨某之妻在讼争之房中自缢身亡,讼争之

房于是就成了人们眼中通常认为的"凶宅"。卖方以及中介公司应该按照《合同法》相关规定如实向买方卞某说明情况，但是卖方以及中介公司均有意或无意隐瞒了这一事实。于是，该二手房买卖合同成了可变更或可撤销合同，选择权在买方卞某手中。

实践中，有一种意见，那就是案例中的这种合同应属无效，理由是根据《合同法》第五十二条第四项的规定，"损害社会公共利益"的合同无效。客观地说，房屋出售者的欺诈行为虽然违反了诚实信用原则，但并没有损害社会公共利益。所谓的社会公共利益是指广大公民所能享受到的利益，是一种集合性词汇，主要包括社会公共道德、社会经济秩序、政治秩序和生活秩序等。因此，本案中对于因受欺诈而签订的房屋买卖合同，只是损害了买房人的利益，还达不到社会公共利益的范畴。从而对于因欺诈而购买"凶宅"的合同，不应当依照《合同法》第五十二条第四项的规定以"损害社会公共利益"为理由确认合同无效，而应当依照《合同法》第五十四条第二款的规定确认合同为可撤销的合同。

综上所述，卞某有权要求撤销合同，追回定金，并可追究杨某的定金担保责任。至于他主张的精神损害赔偿要求，则要视其举证情况而定。

## ㊲ 中介公司"旱涝保收"的条款无效

【案例】 2012 年 4 月，景某作为卖方在某中介公司登记了房源信息，一个月后，买方程某在报纸上看到中介公司刊登的房源信息广告之后，通过中介公司介绍与景某见面并进行了洽谈，三方签订了二手房交易合同。合同约定了房价款及支付方式、交房日期，以及中介费 8 000 元由买方程某承担，中介公司协助买方办理抵押贷款手续，引导双方办理过户手续，代为办理两证，并见证买卖双方的交房过程，程某给付景某 2 万元定金。中介公司提供的格式合同中关于违约责任的表述是"若买卖双方任何一方违约，被违约人应从获得的赔偿款中支付一半给中介方"。合同签订之后，矛盾随之而来。原来，景某的房屋系兄妹四人共同共有，景某亦未取得其他共有人授权，且其他共有人极力反对售卖。在此情况下，程某明确表示不再购买，并要求景某退还收取的 2 万元定金。中介公司向程某追索 8 000 元中介费，纠纷顿起。

【分析】 二手房买卖实践中，不少中介公司为了确保自己"旱涝保收"，在事先拟定的合同文本中,拟订一些格式条款,扩大了自己的权利,排除或限制了对方的权利。此类格式条款因有违民事活动的公平原则,往往归于无效。案例中"若买卖双方任何一方违约,被违约人应从获得的赔偿款中支付一半给中介方"的条款就是典型一例。

## 一、关于格式条款

格式条款又称为标准条款,是指当事人为了重复使用而预先拟订、并在订立合同时未与对方协商的条款,如保险合同、拍卖成交确认书等都是格式合同。《合同法》从维护公平、保护弱者的角度出发,在总则中对格式条款从三个方面予以限制:第一,提供格式条款一方有提示、说明的义务,应当提请对方注意免除或者限制其责任的条款,并按照对方的要求予以说明;第二,免除提供格式条款一方当事人主要义务、排除对方当事人主要权利的格式条款无效;第三,对格式条款的理解发生争议的,应当做出不利于提供格式条款一方的解释。

## 二、房地产中介服务合同的性质及相关规定

房地产中介服务,其基本内容是中介公司向当事人提供房源信息,并促成、撮合双方意见达成一致签订买卖合同,是一种典型的居间行为,房地产中介服务合同应界定为居间合同(有学者认为房地产中介服务合同不是我国《合同法》规定的有名合同,而是居间合同、委托合同、委托代理合同的混合体。对此,笔者认为,房地产中介服务合同的主要内容符合我国《合同法》关于居间合同的规定,应该适用《合同法》关于居间合同的规定。至于夹杂在其中的代理、委托行为,均是中介方与其中一方当事人的特殊约定,并不影响从整体上将房地产中介服务合同界定为居间合同)。所谓居间合同,《合同法》第四百二十四条明确规定,"居间合同是居间人向委托人报告订立合同的机会或者提供订立合同的媒介服务,委托人支付报酬的合同。"第四百二十七条规定,"居间人未促成合同成立的,不得要求支付报酬,但可以要求委托人支付从事居间活动支出的必要费用。"

从上述规定看,居间合同分为报告居间合同及媒介居间合同。前者是指只要中介方向委托人提供了订立合同的机会,居间合同即宣告成立;后者是指中介方介绍双方当事人订立合同,居间人斡旋于双方当事人之间,促使双方达成交易。在房地产中介服务合同中,无论是卖方还是买方,与中介公司订立合同的根本目的均在于通过中介方提供信息、从中斡旋最终达到签订二手房买卖合同的目的,而不仅仅在于获取了一个订立合同的机会。换句话说,如果买卖双方订立了买卖合同,则买卖双方应当按照约定向中介公司支付报酬。如果买卖双方没有订立合同,则买卖双方均无须向中介公司支付中介费。当然,在这种情况下,如果中介公司为中介活动支付了必要的费用,如电话费、陪客户看房的交通费等,则可以要求

客户支付。

### 三、房地产经纪服务合同与二手房买卖合同建议分别签订

从房地产经纪实践来看,房地产经纪服务合同往往与二手房买卖合同合二为一,在常见的二手房买卖合同中,也包含了中介公司分别相对于买卖双方的权利和义务。笔者认为,如此做法不可取,其核心原因在于中介公司的服务费收入与二手房买卖双方之间能否最终完成交易没有必然性的因果关系。一是二手房买卖双方最终顺利签订合同完成交易,虽然中介公司功不可没,提供信息、居中协调、斡旋,但从根本上说还是买卖双方之间的合意结果。二是从《合同法》第四百二十七条的规定看,中介公司是过程收费,而非结果收费。换句话说,买卖双方之间能否签订合同、合同是否顺利履行,中介公司并不能实际控制。对于中介公司来说,只要提供了服务,就有获得报酬的权利。

实践中,二手房买卖纠纷多是围绕收费而引起的。中介公司在实际操作过程中,往往从一开始就不规范,未与委托人签订服务合同。当接受了卖方委托之后,往往急急忙忙推出房源信息寻找卖方。买卖双方谈判趋于一致之后,中介公司生怕夜长梦多,立即促成双方签订二手房买卖合同,与此同时,在合同中同时约定了中介公司相对于买卖双方的权利和义务,房地产经纪服务合同往往与二手房买卖合同合二为一,即俗称的三方合同。如果合同顺利履行,中介公司即可依据合同的约定收取中介费。如果发生买卖双方因为一方的原因致使合同无效、合同被撤销或者买卖双方协商一致解除合同等情况,中介公司的收费因缺乏明确的约定,容易引起纠纷。于是,很多中介公司就在三方合同中约定了诸如案例中所说的,"若买卖双方任何一方违约,被违约人应从获得的赔偿款中支付一半给中介方"。该条款看似"旱涝保收",实为无效条款,一是因为违约金与中介费性质不同,不能混为一谈;二是被违约人获得违约金是其法定权利。如果被要求拿出一半给中介公司,则因限制、排除当事人主要权利加重当事人负担而沦为"霸王条款",归于无效。

笔者在工作中处理了很多此类纠纷。让人啼笑皆非的是,当中介公司拿到这一半的"违约金"之后,三方合同中约定的中介费反而不去主张了。事实上,中介公司正确的做法是本着"提供了服务则应收费"的原则,依据合同的约定,向交费义务人主张中介费,而不论合同是诉讼解除还是协议解除,不论买卖双方之间是否追究了违约责任。试想,如果上述条款合法有效,买卖双方之间彼此不追究违约责任,中介公司岂不是白忙一场?

### 四、案例合同应为无效合同,三方均有过错

本案中,景某未取得其他共有人授权擅自出售共同共有房屋,在其他共有人

极力反对的情况下,该二手房买卖合同应属无效,中介公司无权要求其支付中介费用。如上分析,房地产中介服务合同属于居间合同中的媒介居间,即不只是向委托人报告订立合同的机会,还要促成、撮合双方订立合同。本案中,中介公司显然违反了《房地产经纪管理办法》第二十二条"房地产经纪机构与委托人签订房屋出售、出租经纪服务合同,应当查看委托出售、出租的房屋及房屋权属证书,委托人的身份证明等有关资料"的规定。中介公司没有认真查看景某提供的房产资料,疏于审查景某的卖房主体资格,是导致本合同无效的重要原因之一。买卖双方的过错责任也很明显:卖方无权处置,买房未尽审慎义务。依据无效话题主张违约责任,于法无据。

## 38 非书面形式的二手房买卖合同一定无效吗?

【案例】 许某与乔某系多年的对门邻居,两家关系极好,相处非常融洽。有一次在闲聊中,乔某得知许某想把现在住的房子卖了搬到新房去居住,便向许某提出想购买这套房。双方一拍即合,口头约定以46.5万元的价格成交,乔某当即支付了5万元定金,第二天又支付了20万元,并约定半个月之内付清余款21.5万元,由乔某承担过户所有税费。四天后,许某搬家,随即把钥匙交给乔某。在这期间,许某的妻子对这笔交易一直有意见,认为这套房子至少值52.5万元。夫妻俩连续吵了好多天,无奈之下,许某找到乔某要求解除买卖关系,并愿意给予其一定的补偿。但乔某拿房之后就开始重新装修,以便给乡下的父母进城居住,因此不同意退房。两个好友经数次商谈无果,许某一纸诉状将乔某诉至法院,要求解除二手房买卖合同关系。

【分析】 实践中,发生在熟人、朋友之间类似案例中的二手房交易纠纷并不少见。通常来说,熟人之间不需要法律,靠的是道德和互信来维系和保护双方之间的合同权利。买卖双方围绕二手房买卖即使有矛盾,基于多年的私人感情往往也能友好协商,妥善解决,类似于案例中对簿公堂的情况比较少见。在庭审中,围绕合同是否成立、是否生效,双方各执一词,展开激烈的争辩。

卖方许某认为,该二手房买卖交易并未签订书面合同,二手房买卖合同关系并不成立;即使合同成立了,双方之间尚未办理产权转移登记,因而合同并不生效。在此情况下,乔某应返还房屋,并赔偿损失(乔某拆除了原装修)。买方乔某认为双方是君子协定,而且房屋已实际交付,二手买卖合同关系客观存在,而且因房屋已开始装修,无法返还。

对此,笔者认为,卖方许某的观点是错误的,双方二手房买卖合同不仅成立,而且有效,法律依据非常明确。

**一、二手房买卖合同形式**

《合同法》第十条第二款规定,"法律、行政法规规定采用书面形式的,应当采用书面形式。当事人约定采用书面形式的,应当采用书面形式。"第十一条规定,"书面形式是指合同书、信件和数据电文(包括电报、电传、传真、电子数据交换和电子邮件)等可以有形地表现所载内容的形式。"合同的形式,是当事人合意的外在表现形式,是合同内容的载体。合同的形式有书面形式、口头形式和其他形式(如默示等),不同形式的合同各有优缺点,如书面形式对合同双方的权利和义务规定得非常明确,双方产生纠纷之后便于举证,也便于法院或仲裁机构查明事实,但是书面合同过程烦琐,在你来我往、字斟句酌的过程中容易错失商机。口头合同简单、方便、迅捷,便于双方即时交易,但缺点在于合同双方产生纠纷之后"死无对证"。法律赋予当事人合同自由的权利,对于合同形式并无统一的规定,除了法律或行政法规对于合同形式有明确规定。如《城市房地产管理法》第四十条规定,"房地产转让,应当签订书面转让合同,合同中应当载明土地使用权取得的方式。"

由此可见,二手房买卖合同,包括房屋赠与合同,均必须采用书面形式,其他任何形式,哪怕是内容再怎么公平公正,都是无效的。

需要注意的是,《合同法》第三十六条规定,"法律、行政法规规定或者当事人约定采用书面形式订立合同,当事人未采用书面形式但一方已经履行主要义务,对方接受的,该合同成立。"本案中,许某已将房屋钥匙交付给乔某,乔某也按照口头约定给付了大半房款,应视为已实际履行义务,双方之间的二手房买卖合同客观存在,合法有效。

**二、二手房买卖合同效力问题**

《城市房地产管理法》第五十九条规定,"国家实行土地使用权和房屋所有权登记发证制度。"第六十条第三款规定,"房地产转让或者变更时,应当向县级以上地方人民政府房产管理部门申请房产变更登记,并凭变更后的房屋所有权证书向同级人民政府土地管理部门申请土地使用权变更登记,经同级人民政府土地管理部门核实,由同级人民政府更换或者更改土地使用权证书。"

实践中,很多人认为房屋产权过户到位是二手房买卖合同生效的前提。其实,这是对法律条文的误读。《合同法》第四十四条规定,"依法成立的合同,自成立时生效。法律、行政法规规定应当办理批准、登记等手续生效的,依照其规定。"最高人民法院在《关于适用〈中华人民共和国合同法〉若干问题的解释(一)》第九条中明确规定,"法律、行政法规规定合同应当办理登记手续,但未规定登记后生效的,当事人未办理登记手续不影响合同的效力,合同标的物所有权及其他物权不转移。"这一规定明确了法律、行政法规未规定合同自登记后生效的,不办理登记手续不影响合同的效力,只是影响合同标的物所有权的移转。在房屋买卖中,我国法律虽然规定买卖双方应当办理房地产权属登记和变更登记(即过户登记),但未规定房屋买卖合同自办理过户登记后生效。《物权法》第十五条更是明确规定,"当事人之间订立有关设立、变更、转让和消灭不动产物权的合同,除法律另有规定或者合同另有约定外,自合同成立时生效;未办理物权登记的,不影响合同效力。"换句话说,房屋所有权转移登记的办理不是房屋买卖合同生效的前提。因此,不能认为未办理房屋过户登记手续,房屋买卖合同就未生效,更不能认为房屋买卖合同无效。

需要指出的是,从我国《民法通则》《合同法》《物权法》以及相关司法解释的条文来看,鼓励交易、维护交易安全应是我国合同立法的基本理念和基本原则,自合同签订时应推定其合法有效,其内容和形式在违背法律和行政法规强制性规定的情况下才被认定为不成立或无效(包括可变更和可撤销)。

综上所述,案例中的这桩二手房买卖合同纠纷的审理结果,应无悬念。

---

## ㉟ 夫妻共有房产登记在一方名下,"所有权人"擅自出售,买卖合同是否有效?

【案例】 2003 年 4 月,程某夫妇与高某在某中介公司签订了一份二手房买卖合同。合同约定:高某将登记在自己名下、位于老虎山路的一套房产以 78 万元的净得价格卖给程某夫妇,程某夫妇当场交付定金 4 万元,高某也当场将房屋产权证和土地使用证交给中介公司,以便其代为办理两证过户手续,同时约定违约金为 4 万元。合同签订之后没几天,高某妻子找到中介公司,声称该房产属于夫妻共同财产,而且价格卖得太低,自己吃了大亏,不同意卖,并要求将两证取回。中介公司不同意交还两证,认为二手房买卖合同合法有效。程某夫妇随即找到高某,他们也认为二手房买卖合同合法有效,要求其履行合同义务。高某反过来辩称该房确实是夫妻共有财产,自己单方面无权处分,也要求取回两证,返还程某夫妇4万元定金,并表示愿意给予一定的补偿。程某夫妇和中介公司均不同意这种说法。于是,纠纷顿起。

【分析】 实践中,对于婚姻存续期间取得的房屋所有权登记在夫妻一方名下的情况比较常见,由此产生的二手房买卖、抵押纠纷也时有发生。实践中,多数情况下是卖方因市场价格短时间内暴涨而反悔,要么坐地起价,要么要求解除合同。少数是登记名字的一方因为做生意、赌博、吸毒或者其他原因而单方决定出售房屋。本案中,高某夫妇的辩称看似理由十足,但是根据《合同法》《物权法》《婚姻法》以及相关司法解释的规定,笔者认为,案例中的二手房买卖合同合法有效。最终结果如何,取决于买方的选择。

### 一、讼争之房实为夫妻共同财产,二手房买卖合同合法有效

#### (一) 讼争之房实为夫妻共同财产

《关于人民法院审理离婚案件处理财产分割问题的若干具体意见》(1993年11月3日)第2条规定,婚姻存续期间,一方或双方购置的财产为夫妻共同财产。实际生活中,夫妻关系存续期间购买房产,当然可以把夫妻双方登记为共有人,房产证上记载为共同所有,并载明夫或妻的所有权份额(各一半)。但多数情形是,房屋产权登记在夫或妻一人名下,名义上是夫或妻个人的所有权,而实际上是夫妻共有财产。这就造成产权证(登记簿)记载与实际情形不一致。无论产权证或者登记簿记载的所有权人是夫或妻一方或者是夫妻双方,都不能改变婚姻法的规定,都属于夫妻共同财产。

《婚姻法》第十七条第二款规定,"夫妻对共同所有的财产,有平等的处理权。"这里的"处理权",当然应理解为"处分权"——夫妻双方对于共有财产,享有平等的处分权。换言之,对于夫妻共有财产,丈夫可以处分,妻子也可以处分,双方的处分权是平等的。婚姻法为什么不规定夫妻双方"共同行使"处分权?笔者认为,这种做法有违社会生活经验。我国的家庭历来有个"当家做主"的传统,不是丈夫当家就是妻子当家,无论买进或者卖出,通常都是一人出面,其实事前夫妻双方已经商量好了,即使事前未商量由一方随机决定,也是出于夫妻双方的一致利益。要求法律行为必须双方共同实施,或者出示另一方的授权书,一不合人情事理,二不利于市场交易。此外,丈夫有处分权,是否征得原告同意难于证明,即便未征得妻子原告同意也未必不符合夫妻双方共同利益。

#### (二) 该二手房买卖合同合法有效

《最高人民法院关于审理买卖合同纠纷案件适用法律问题的解释》第三条规定:"当事人一方以出卖人在缔约时对标的物没有所有权或者处分权为由主张合

同无效的,人民法院不予支持。出卖人因未取得所有权或者处分权致使标的物所有权不能转移,买受人要求出卖人承担违约责任或者要求解除合同并主张损害赔偿的,人民法院应予支持。"

基于上述规定与分析,笔者认为本案讼争之房无疑属于夫妻共有财产,卖方因房价行情看涨而坐地起价,有违诚信原则。该二手房买卖合同合法有效。高某妻子认为合同无效,于法无据。

（三）一点疑问

物权大于或优于债权,是学界普遍公认的民法基础理论之一。本案中,讼争之房实为夫妻共同财产,高某之妻当然拥有法定的物权,对于程某夫妇而言,他们与高某之间是合同债权债务关系,从物权优于债权的理论出发,高某妻子可以阻止合同的履行。但如果买方坚持要求卖方继续履行合同呢,各地法院对此处理结果不尽相同。

当然,如果买方同意解除合同,但同时主张违约责任包括房屋价格上涨的预期损失,情况就比较简单了,结合卖方的违约情况、当地房地产市场存量房交易价格上行的市场行情、违约金的惩罚功能、市场行情波动情况下违约金责任对市场交易主体诚信交易的规范指引功能等因素进行综合考量,买方应该能拿到一笔不低的违约金(赔偿损失)。

**二、夫妻一方处分共有财产的合同无效的情形**

《合同法》第五十二条规定了合同无效的六项法定事由,考虑其中第二项"恶意串通,损害国家、集体或者第三人利益"和第四项"损害社会公共利益"。如果查明处分人有损害夫妻关系他方的恶意,即离婚时试图独占共有财产,而买方对此明知的,即应依据《合同法》第五十二条第二项关于双方恶意串通的规定,判决宣告买卖合同无效。如果查明丈夫有损害妻子利益的恶意,即离婚时独占共有财产,而相对人并不知情(或难于认定相对人是否知道),则应依据《合同法》第五十二条第四项关于损害社会公共利益的规定,判决宣告买卖合同无效。因为《婚姻法》关于夫妻共有财产的规定、保护夫妻双方合法权益、保护妻子和子女合法权益、维护亲情有序和谐的婚姻家庭关系,属于社会公共利益,夫妻一方意图侵占夫妻共有财产,当然构成对社会公共利益的侵害,构成认定合同无效的法定事由。

**三、正确认识不动产善意取得**

善意取得制度在我国家有个发展完善的过程。1986年《民法通则》实施后,1988年最高人民法院制定了《关于贯彻执行〈中华人民共和国民法通则〉若干问题的意见(试行)》,其中第89条规定,"共同共有人对共有财产享有共同的权利,承担共同的义务。在共同共有关系存续期间,部分共有人擅自处分共有财产的,一般认定无效。但第三人善意、有偿取得该财产的,应当维护第三人的合法权益,对其他共有人的损失,由擅自处分共有财产的人赔偿。"这是我国司法解释第一次正式、明确地确认不动产善意取得制度。《物权法》第一百零六条对善意取得不动产的三个构成要件进行了规定:"(一) 受让人受让该不动产或者动产时是善意的,不存在买卖是否串通一气去损害夫妻另一方的情形;(二) 以合理的价格转让;(三) 转让的不动产或者动产依照法律规定应当登记的已经登记,不需要登记的已经交付给受让人。"这里需要说明的是,不动产善意取得制度,当年立法时争论极大,最后折中立法,规定了一个要件就是必须完成过户登记。

本案中不适用善意取得制度,原因在于二手房买卖合同刚刚签订,尚未办理过户手续,尚未进行买方名下的不动产登记,不符合善意取得的构成要件。

**四、出售夫妻共有房产需要注意的问题**

一是对于卖方而言,夫妻之间对内应坦诚相待,协商一致;对外则应诚信为本。

二是对于买方或者中介公司来说,要尽量查明房产登记情况,如果登记标明属于夫妻共有财产,则买方或中介公司应坚持要求另一方到场签字或出示授权证明,并尽早办理过户手续避免可能产生的纠纷。

二是对于不动产登记机构而言,可以要求卖房出示户口簿等婚姻状况材料,明确要求另一方到场签字或出示授权证明,用行政的手段避免可能产生的二手房交易民事矛盾。实践中,上海等地的登记机构也是这么做的。

---

## ㊵ 这起房屋纠纷是侵犯物权纠纷还是房屋买卖合同纠纷?

### ——兼谈二手房买卖合同的形式问题

【案例】 安某与黄某系同住在一个镇上的亲戚。2012 年 4 月,安某因生意需要周转资金,就将自己名下一套临街商铺卖给黄某,双方约定该房以 148 万元的价格成交。双方之间因系亲戚关系,又同住在一个镇上,便没有签订书面房屋转让合同。交易谈妥当日,黄某便将 148 万元购房款打进安某的账户,安某也将房屋钥匙包括房屋产权证、土地使用权证以及契税交纳凭证交给了黄某。随后,黄某将该房租赁给石某开蛋糕房,并收取了租金。2013 年 9 月,安某与黄某之间因其他琐事发生争执,安某一怒之下要求收回房屋,并且要求黄某返还其向石某收取的租金3万元。安某的理由:一是该商铺一直未办理过户,自己是房屋所有权人,黄某应返还房屋;二是正因为自己是商铺所有权人,黄某无权擅自将该房出租,所以应返还出租期间的租金。双方数次商谈无果,闹上了法庭。

【分析】 本案具有一定的典型性。在我国农村乡镇,邻里之间较为熟识,鸡犬声相闻,不少人之间还有亲戚关系,当事人双方之间的买卖、借贷往往连一张便条都不写,全是口头交易,所谓"熟人之间不需要法律"。但是,万一双方有了矛盾,就陷入一种举证不能的尴尬境地,维权非常困难,也给有关方面对于矛盾的处理带来了不小的难度或者争议。

在上述案例的处理过程中,在法院内部形成了几种不同的意见。

有人认为,房屋转让合同必须是书面合同,其他任何形式的约定都是无效的。安某与黄某之间尽管存在房屋买卖合同,但因合同形式违法而归于无效,双方应各自返还财产,即安某返还给黄某148万元房款,黄某也应将房屋及相关证件、票据连同一年多的租金一并返还给安某。

也有人认为,安某与黄某之间的买卖合同客观存在,而且所有权已经实际转移,黄某对于房屋的占有与出租都是合法的。但是依据《物权法》以及其他相关规定,安某仍是该商铺的实际所有权人,安某请求返还房屋及其租金的要求是合法的,依法应予支持。

第三种意见认为,本案的焦点在于双方之间的房屋买卖合同是否成立,本案应当定性为房屋买卖合同纠纷而非物权侵权纠纷。综合本案事实来看,安某与黄某之间的买卖合同客观存在,合法有效。黄某基于合法占有而与石某之间形成的租赁关系亦应合法有效。对于安某的诉讼请求,依法应予驳回。

据笔者看来,上述第三种意见是正确的,但是理由阐述不充分。

**一、本案性质**

庭审中,关于本案之性质,即本案是属于侵犯物权纠纷还是房屋买卖合同纠纷,案件经办人之间产生了争议。需要明确的是,讼争双方之间法律关系性质的认定应由法院根据查明的案件事实确定,而不应由当事人自行决定。本案中,法院查明的基本事实是,安某将房屋卖给了黄某,并将房屋钥匙、产权证、完税证明交付给了黄某,黄某也按照约定给付了148万元房款,但未办理过户登记。从表面上来看,此时,安某仍然是该商铺法律上的所有权人,但从合同法律关系看,安某应当承担协助黄某办理房产过户手续的义务。在房屋转让法律关系中,如果基于房屋过户之前所有权仍在转让方名下而一味迎合转让方要求对方返还房屋的话,那么,所有的房屋转让合同实际意义何在呢?事实上,也正是基于转让方对房屋拥有所有权,才有后来的有效的房屋转让合同。法院审理的重点亦应放在重点审查合同是否成立、是否合法有效方面,而不应拘泥于安某是房屋所有权人就武断地判定对方返还房屋。更何况安某的诉讼请求其实是单方面解除合同呢？基于上述分析,本案中,前两种处理意见是错误的。

**二、本案中房屋买卖合同效力问题**

本案中,安某与黄某之间基于亲戚关系,在商铺转让过程中未予签订书面的房屋买卖合同,这种情况在实践中并不在少数。《合同法》第十条规定:"当事人订立合同,有书面形式、口头形式和其他形式。法律、行政法规规定采用书面形式的,应当采用书面形式。当事人约定采用书面形式的,应当采用书面形式。"《城市房地产管理法》第四十条规定,"房地产转让,应当签订书面转让合同,合同中应当载明土地使用权取得的方式。"依据上述法律规定,房屋转让合同应当由双方采用书面形式签订,以明确双方的权利义务,便于合同的履行。有鉴于此,除了书面形式之外的任何形式的房屋转让合同,均因形式违法而归于无效。

但与此同时,从"鼓励交易,维护交易安全"的立法目的出发,《合同法》第三十六条又有进一步的规定,"法律、行政法规规定或者当事人约定采用书面形式订立合同,当事人未采用书面形式但一方已经履行主要义务,对方接受的,该合同成立。"第四十四条规定,"依法成立的合同,自合同成立时生效。"本案中,安某与黄某之间虽然没有签订书面的房屋买卖合同,但是安某已实际交付了房屋,黄某也如数给付了房款,应该认定为当事人双方均实际履行了主要义务。安某与黄某之间的房屋买卖合同已经成立、生效,其诉讼请求依法应予驳回。同时,黄某可以依法要求安某协助办理房屋产权过户手续。

## ㊶ 二手房经纪服务合同与房屋买卖合同内容不一致,适用哪一份合同？

**【案例】** 2013 年 8 月 27 日,柴某(卖方)、叶某(买方)及中介公司签订了一份三方合同,约定"买卖双方通过中介方出售、购入柴某位于某知名小学附近的学区房,房屋的成交价为 80 万元,该成交价为净得价,交易中所产生的相关费用由买方(叶某)按国家法规交纳。"同日,柴某与叶某又签订了一份房屋买卖合同,买卖合同约定"办理过户手续时产生的税费及相关费用,由甲、乙双方按照国家规定交纳。"在叶某向柴某支付了全部房价款后,双方因过户产生的税费承担的问题发生分歧,一直未办理过户手续。双方数次协商未果,叶某向法院提诉讼,要求柴某协助其办理房屋过户手续并由柴某承担过户产生的全部税费。

【分析】 二手房交易实践中,对于过户税费,多约定由买方承担,卖方所得款项为净得价。笔者认为,这种约定是合法有效的,而且在合同履行过程中也极少产生争议。实践中,出现两份合同前后内容不太一致的情况,多是因为后一份二手房买卖合同为用于房屋登记机构办理所有权过户手续而有所差异,两份合同的不同之处在于价格不同,其目的在于少交税费。前后两份合同约定的税费承担方式不同的案例较为罕见。那么,案例中税费承担者到底应该是柴某还是叶某?

有人认为,虽然柴某与叶某另行签订的房屋买卖合同中的约定与之前的三方合同不完全一致,但从双方订立上述两份合同的真实意思表示看,双方之前对于税费支付的约定与双方之后约定的各自按照国家规定交纳的说法并不矛盾,即买卖双方各自按照国家规定交纳各自应当交纳的税费,但相关款项根据约定应由叶某负担。在笔者看来,这种说法有失偏颇,理由阐述如下。

**一、二手房过户税费约定由一方承担的,合法有效**

在房屋交易过程中,双方当事人按规定交纳税费,承担法定的纳税义务。房屋出卖人依法应当交纳营业税、个人所得税、土地增值税等,房屋买受人依法应当交纳契税、印花税等。《中华人民共和国税收征收管理法实施细则》第三条第二款明确规定,"纳税人应当依照税收法律、行政法规的规定履行纳税义务;其签订的合同、协议等与税收法律、行政法规相抵触的,一律无效。"于是,有人说,二手房买卖合同中由一方全部承担税费的约定因为违反上述法律强制性规定而归于无效。笔者认为,这种说法值得商榷。上述条款主要针对双方当事人通过合同约定来免除或逃避纳税义务,导致国家税收减少,损害国家利益的情形而定的。具体到本案,双方当事人约定由一方承担过户的全部税费,既是双方当事人关于过户税费承担的约定,而且这种约定也属于一方当事人对另一方当事人本应承担义务或债务的自愿承担,法律对此并不禁止,况且这并不损害国家利益,应属合法有效。因此,当事人关于由一方当事人承担过户全部税费的约定,是具有法律效力的。

**二、三方合同与房屋买卖合同关于税费承担约定不一致时,应以哪个约定为准?**

本案中,先行签订的三方合同约定过户的税费完全由买方承担,但随后签订的买卖合同却约定税赋由各自按照国家规定承担,二者存在直接的冲突。笔者认为,本案中房屋过户税费应该根据后一份合同的约定,由柴某、叶某按照国家规定各自承担。理由有二：

一是《合同法》第四百二十四条规定，"居间合同是居间人向委托人报告订立合同的机会或者提供订立合同的媒介服务，委托人支付报酬的合同。"案例中的三方合同更具有居间合同的特征，而居间合同只是为了促成双方订立买卖合同的合同。

二是居间合同中确定的有关内容，很有可能由于买卖双方的某一让步，而在买卖合同中变更或撤销相应条款，如果说买卖合同与三方合同发生冲突，那么在三方合同之后签订的买卖合同，应视为对三方合同中同一指向的变更。买卖合同才是买卖双方权利义务的直接体现。

需要特别指出的是，合同行为是个动态的过程，在合同的签订与履行过程中，本着合同自由的原则，围绕合同的内容和履行，合同当事人在协商一致的情况下可以做出任意变更。前后两份合同对于同一内容约定不一致时，如无特别约定，视为合同变更，以后一份合同约定为准，而不能机械地认为前一份合同当然合法有效以至于在合同实际履行中无所适从。

## 42 警惕二手房买卖中的"阴阳合同"

【案例】 张某与丁某签订了一份二手房买卖协议，协议约定：张某将其名下一套94.66 m² 的商品房卖给丁某，成交价为92万元，所有权过户税费由买方丁某承担。丁某随即支付83万元。由于该房未满5年即上市交易，根据国家有关规定需要交纳营业税和个人所得税。丁某为了逃避这笔费用，与张某商量另行签订了一份补充协议，约定成交价为78万元。当张某向丁某索要9万元余款时，丁某反而要求张某返还5万元，理由是该房实际成交价为78万元，补充协议是对原二手房买卖协议的变更。双方为此甚至大打出手，闹上了法庭。

【分析】 案例中出现了两份协议，也就是俗称的"阴阳合同"。二手房买卖中所谓的"阴阳合同"，一般来说是指合同当事人就同一事项订立两份或两份以上内容不相同的合同，一份对内，一份对外，其中对外的一份并不是双方真实意思表示，而是以逃避国家税收或申请更多按揭贷款等为目的，俗称"阳合同"；对内的一份则是双方真实意思表示，俗称"阴合同"。二手房买卖中常见的"阴阳合同"多以逃避税收为目的。在二手房交易市场中常见的"阴阳合同"

形式有两种:一是签订两份不同价格的房屋买卖合同,一份私下交易之用,另一份办理过户手续之用;二是把房屋买卖价格降低,然后另签一份装修补偿协议和旧家具买卖协议,以装修补偿款和家具款的名义,补足房屋实际成交价。其中,第二种阴阳合同更具隐秘性。这种行为一方面可能给当事人带来一定的"利益",另一方面也预示着极大的风险。

**一、"阴合同"中虚假价格条款无效**

《合同法》第五十二条第一款第二项规定,"恶意串通,损害国家、集体或者第三人利益的合同无效。"二手房买卖中,当事人为追求利益最大化,达到少交契税、个人所得税和营业税的目的,往往在递交给房屋登记机关的房屋买卖合同中的成交价格低于真实成交价。双方约定的虚假成交价格的条款因损害了国家税收利益应认定为无效。

本案中,张某与丁某之间的补充协议,其真实目的在于帮助丁某逃避国家税收(二手房买卖,卖方是营业税与个人所得税缴税义务人,但双方约定这笔费用由买方交纳的,并不违反法律规定),并非是对原二手房买卖协议中成交价格的变更。补充协议中的价格条款应属无效。双方之间的权利义务仍然应该以原二手房买卖协议中约定的权利义务为准。

**二、原协议有效,补充协议除价格条款之外的条款有效**

《合同法》第六条规定,"当事人行使权利、履行义务应当遵循诚实信用原则。"诚实信用原则是市场经济活动的一项基本道德准则,是现代法治社会的一项基本法律规则,是一种具有道德内涵的法律规范。诚实信用原则的基本含义是,当事人在市场活动中应讲信用,恪守诺言,诚实不欺,在追求自己利益的同时不损害他人和社会利益,要求民事主体在民事活动中维持双方的利益,以及当事人利益与社会利益的平衡。诚实信用原则作为一种民事立法的价值追求,本身不直接涉及民事主体具体的权利义务,其性质具有高度的抽象性,在司法实践中具有极强的实用性,被誉为"帝王条款"。《合同法》第五十六条规定,"无效的合同或者被撤销的合同自始没有法律约束力。合同部分无效,不影响其他部分效力的,其他部分仍然有效。"二手房买卖实践中,出卖人或买受人常常因房屋上涨或下跌等原因不愿继续履行合同,因此约定虚假的成交价格从而以违反国家税收利益为由请求确认双方签订的房地产买卖合同无效,这显然违背了诚实信用原则。房地产的真实成交价格应按买卖合同双方当事人的真实意思来认定。除虚假成交价格之外的其他条款是买卖双方的真实意思表示,不存在其他法定无效情形,应认定其他条款有效。逃避税收并不是双方订立房屋买卖合同的真正目的,当事人一方仅以逃避税收条款为由请求确认买卖合同无效的,应不予支持。

此外,意思表示是民事法律行为的核心要素,如付款方式等其他条款在"阴阳合同"中约定不一致时,应以双方当事人的真实意思表示为准,非真实意思表示的条款对双方当事人没有法律约束力。

### 三、二手房买卖中"阴阳合同"的法律风险

"阴阳合同"不仅使国家税收蒙受损失,而且动摇社会对诚信经营、履约和纳税的信心,扰乱市场经济秩序,给当事人带来的法律风险也是显而易见的。实践中,鉴于买卖双方签订"阴阳合同"的行为严重违反了我国税收管理规定,有关部门查实后,如果属于一般偷税行为,行政机关有权给予罚款、拘留等行政处罚;如果偷税数额较大、次数较多,则可能构成犯罪。

通过以上分析,本案中,丁某得了便宜还卖乖的做法显然是错误的,给付卖方张某余款9万元的义务依法必须履行。更何况,"国五条"出台之后,在二手房过户时对于成交价格往往实行规范、严格的评估制度,并以评估价作为计税的依据,"阴阳合同"也就失去了存在的意义了。

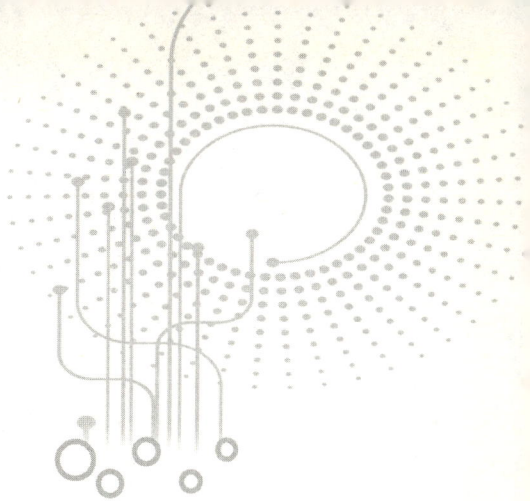

物业服务篇

## ㊸ 确定物业服务企业承担义务的依据

**【案例】** 笔者曾经就扬州市物业管理行业状况做过一些调研,调研中不少业主抱怨物业公司服务不到位,收了钱不做事,说话不算数。而一些物业公司也颇感委屈,认为"业主太难伺候,众口难调,百般挑剔"。在这些埋怨当中,其实隐含着一个法律问题,那就是确定物业服务企业承担义务的依据有哪些。换句话说,业主认为物业公司不履行或没有完全履行相关义务,是否有事实和法律依据?

**【分析】** 众所周知,物业服务关系是合同关系,业主与物业公司之间的权利义务均通过合同加以明确约定(当然,业主与物业公司也各有一些法律规定的权利和义务,这些往往都反映在合同中)。实践中,物业公司的日常服务行为到底应该包括哪些内容? 物业公司不能脱离合同与法律的规定自行其是,业主也不能凭空要求物业公司承担额外的义务。

《最高人民法院关于审理物业服务纠纷案件具体应用法律若干问题的解释》第三条规定,"物业服务企业不履行或者不完全履行物业服务合同约定的或者法律、法规规定以及相关行业规范确定的维修、养护、管理和维护义务,业主请求物业服务企业承担继续履行、采取补救措施或者赔偿损失等违约责任的,人民法院应予支持。""物业服务企业公开做出的服务承诺及制定的服务细则,应当认定为物业服务合同的组成部分。"

从上述规定不难看出,物业公司在小区日常管理中承担相关义务的依据有5 个:① 物业服务合同;② 法律、法规规定;③ 行业规范;④ 物业服务企业公开做出的服务承诺;⑤ 物业服务企业公开制定的服务细则。

前三者是物业公司承担义务的当然依据。物业公司应当按照合同的约定和法律、法规,全面履行其应该承担的合同义务和法定义务。行业规范,特别是相关政府部门制定的行业规范是行业准入及其经营管理的基本标准,往往具有一定的强制性,应该得到普遍的遵守。比较典型的是各地制定的普通住宅区物业服务标准。

《最高人民法院关于审理物业服务纠纷案件具体应用法律若干问题的解释》同时规定了"物业服务企业公开作出的服务承诺及制定的服务细则,应当认定为物业服务合同的组成部分"。这就意味着物业服务企业公开做出的服务承诺及制定的服务细则同样具备合同效力,物业公司应该言而有信兑现承诺,否则同样需要承担违约责任。

之所以这样规定,是基于物业服务企业公开做出的服务承诺及制定的服务细则,往往是物业管理招投标中一个很重要的评标标准,成为业主大会选聘物业服务企业的重要依据,同时也是业主维权的根据,合理明确与扩大了物业服务企业应该承担义务的依据范围。

即便在投标文件或物业服务合同中未予明确,实践中也应将其作为物业服务合同的组成部分。物业公司公开做出的服务承诺,在《合同法》的理论上称之为要约,该要约非常明确具体,对于广大业主来说,出于正常认知,往往将之理解为国家规定或行业规定,而且这种服务承诺对于广大业主来说应该是积极的、正面的。从给予诚实信用的原则,更应该将其作为物业服务合同的组成部分。曾有人质疑,"物业公司公开做出的服务承诺如果是要约的话,那么从合同成立的过程来说,业主对此承诺了吗?如果没有,那不能作为物业服务合同的组成部分。"这种观点是错误的——对于业主带来便利与益处的服务项目需要每个业主予以同意,有悖于情理法,对于业主来说未免太苛刻了。

这里,需要特别指出的是,依据《合同法》的规定,物业服务企业公开做出的服务承诺及制定的服务细则作为物业服务合同的组成部分应具备以下条件,缺一不可:

(1)承诺的意思表示真实。合同成立的过程,实际就是合同双方你来我往互为意思表示的过程。在此过程中,双方均应真实地表达自己内心的意愿,达成一致意见之后合同方可成立。如果在此过程中存在欺诈、胁迫等情节,则该合同属于可撤销合同或无效合同。

(2)承诺内容清楚明确。作为合同内容,物业服务企业公开做出的服务承诺及制定的服务细则必须通俗易懂、清楚明确且具有很强的可操作性,不可含糊其辞、模棱两可,或者是空喊一些放之四海而皆准的口号。

(3)公开做出的服务承诺及制定的服务细则在小区进行公示。当事人对彼此的合同权利义务清楚明确才能充分享受权利,全面履行义务。对物业服务企业而言,只有把做出的服务承诺及制定的服务细则公之于众,才能认定为物业服务合同的组成部分,才能接受业主的监督,才能作为业主维权的依据。

(4)承诺内容不违背法律法规的规定。很显然,违背法律法规的规定所做出的任何承诺均是无效的承诺。

此外,有人认为,物业服务企业公开做出的服务承诺认定为物业服务合同的组成部分,必须经全体业主或业主委员会的同意,否则就不能认定为物业服务合同的组成部分,当然也就不能成为业主维权的依据。笔者认为,该观点值得商榷,这种观点一是对业主过于严苛,二是也打击了物业服务企业的积极性。合同成立的过程,从理论上说是要约以及要约被承诺的过程。物业服务企业公开做出的服务承诺,是物业公司向业主发出的要约,其内容一般是关于服务项目、时间节点以及服务标准的承诺,这事关物业服务企业自身形象,同时对业主本身是有利的,更有利于和谐物业管理关系。此时,要求业主明确表态接受这种承诺(即上面所说的要约),否则便不能成为物业服务合同的组成部分。合同成立的方式多种多样,有明示、有默示,还有的是一言不发直接用行动表示接受要约而成就一份合同。物业服务企业公开做出的服务承诺,只要业主不明确表示反对,就应该认定为业主接受了这种承诺。当然,如果物业服务企业公开做出的服务承诺中含有需要业主承担一定的义务的内容,就另当别论了。

---

**(44) 物业服务合同中哪些内容对业主没有约束力?**

【案例】 一份前期物业服务合同中有这么一项条款,"在业主入住率小于50%时,物业公司可以将2号楼楼顶作为广告位出租,其收益用于日常物业管理活动,弥补物业费收费不足。"业主们入住之后,围绕该合同项下的广告收益问题引起了争议。

【分析】 案例中的争议产生之后,笔者特地查勘了现场,发现该小区2号楼的楼顶确实竖着一块巨大的广告牌,内容是该楼盘的形象宣传语。调阅了物业服务合同,合同的补充协议中确实有上述条款描述。笔者认为,该条款侵犯了业主的合法权益,属无效条款。物业服务合同中的哪些内容对业主没有约束力? 笔者依照现行有关法律法规及司法解释,扼要分析如下。

**一、物业服务合同法律效力状态,应依法判断**

合同的无效分为两种情况,一种是合同文本整体无效;另一种是合同整体有效,但个别条款无效。如何判断物业服务合同整体或部分条款无效,我国现行法律法规及司法解释对此均有规定。如《合同法》第五十二条对合同无效情形有明确的规定,"有下列情形之一的,合同无效:(一)一方以欺诈、胁迫的手段订立合同,损害国家利益;(二)恶意串通,损害国家、集体或者第三人利益;(三)以合法形式掩盖非法目的;(四)损害社会公共利益;(五)违反法律、行政法规的强制性规定。"《物权法》第四条规定,"国家、集体、私人的物权和其他权利人的物权受法律保护,任何单位和个人不得侵犯。"《物权法》第六章规定了对业主建筑物区分所有权的界定和保护。《最高人民法院关于审理物业服务纠纷案件具体应用法律若干问题的解释》第二条更是明确了物业服务合同(包括前期物业服务合同)或相关合同条款无效的四种情形。

**二、物业服务合同(包括前期物业服务合同)或相关合同条款无效的四种情形**

根据《最高人民法院关于审理物业服务纠纷案件具体应用法律若干问题的解释》第二条的相关规定,物业服务合同(包括前期物业服务合同)或相关合同条款无效的情形有以下四种:

**(一)物业公司将业务全部转委托**

该规定源于《物业管理条例》第四十条的规定,"物业服务企业可以将物业管理区域内的专项服务业务委托给专业性服务企业,但不得将该区域内的全部物业管理一并委托给他人。"

在一个物业管理区域内,物业服务内容涵盖了保安、保洁、绿化、共用设备设施的维护保养等与业主生活密切相关的诸多方面,部分业务的开展需要具备相应的资质,但物业公司不是全能公司,将这部分需要专业维护和保养的业务委托给他人合情合理合法,如电梯的维保、消防设施的维保以及绿化养护等。但是,物业公司切不可将"区域内的全部物业管理一并委托给他人"。这是因为,我国前期物业管理实行招投标制度,建设单位之所以通过招标投标选中某物业公司,显然是建立在对该公司信誉、资金、能力、管理水平等信任的基础上,如果该公司中标后又将全部物业管理一并委托给他人,而不论他人是否有资质、有能力管理好小区,就违背了建设单位选择该公司的初衷。所以,《物业管理条例》对此做出了禁止性规定。同理,经业主大会选聘的物业公司,也不得将该区域内的全部物业管理一并委托给他人。

**(二)免除物业公司责任**

这里所说的物业公司责任,是指按照法律法规的规定以及相应的物业服务标准,物业公司应该承担的相关义务。如果在物业服务合同中有意免除了物业公司应该承担的责任,则这种条款是无效的。例如,"业主车辆等私人财产自行妥善保管,如有损失,物业公司概不承担赔偿责任。"事实上,如果业主果真发生了财产损失事件,物业公司赔还是不赔,不是一纸合同说了算的。这个问题在本书案例60和61中有详细论述。

**(三)加重业主委员会或者业主责任**

业主委员会由业主大会选举产生,执行业主大会的决定事项,其职责在《物业管理条例》第十五条中有明确规定："（一）召集业主大会会议，报告物业管理的实施情况；（二）代表业主与业主大会选聘的物业服务企业签订物业服务合同；（三）及时了解业主、物业使用人的意见和建议，监督和协助物业服务企业履行物业服务合同；（四）监督管理规约的实施；（五）业主大会赋予的其他职责。"由此可以看出，业主委员会除了前四项法定职责之外，其他职责仍然是由业主大会所赋予的，物业服务合同中如有加重业主委员会责任（职责）的，则该条款无效。

同样，业主在物业管理活动中应履行的义务，在《物业管理条例》第七条中也有明确规定："（一）遵守管理规约、业主大会议事规则；（二）遵守物业管理区域内物业共用部位和共用设施设备的使用、公共秩序和环境卫生的维护等方面的规章制度；（三）执行业主大会的决定和业主大会授权业主委员会作出的决定；（四）按照国家有关规定交纳专项维修资金；（五）按时交纳物业服务费用；（六）法律、法规规定的其他义务。"

**（四）排除业主委员会或者业主主要权利的条款无效**

某物业服务合同规定，"合同履行期间，物业公司有权将小区内某公共场地短期出租，或对外从事经营活动"，且在合同中排除了业主对该部分的收益权。在物业管理活动中，业主委员会和业主享受的权利在《物业管理条例》及其他法律法规中均有较为明确的规定。本条约定很明显侵犯了业主对于这部分公共场地共同的所有权和管理权，对照《合同法》第五十二条与《物权法》第六章相关规定，本条款显然属于无效条款。

**三、推广使用示范文本，警惕非示范条款**

为了贯彻《物业管理条例》，规范物业管理活动，引导物业管理活动当事人通过合同明确各自的权利与义务，减少物业管理纠纷，国家建设部制定了《物业管理委托合同示范文本》及《前期物业服务合同（示范文本）》，在物业管理活动中应大力推广使用。

实践中，物业服务合同或相关条款无效的情形多发生在前期物业服务合同中，而且往往是在示范合同条款之外另外增加的条款，经业主大会决定选聘的物业公司则鲜有类似侵权行为。在前期物业合同签订过程中，建设单位由于不是合同项下另一方当事人合同权利和义务的承担者，抱着"事不关己高高挂起"的态度，往往对物业公司的一些"霸王条款"漠然置之，睁一只眼闭一只眼。这实质上损害了广大业主的切身利益。

本案例中，小区住宅楼楼顶所有权、管理权均属于全体业主，建设单位以及物业公司均无权对此权利的行使做出安排，两者之间关于小区住宅楼楼顶如何使用的约定显属无效。需要指出的是，建设单位对于未售出的房屋依法享有所有权，自然也有义务交纳一定的物业费用。退一步讲,即使物业费收费不足而影响物业服务活动正常开展,也应该由物业公司采取合法的手段去催交物业费,而不是用这种损害全体业主利益的行为来弥补所谓的物业费不足。

因此,在前期物业管理招投标以及签约过程中,有关部门应本着公平、公正的原则,加强对前期物业合同内容的审查和指导,切实维护广大业主的合法权益,为构建和谐物业服务关系打下良好的基础。

## ㊺ 业主的知情权及其保障

**【案例】** 笔者一个朋友担任某小区业主委员会主任,多次与笔者谈及业主的知情权问题,涉及小区地面车位、人防工程使用、物业管理用房和社区用房等多方面。他的某些说法是合情合理合法的,也有一些不正确的认识,譬如,《物权法》第八十一条第二款规定,"对建设单位聘请的物业服务企业或者其他管理人,业主有权依法更换。"这里的"业主"是指全体业主还是指多数业主,或是单个的业主?

**【分析】** 业主的知情权,从现有法律及相关司法解释的内容来看,可以分为对内和对外两大方面,对内是作为共同管理人应有的知情权,对外则是作为权利人在房地产开发、物业服务、有关行政监管的全过程中应享有的知情权。业主的知情权问题,看似简单,其实是非常复杂的。单就其主体而言,涉及房地产法律关系中众多方面:物业服务企业、政府相关职能部门、银行、业主委员会、开发商,包括单个的业主;而论及其具体权利及其保障就更复杂了。此处就业主知情权相关法律规定、权利主体、义务主体做扼要论述。

### 一、相关法律和司法解释规定及理解

(一)《物权法》相关规定

(1)第七十条规定,"业主对建筑物内的住宅、经营性用房等专有部分享有所有权,对专有部分以外的共有部分享有共有和共同管理的权利。"

(2)第七十六条规定,"下列事项由业主共同决定:(一)制定和修改业主大会议事规则;(二)制定和修改建筑物及其附属设施的管理规约;(三)选举业主委员会或者更换业主委员会成员;(四)选聘和解聘物业服务企业或者其他管理人;(五)筹集和使用建筑物及其附属设施的维修资金;(六)改建、重建建筑物及

其附属设施;(七)有关共有和共同管理权利的其他重大事项。决定前款第五项和第六项规定的事项,应当经专有部分占建筑物总面积三分之二以上的业主且占总人数三分之二以上的业主同意。决定前款其他事项,应当经专有部分占建筑物总面积过半数的业主且占总人数过半数的业主同意。"

(3)第七十九条规定,"建筑物及其附属设施的维修资金,属于业主共有。经业主共同决定,可以用于电梯、水箱等共有部分的维修。维修资金的筹集、使用情况应当公布。"

(4)第八十一条第二款规定,"对建设单位聘请的物业服务企业或者其他管理人,业主有权依法更换。"

(5)第八十二条规定,"物业服务企业或者其他管理人根据业主的委托管理建筑区划内的建筑物及其附属设施,并接受业主的监督。"

(二)《最高人民法院关于审理建筑物区分所有权纠纷案件具体应用法律若干问题的解释》相关规定

(1)第十三条规定,"业主请求公布、查阅下列应当向业主公开的情况和资料的,人民法院应予支持:(一)建筑物及其附属设施的维修资金的筹集、使用情况;(二)管理规约、业主大会议事规则,以及业主大会或者业主委员会的决定及会议记录;(三)物业服务合同、共有部分的使用和收益情况;(四)建筑区划内规划用于停放汽车的车位、车库的处分情况;(五)其他应当向业主公开的情况和资料。"

(2)第十六条第一款规定,"建筑物区分所有权纠纷涉及专有部分的承租人、借用人等物业使用人的,参照本解释处理。"

上述规定,特别是司法解释的详细规定,是业主享有法定知情权的依据,依法应予保障。至于"其他应当向业主公开的情况和资料"的具体范围,则应根据其他法律、法规、物业服务合同,或者在诉讼和仲裁中由法庭、仲裁庭予以认定。

**二、决定建筑区划内重大事情及其表决权,应该是全体(多数)业主享有的权利**

《物权法》第七十六条规定的业主的知情权,事关业主重大权利(有的是基于共有权而产生的共同管理权),只能在满足法定的多数业主的条件下才可以由多个业主共同行使。至于行使该项权利的具体方式,法律并未明确,形式可以多样,但必须合法,且是参与业主的真实意思表示。

**三、推定由多数业主行使的权利**

《物权法》第八十一条第二款规定,"对建设单位聘请的物业服务企业或者其他管理人,业主有权依法更换。"按照常理来推断,实践中不可能所有的业主均异口同声肯定和承认物业服务企业所提供的物业服务,单凭一个业主的不满意就更换"物业服务企业或者其他管理人"是行不通的,也是不现实的,更何况还有违背多数人意志的嫌疑。《物权法》第七十六条第一款第四项规定,"选聘和解聘物业服务企业或者其他管理人"由业主共同决定。所以,此处的"业主"应该当然推定为符合法定条件(人数)的多数业主。

**四、单个业主享有的知情权**

《最高人民法院关于审理建筑物区分所有权纠纷案件具体应用法律若干问题的解释》第十三条规定了业主请求公布、查阅应当向业主公开的情况和资料的情形。为了更好地保障业主权利的实现,此处的"业主"应该理解为单个的业主,即任何一个业主均有权请求公布、查阅应当向业主公开的情况和资料。

**五、业主知情权的义务主体**

所谓业主知情权的义务主体,即谁来满足业主的知情权,谁向业主公布或允许业主查阅相关情况或资料,司法解释虽然没有明确负责公开或允许查阅的责任主体,但是也可依法相应推断,推断的原则是"谁负责谁公开"。

(1)建筑物及其附属设施的维修资金的筹集、使用情况——由物业服务企业、维修资金归集部门、专户管理银行负责;

(2)管理规约、业主大会议事规则,以及业主大会或者业主委员会的决定及会议记录——由物业服务企业、业主委员会负责;

(3)物业服务合同、共有部分的使用和收益情况——由物业服务企业、业主委员会负责;

(4)建筑区划内规划用于停放汽车的车位、车库的处分情况——由开发商负责。

---

## ㊺ 如何正确处理业主欠交物业费纠纷?

【案例】 笔者居住的小区是个老小区,2010年整治之后某物业公司受聘进驻,一年之后开始收取物业费,到目前为止收费率只有20%。现实中,住宅物业业主欠交物业费现象很常见,业主拒交物业费的理由更是五花八门,物业公司对此大叹苦经,束手无策。到底该如何正确看待此类纠纷?有关法律规定又是怎样的呢?

【分析】

**一、业主与物业公司之间是有偿服务合同关系**

物业服务合同,不论是开发商与物业公司签订的前期物业服务合同还是业主委员会根据业主大会的决定与物业公司签订的普通物业服务合同,对业主都具有当然的约束力,最终都是由单个业主来享受合同权利和承担合同义务(特别约定除外)的。换句话说,业主与物业公司之间是合同关系,而且是一种典型的双务合同,即合同双方当事人互为享受权利、承担义务。也就是说,业主与物业公司之间是一种有偿的服务关系。

在物业服务合同中,一般来说,物业公司承担的主要合同义务包括:

(1)物业区域内共用部位的维修、养护和管理;

(2)物业区域内共用设施设备的维修、养护、管理和运行服务;

(3)物业区域规划红线内属物业管理范围的市政公用设施的维修、养护和管理;

(4)物业区域内物业规划红线内配套服务设施的维修、养护和管理;

(5)物业区域内公共环境的清洁卫生,垃圾的收集、清运;

(6)物业区域内交通管理、车辆行驶及停泊管理;

(7)物业区域内安全保卫、秩序维护,配合和协助当地公安机关进行安全监控等工作(不含人身、财产的保险保管责任,除非特别约定);

对于业主来说,其主要合同义务是交纳物业费。

**二、物业公司通过诉讼方式向业主主张物业费的,应先行书面催交**

**(一)催交的主体与方式**

关于催交的主体与方式,《最高人民法院关于审理物业服务纠纷案件具体应用法律若干问题的解释》(本案例以下简称《解释》)和《江苏省物业管理条例》(本案例以下简称《条例》)分别有明确规定。《解释》第六条规定,"经书面催交,业主无正当理由拒绝交纳或者在催告的合理期限内仍未交纳物业费,物业服务企业请求业主支付物业费的,人民法院应予支持。物业服务企业已经按照合同约定以及相关规定提供服务,业主仅以未享受或者无需接受相关物业服务为抗辩理由的,人民法院不予支持。"本条款是关于业主欠费纠纷处理的完整规定,既有实体性又有程序性规定。实体性规定是对业主拒交物业费无效抗辩理由的否定,程序性规定是规定物业公司在起诉前应先行书面催交。《条例》第八十四条规定,"违反本条例第四十八条第一款(业主应当根据物业服务合同的约定交纳物业服务费用。业主与物业使用人约定由物业使用人交纳物业服务费用的,从其约定,业主负连带交纳责任)规定,业主、物业使用人未按照物业服务合同的约定交纳物业服

务

117

务费用的,业主委员会、物业服务企业可以通过上门催交、在物业管理区域内显著位置公示等形式,督促其限期交纳;逾期不交纳的,物业服务企业可以向人民法院起诉。"这里的催交主体是"业主委员会、物业服务企业",也就是说不论是业主委员会还是物业公司,只要有一个向业主进行了催交,就算完成催交的程序。

从上述内容可以看出,《解释》与《条例》关于"催交"的主体和方式的规定不尽相同。催交是程序性规定,目的在于提醒业主两点:一是业主有交费的义务,二是交费期限已经届满甚至超期一两年需要再次交费了。即便是以业主委员会为主体进行的上门催交或公示,这种情况下的法律适用,可以本着举轻以明重的原则进行阐释:书面催交已经满足要件,上门催交更能满足要件了,业主委员会作为主体进行的催交合法有效,应视为物业公司已经依法履行了催交的程序。公示和上门催交,相对于书面催交,有相同甚至更强的通知效果。上门催交的视频在证据法上也具有更强的证明效力。此外,随着网络时代的来临,相对于传统的联系方式,当事人之间的联系方式发生了根本性的变化。网页、博客、微博、朋友圈、贴吧、网盘等网络平台发布的信息,以及手机短信、电子邮件、各类即时通信、通信群组等网络应用服务的通信信息均可以达到催交、公示的目的,物业公司应该注意保存好这些证据资料。

### (二)"催交"通知送达方式要合适

物业公司或业主委员会向欠费业主催交物业费是法定程序,必须准确履行,确保催交通知送达到位。具体方式不外乎以下几种:

(1)送到业主家中或单位,请业主本人签收或单位传达室签收;

(2)送给业主成年的其他家庭成员签收;

(3)如果业主拒绝签收,在送达的同时采取拍照或摄像的方式,而后留置文书交于业主;

(4)采取挂号邮寄或快递等合法有效的形式;

(5)公证送达,请公证处公证,具体方式可以现场公证也可以邮寄公证。

(6)如果业主长时间联系不上,还可以采取公告送达的方式。

实践中,某些物业公司催交的方式是不可取的:① 在小区醒目的地方公示欠费业主的详细信息,这涉嫌侵犯业主隐私权,本书案例76中对此有专门论述。② 在小区出入口悬挂宣传横幅,"交费者光荣,欠费者可耻",这种标语不可取,因为交费者谈不上光荣,这是业主应该履行的义务;同样,欠费者也谈不上可耻,其欠费理由可能比较正当,如长期出差、家庭困难等。

### 三、充分发挥"三位一体"的物业服务新体制的作用,协调业主大会和业主委员会帮助处理业主欠交物业费纠纷

《物业管理条例》第六十七条规定,"违反物业服务合同约定,业主逾期不交纳物业服务费用的,业主委员会应当督促其限期交纳;逾期仍不交纳的,物业服务企业可以向人民法院起诉。"《物权法》第八十三条第二款规定,"业主大会和业主委员会,对任意弃置垃圾、排放污染物或者噪声、违反规定饲养动物、违章搭建、侵占通道、拒付物业费等损害他人合法权益的行为,有权依照法律、法规以及管理规约,要求行为人停止侵害、消除危险、排除妨害、赔偿损失。业主对侵害自己合法权益的行为,可以依法向人民法院提起诉讼。"《江苏省物业管理条例》第八十四条规定,"违反本条例第四十八条第一款,业主、物业使用人未按照物业服务合同的约定交纳物业服务费用的,业主委员会、物业服务企业可以通过上门催交、在物业管理区域内显著位置公示等形式,督促其限期交纳;逾期不交纳的,物业服务企业可以向人民法院起诉。"

拒交物业费行为,归根到底是侵害了其他交费业主的合法权益。以上规定赋予了业主大会和业主委员会对业主"拒付物业费"行为一定的处理权。

当前,政府及有关职能部门正在大力推广"三位一体"甚至"四位一体"的物业服务新体制。物业公司要紧紧依靠业主大会特别是业主委员会,帮助协调处理欠交物业费纠纷,切忌动辄诉诸法律。

### 四、物业公司向业主催交物业费,切忌采取停水、停电的方式

实践中,物业公司采取停水、停电等其他方式迫使业主交纳物业费的做法时有耳闻,这种做法是极其错误的。物业公司不是执法部门,无权采取只有法定有权部门才可以采取的停水、停电等强制性措施,这也是一种民事侵权行为。如果因此被业主诉诸法律,物业公司败诉是必然的,结果是"赔了夫人又折兵"。在此类诉讼中,物业公司也不能提起追交物业费的反诉,这是因为本诉与反诉不是同一法律关系,前者是侵权法律关系,后者是合同关系。

## 47 物业公司有权向装修公司收费吗?

**【案例】** 市民吴小姐在市区购买了一套商品房,在办理交房手续的同时,与物业公司签订了《住宅室内装饰装修管理协议》,按照物业公司的要求交纳了1 000元装修保证金。吴小姐与某装修公司签订了住宅装修合同,在装修工人准备进场施工时,物业公司要求装修工人交纳"小区进出费",每人每天3元,并交纳"小区临时停车管理费",每人每天5元。装修工人及装修公司认为物业公司乱收费,不同意交纳这两笔费用,而物业公司则坚持要收费,否则工人不能进出小区。吴小姐愤而向有关部门投诉。

**【分析】** 案例中物业公司的收费行为属于典型的乱收费行为,应予制止。

### 一、普通住宅的物业公共服务收费,实行政府指导价

根据《中华人民共和国价格法》及《江苏省物业服务收费管理办法》(苏价服〔2010〕12号)的相关规定,普通住宅的物业公共服务收费实行政府指导价,并与相应的物业服务等级一一对应。物业公司应该在其提供的物业服务等级范围内收取物业费,不得擅自扩大收费范围、提高收费标准或者重复收费,例如不得向业主的搬家车、送货车、接送业主的出租车收取费用。《关于明确市区住宅物业服务收费有关事项的通知》(扬价服〔2017〕45号)规定,"对进入住宅物业管理区域内进行军警应急处置、行政执法、实施救助救护、市政工程抢修等执行公务的车辆,为业主、物业使用人提供配送、维修、安装、装修、搬家等服务的临时停放车辆,物业服务企业不得收取任何费用。"本案中,物业公司向装修工人收取的"小区进出费"和"小区临时停车管理费",显然超出了正常的物业收费范围,是典型的物业乱收费的行为,业主、装修公司以及装修工人有权拒绝交纳。

### 二、价格部门应对物业公司此类行为予以制止直至实施行政处罚

《物业管理条例》第四十三条规定:"县级以上人民政府价格主管部门会同同级房地产行政主管部门,应当加强对物业服务收费的监督。"《物业服务收费管理办法》(发改价格〔2003〕1864号)第二十一条规定:"政府价格主管部门会同房地产行政主管部门,应当加强对物业管理企业的服务内容、标准和收费项目、标准的监督。物业管理企业违反价格法律、法规和规定,由政府价格主管部门依据《中华人民共和国价格法》和《价格违法行为行政处罚规定》予以处罚。"本案中,业主吴小姐向价格主管部门投诉物业公司乱收费行为,以及价格主管部门对该行为进行

查处,均有法可依。

### 三、业主吴小姐可自行维权

《最高人民法院关于审理物业服务纠纷案件具体应用法律若干问题的解释》第五条规定:"物业服务企业违反物业服务合同约定或者法律、法规、部门规章规定,擅自扩大收费范围、提高收费标准或者重复收费,业主以违规收费为由提出抗辩的,人民法院应予支持。业主请求物业服务企业退还其已收取的违规费用的,人民法院应予支持。"此类案例中,业主可以依法向人民法院提起民事侵权诉讼,请求人民法院判令物业公司停止此类违规收费行为,并且可以请求物业公司退还已收取的违规费用。对于此类诉讼,业主及其他当事人胜券在握。

### 四、物业公司依法有权进行装饰装修管理

需要指出的是,物业公司虽说不可以乱收费,但仍然依法拥有对业主的装饰装修行为进行管理的权利。《物业管理条例》第五十三条第一款规定,"业主需要装饰装修房屋的,应当事先告知物业服务企业。"第四十六条第一款规定,"对物业管理区域内违反有关治安、环保、物业装饰装修和使用等方面法律、法规规定的行为,物业服务企业应当制止,并及时向有关行政管理部门报告。"《住宅室内装饰装修管理办法》第十三条第一款规定,"装修人在住宅室内装饰装修工程开工前,应当向物业管理企业或者房屋管理机构(以下简称物业管理单位)申报登记。"第十七条规定,"物业管理单位应当按照住宅室内装饰装修管理服务协议实施管理,发现装修人或者装饰装修企业有本办法第五条行为的,或者未经有关部门批准实施本办法第六条所列行为的,或者有违反本办法第七条、第八条、第九条规定行为的,应当立即制止;已造成事实后果或者拒不改正的,应当及时报告有关部门依法处理。对装修人或者装饰装修企业违反住宅室内装饰装修管理服务协议的,追究违约责任。"由以上法规、规章的规定可以看出,物业公司对业主的装饰装修行为拥有依法管理的权利。此外,对于物业公司拥有的此项权利,在物业服务协议中往往也有类似的规定。

综上所述,物业公司不可以对装修公司进行收费,但有权依据法律规定与合同的约定,对业主的装饰装修行为进行监管。

## 48 物业公司允许他人在楼顶架设天线,业主可以以此为由拒交物业费吗?

【案例】 2007年8月,杨先生购买了某小区一套商品房,并于2007年年底入住,同时预交了一年的物业费。2008年年底,物业公司收取物业费时,杨先生以物业公司擅自同意某网络运营商在其居住的住宅楼楼顶架设天线为由拒绝交纳。2009年5月,物业公司将其诉至法院,请求法院判令杨先生交纳物业费,法院判物业公司胜诉。为此,杨先生大惑不解——明明是物业公司侵权在先,拒交物业费何错之有?

【分析】 杨先生之所以败诉,在于其混淆了两类不同的民事责任。

### 一、民事责任概述

（一）概念

所谓民事责任,是指平等的民事主体违反民事法律义务所应承担的法律后果。民事法律义务包括法定义务和约定义务,学界对此有更为详细的分类,即积极义务和消极义务、作为义务和不作为义务。

（二）特征

相对于其他法律责任、社会责任而言,民事责任具有以下主要特征:

1. 强制性

民事责任的强制性是其区别于道德责任和其他社会责任的基本标志。民事责任强制性的表现主要有两点:

（1）在民事主体违反合同或者不履行其他义务,或者由于过错侵害国家、集体的财产,侵害他人财产、人身权益时,法律规定其应当承担民事责任。

（2）当民事主体不主动承担民事责任时,通过国家有关权力机构强制其承担责任,履行民事义务。

2. 财产性

民事责任以财产责任为主,非财产责任为辅。一方不履行民事义务的行为给他方造成财产和精神损失的,通常通过财产性赔偿的方式予以弥补。但是仅有财产责任不足以弥补受害人的损失,因此,《民法通则》也规定了一些辅助性的非财产责任。

### 3．补偿性

民事责任以弥补民事主体所受的损失为限。就违约责任而言,它旨在使当事人的利益达到合同获得适当履行的状态;就侵权责任而言,它旨在使当事人的利益恢复到受损害以前的状态。

### （三）种类

依据不同的标准,可以对民事责任进行不同的分类。合同责任是指因违反合同约定的义务、合同附随义务或违反《合同法》规定的义务而产生的责任。侵权责任是指因侵犯他人的财产权益与人身权益而产生的责任。其他责任就是合同责任与侵权责任之外的其他民事责任,如不当得利、无因管理、缔约过失等产生的责任(见《民法通则》第九十二条、九十三条,《合同法》第四十二条)。

### （四）承担方式

根据《民法通则》第一百三十四条的规定,承担民事责任的方式主要有:停止侵害;排除妨碍;消除危险;返还财产;恢复原状;修理、重作、更换;赔偿损失;支付违约金;消除影响、恢复名誉;赔礼道歉。这些承担民事责任的方式,可以单独适用,也可以合并适用。人民法院审理民事案件,除适用上述规定外,还可予以训诫、责令具结悔过、收缴进行非法活动的财物和非法所得,并可以依照法律规定予以罚款、拘留。

**二、合同一方当事人行使抗辩权,应符合法律规定**

本案中,杨先生自认为的维权行动,在合同法上叫作行使抗辩权。

所谓抗辩权,是指专门对抗请求权的权利,亦即权利人行使其请求权时,义务人享有的拒绝其请求的权利。《合同法》第六十六条、第六十七条、第六十八条分别规定了三种抗辩权,即同时履行抗辩权、先履行抗辩权和不安抗辩权。第六十六条规定,"当事人互负债务,没有先后履行顺序的,应当同时履行。一方在对方履行之前有权拒绝其履行要求。一方在对方履行债务不符合约定时,有权拒绝其相应的履行要求。"这就是同时履行抗辩权,换句话说,同时履行抗辩权是指在未约定先后履行顺序的双务合同中,当事人应当同时履行,一方在对方进行对等给付之前,有权拒绝其履行要求。第六十七条规定,"当事人互负债务,有先后履行顺序,先履行一方未履行的,后履行一方有权拒绝其履行要求。先履行一方履行债务不符合约定的,后履行一方有权拒绝其相应的履行要求。"这就是先履行抗辩权,该权利可以用一句成语来概括,那就是"己所不欲,勿施于人"。第六十八条第一款规定,"应当先履行债务的当事人,有确切证据证明对方有下列情形之一的,可以中止履行:(一)经营状况严重恶化;(二)转移财产、抽逃资金,以逃避债务;(三)丧失商业信誉;(四)有丧失或者可能丧失履行债务能力的其他情形。"

该条第二款规定，"当事人没有确切证据中止履行的，应当承担违约责任。"这就是不安抗辩权，其权利人是先履行义务人。先履行义务人中止履行合同，必须要有符合本条规定的上述法定情形。对于不安抗辩权行使的法律后果，《合同法》第六十九条做出了明确的规定，"当事人依照本法第六十八条的规定中止履行的，应当及时通知对方。对方提供适当担保时，应当恢复履行。中止履行后，对方在合理期限内未恢复履行能力并且未提供适当担保的，中止履行的一方可以解除合同。"

从以上概念及法条分析可以看出，三种合同履行抗辩权的条件虽然各不相同，但其共同条件是当事人双方因同一合同关系而互负债务。当事人一方要行使合同履行抗辩权，其抗辩事由一定要具有相应的合同基础。具体到物业服务合同关系中，即如果业主拒交物业费，必须以物业公司存在违反物业服务合同的行为为前提，也就是说，必须要有物业公司不履行物业服务合同，或者履行合同不符合约定的标准等事由。业主以其他事由来行使抗辩权，均属不当行使。

**三、业主正确的维权方式**

本案中，不论物业公司是由开发商还是业主委员会聘请的，均与杨先生之间形成物业服务合同关系。从合同的分类来说，物业合同关系是典型的双务合同，即当事人双方互为享受权利、互负对等给付义务的合同。简单地说，物业公司按照法律规定和合同约定，履行物业服务义务，按约收取物业费；业主按约交纳物业费，享有作为业主按照法律规定和合同约定应该享受的权利。杨先生如果拒交物业费，必须有物业公司不履行物业服务合同，或者履行合同不符合约定的标准等事由。

由以上分析可以看出，杨先生应该交纳物业费。他之所以感到委屈、大惑不解，是因为他混淆了两类不同的法律关系继而采取了错误的维权方式。我国《物权法》第六章明确规定了业主的建筑物区分所有权。住宅楼的楼顶屋面属于同栋业主所有，业主们因此享有对楼顶屋面的共有权和共同管理权。本案中，物业公司擅自允许某网络运营商在其居住的楼顶架设天线，实则是一种侵权行为，侵犯了杨先生及其同栋业主们的共有权和共同管理权。这种权利的权利主体是全体业主，不是某个业主。杨先生及其同栋业主可以向物业公司主张侵权责任，而不是采取拒交物业费的方式来行使抗辩权。

## ㊾ 业主车库被淹,可以因此拒交物业费吗?

【案例】 朱先生于2002年春天购买了某小区一套商品房现房,2003年夏季的某一天,由于天降暴雨,他家车库被淹,财产损失将近3万元。与物业公司交涉时,朱先生认为物业公司未尽到暴雨预报、提醒之责任,而物业公司一方面表示同情,另一方面又表示爱莫能助。朱先生明确表示,如果物业公司不帮助他解决车库被淹的问题,他将拒交物业费。经过反复交涉,物业公司认为,车库之所以被淹,是因为朱先生所在的这栋楼下水管道管径偏小,夏季暴雨来临时来不及排水而导致车库被淹,并非是物业公司不作为所致。该物业公司负责人曾口头答应朱先生每年象征性地收取其100元的物业费。谁知道物业公司负责人换了,新的负责人不认账,坚持要朱先生付清历年来所拖欠的物业费,否则将诉诸法院。朱先生感到很郁闷:当初车库被淹损失3万元没人认账,为了几千元物业费却要当被告?

【分析】 对此案例,笔者分析如下:

**一、10多年前车库被淹导致财产损失,已无法维权**

(一)相关规定

(1)《建设工程质量管理条例》(中华人民共和国国务院令第279号)第四十条规定,"在正常使用条件下,建设工程的最低保修期限为:(一)基础设施工程、房屋建筑的地基基础工程和主体结构工程,为设计文件规定的该工程的合理使用年限;(二)屋面防水工程、有防水要求的卫生间、房间和外墙面的防渗漏,为5年;(三)供热与供冷系统,为2个采暖期、供冷期;(四)电气管线、给排水管道、设备安装和装修工程,为2年。其他项目的保修期限由发包方与承包方约定。建设工程的保修期,自竣工验收合格之日起计算。"

(2)《商品房销售管理办法》(中华人民共和国建设部令第88号)第三十三条规定,"房地产开发企业应当对所售商品房承担质量保修责任。当事人应当在合同中就保修范围、保修期限、保修责任等内容做出约定。保修期从交付之日起计算。商品住宅的保修期限不得低于建设工程承包单位向建设单位出具的质量保修书约定保修期的存续期;存续期少于《规定》(即《商品住宅实行质量保证书和住宅使用说明书制度的规定》)中确定的最低保修期限的,保修期不得低于《规定》中确定的最低保修期限。非住宅商品房的保修期限不得低于建设工程承包单位向建设单位出具的质量保修书约定保修期的存续期。在保修期限内发生的属于保修范围的质量问题,房地产开发企业应当履行保修义务,并对造成的损失承担赔偿责任。因不可抗力或者使用不当造成的损坏,房地产开发企业不承担责任。"

从上述规定来看,不同的项目有不同的保修期限,最长期限不超过 5 年。朱先生购买的商品房保修期限从 2002 年春天拿房开始计算,他所购买的商品房早已超过保修期限。

当然,如果在商品房买卖合同中约定的相关项目的保修期限长于上述法定期限的,则此类约定还是合法有效的。

(二)案例分析

如果说朱先生所在的这栋楼下水管道管径偏小,夏季暴雨来临时来不及排水而导致车库被淹,则该栋楼的设计或施工存在瑕疵,开发商应该对朱先生等业主承担违约责任(如果造成财产损失,可以要求开发商承担侵权责任)。但是,无论是朱先生向开发商主张违约责任还是侵权责任,均因超过诉讼时效而丧失了胜诉权。

朱先生因当初车库被淹时物业公司未尽暴雨预报及提醒之责任而拒交物业费的观点和行为是不正确的。一是物业公司进行暴雨预报及提醒,既不是物业公司法定义务也非合同义务,物业公司不存在违约行为;二是即使合同约定了物业公司须承担此项合同义务而疏于履行或预报不准,物业公司也不承担违约责任——有道是"六月的天,孩儿的脸"。更何况,这同样存在一个诉讼时效的问题。

**二、与物业公司友好协商,解决物业费拖欠问题**

物业费纠纷,同样适用 2 年的诉讼时效。当然,对 2 年之前的物业费是否应该补交,要看物业公司在此期间是否催交过。因此,诉讼时效中断的情形常有发生。

**三、如果在夏季暴雨时节仍然存在车库被淹的情况,应认真寻找原因**

如果车库淹水确实属于开发商当初的设计或施工缺陷,则需要动用维修基金重新铺设雨水下水管道。

此外,该案事实上还存在一个问题,那就是如果车库被淹的原因确实是这栋楼下水管径偏小,即违反了建筑设计强制性规范,则开发商的行为是否属于"持续性侵权行为"而适用《最高人民法院关于审理民事纠纷案件适用诉讼时效制度若干问题的规定》第十三条"侵权行为持续的,诉讼时效期间从侵权行为实施终了之日起重新计算"的规定,笔者不敢妄断。

## ㊿ 房屋空置,业主能否拒交物业费?

【案例】 某小区于2009年12月起陆续交付使用,业主李先生办理了入住手续,交纳了一年的物业服务费,但之后并未实际居住。从第二年开始,物业公司多次催缴,李先生均以房屋空置为由一直拒交物业费,拖了四年,无奈之下,物业公司将其告上法庭,请求法院判决李先生支付拖欠了四年的物业费,共计5 000余元。

【分析】 笔者在《扬州晚报》栏目连载中对物业费纠纷的相关案例已有较大篇幅加以论述,但此案特殊性在于在房屋空置的情况下,物业费该如何交纳? 对此,业界有些不同看法。对此类案件,笔者不揣陋见,分析如下。

### 一、相关规定

《最高人民法院关于审理物业服务纠纷案件具体应用法律若干问题的解释》(本案例以下简称《解释》)第六条规定,"经书面催交,业主无正当理由拒绝交纳或者在催告的合理期限内仍未交纳物业费,物业服务企业请求业主支付物业费的,人民法院应予支持。物业服务企业已经按照合同约定以及相关规定提供服务,业主仅以未享受或者无需接受相关物业服务为抗辩理由的,人民法院不予支持。"

《扬州市区物业服务收费管理实施细则》(扬价服〔2009〕79号,以下简称《细则》)第十三条第三款规定,"业主办理入住手续后未入住或未使用连续空置六个月以上的物业,业主应事前告知物业服务企业,可按规定标准的百分之七十交纳物业服务费、电梯运行费和公共能耗费。"《扬州市住宅物业管理办法》(扬府规〔2016〕4号)第五十六条第二款规定,"业主办理入住手续后未入住或未使用连续空置六个月以上的物业,业主应当事前告知物业服务企业,按不低于合同约定标准的百分之七十交纳物业服务费用。具体范围和减免标准、减免期限由市、县(市)价格行政主管部门会同物业管理行政主管部门确定。业主大会成立后,由业主大会与物业服务企业约定。"

### 二、在物业服务合同对房屋空置时如何收缴物业费并无约定的情况下,此类案件该如何裁判?

如果在物业服务合同中对房屋空置时物业费如何收缴有明确约定,显然应该遵循合同约定的计费方式交纳物业费。

本案的特殊性就在于物业服务合同对房屋空置时如何收缴物业费并无约定,

庭审过程中双方均不接受法院调解。在此情况下，法院该如何裁判？法院内部形成了两种不同的意见：一种意见认为，根据《解释》，物业服务企业已经按照合同约定提供了服务，李先生应当支付相关物业管理费；另一种意见认为，李先生房屋空置客观上导致物业服务成本降低，物业费应酌情扣减。

笔者同意第二种意见，但是相关的表述应完整。

毋庸置疑，物业公司提供的物业服务是针对全体业主的共性化服务，例如公共设施设备的维修、养护和管理，对公共区域的保洁和秩序维护，等等，不因少数业主未入住而不履行或不完全履行这些合同义务。换句话说，物业公司履行义务是针对全体业主的合同义务，物业服务是双务合同，是有偿合同。在物业服务合同对房屋空置时物业费如何收缴并无约定的情况下，“业主仅以未享受或者无需接受相关物业服务为抗辩理由的，人民法院不予支持”。

需要注意的是，《解释》的这条规定似乎针对的是业主已经入住了但是以未享受或者无需接受相关物业服务为由拒交物业费的情形。在房屋空置的情况下，物业公司的成本有所下降应该是显而易见的，最典型的是针对空置户不产生垃圾清运的负担，即不产生垃圾清运费。但是也有人对此持不同意见：空置户不产生垃圾，但是工人每天还得照常清运多数住户产生的生活垃圾，并没有降低物业公司为此而支出的垃圾清运费。更何况，物业公司的成本支出中，人力成本占物业企业成本的70%左右，而且这个比例还在逐年上升。各地法院对类似案例的判决结果不尽相同。笔者认为，处理此类案件时，法官应该充分考虑个案的具体情况，运用“公平、公正”的民法基本原则，以事实为依据，以法律为准绳做出判决。

## (51) 物业公司可以张榜公示欠费业主的个人信息吗?

电视台《我爱我家》栏目组接连接到市民的咨询投诉，称某项目物业公司将欠交物业费的业主名单张贴在小区各个醒目的地方，把欠费业主的姓名、具体楼栋号、手机号码、单位名称全部公布出来了。投诉人感觉到自己的隐私被侵犯了。栏目组邀请笔者做了一档嘉宾访谈节目，主题是评述物业公司张榜公示欠费业主个人信息的行为。节目对话实录如下：

主持人：我们大家也知道，物业费收取率比较低是物业服务行业的普遍现象，似乎也成了当前物业服务行业面临的一大难题。蔡老师,您对此怎么看?

蔡　剑:物业管理行业在我国发展迅猛,也小有成就,但存在的问题仍然很多,这些问题在一定程度上制约着物业管理进一步发展和完善,尤其是其中的物业管理收费问题,是从物业管理存在开始就没有彻底解决的问题。

主持人:是的。那在您看来,物业费收取问题主要有哪些表现呢?

蔡　剑:主要就是收费难,调价难。

主持人:是的,在日常生活中,我也经常听到这些话题,就像视频中说的那样,业主不交费的原因五花八门,物业公司也似乎是备感委屈,公说公有理,婆说婆有理。

蔡　剑:关于收费难的问题,平心而论,我觉得要从两方面来说。套用民间的一句俗语,"一个好好不起来,一个坏也坏不起来"。物业费收取难,直接的当事人物业公司和业主双方均有一些认识误区,直接导致收费难。其他方面,包括立法、执法等也各有问题。我是市政协上一届委员,曾经就这个话题,政协城乡委包括我们民建扬州市委做过多次调查研究。从调查的情况来看,物业费问题主要表现在以下方面:一是收费的标准与提供的服务之间没有明码标价,业主和物业公司对此也没有达成共识。换句话说,业主交一块钱,能享受到什么样的服务,缺乏一个统一的标准。

主持人:也就是说,我花了一块钱买到的东西是不是值一块钱,缺乏一个认定的标准。

蔡　剑:是的。二是从收费标准方面来说,现行的物业费收费标准实际执行不到位。选聘物业公司,往往采取招投标的办法,而定标的标准往往采取低价中标的方法,而不是采取类似于建筑工程招投标的综合定价法。由于市场竞争的缘故,部分物业公司中标价远远低于物价部门审定的标准。在物业费收取难的情况下,物业公司为了解决燃眉之急,甚至主动打折。

主持人:这好像也是没办法的办法。

蔡　剑:三是在物业管理服务质量情况方面,物业收费应是优质优价,按质论价。现阶段,不少物业公司仍然存在"不会管"的问题,存在管理不到位、上门服务不及时,以及物业管理人员素质较低、服务态度低劣等问题,业主当然不满意,矛盾也由此而产生。

主持人:物业公司好像没有完全摆正自己的位置,把自己视为管理者而不是服务者。

蔡剑:确实是的。从业主的角度说,物业公司收费难主要和业主不理解物业,业主的法律意识淡薄,在遇到侵权行为时不能用正确的方法来维护自己的权利,而是选择拒交物业费来表达自己内心的不满,这样做不但不能解决问题,反而使问题激化。其一,业主不理解物业管理是有偿服务行为,享受物业服务理应付费的观念还没有形成,长期计划经济下的观念根深蒂固。随着住房商品化,房屋的维护保养成了业主自己的事情,相当业主对此观点还不能从根本上转过弯来,把物业管理当作一种服务性消费来支出还有待时日。其二,由于业主并非物业管理专业人员,因此他们不可能全面了解物业管理这个系统性的有偿服务行为,对物业管理的认识只停留在表面,再加上一些物业管理服务是间接的和隐性的,业主没有得到直接的利益或立刻看到的利益,就不承认物业服务企业所做的工作。目前物业管理公司的工作主要是保洁、保安、绿化,相当业主还认为房屋出现质量问题也全部应由物业服务企业负责,所以一旦房屋有质量问题,就以此为借口,拒交、少交、欠交物业服务费。他们并不知道这些问题是由开发商,或是因自己装修不当等原因造成的,其责任主体的归属应是开发商或业主个人,而不是物业服务企业。处理房屋质量问题并不属于物业服务企业的工作职责范围。

主持人:仔细想想确实是这么回事。物业公司服务质量问题、房屋本身质量及售后维修问题、业主自身的"花钱买服务"的理念问题,多种原因造成物业费收取难的尴尬局面。

蔡　剑:其实,物业费收取难还有些深层次的原因。对于业主违约拒交物业服务费的行为,国家没有相关制约条款,对于这样的情况只能由物业服务企业走司法程序来解决,而这样的官司,虽然物业服务企业是每打必赢。因为只要物业服务企业实施了物业管理,又不属乱收费,法院就会判业主交纳物业费。但这种稳赢的官司,物业服务企业却不想打,总是想用其他的办法来解决。因为打欠费官司,把业主放在对立面,伤了感情,得不偿失,除非是为了起到教育的意义,不得已而为之。物业公司和业主整天抬头不见低头见,却要对簿公堂,感情上总难以接受,另外对于就拖欠的物业费这样小的问题打官司,法院却仍要按标准的司法程序来办,物业服务企业打官司过程等的时间太长,牵扯精力太多,同时由于标的额小,很少有律师愿意代理,即使法院裁决后,执行难的问题依然存在,这也是物业服务企业不想打官司的深层原因。不打官司又不能单独停止服务,致使个别业主一直拖欠着本应交纳的物业服务费。

主持人:确实是。现在看来,物业费收取难问题牵涉方方面面,既有立法的问题,又有执法司法的问题,既有物业公司本身的问题,又有业主本身的理念问题。看来,要想彻底理顺这个问题,还需要时间。

蔡　剑:我刚刚也说了,物业管理在全国全面铺开也就是十几年的时间。物业管理牵涉各方利益的平衡,构建正常的、良性的物业服务关系,还需要时间。

主持人:是的,我们回头看看,像视频中的那种将欠费业主的个人信息包括姓名、房号、欠费数额及手机号张榜公示的做法,是不是合法合理呢?

蔡　剑:我觉得这种办法欠妥。一方面,物业公司的财务要公开,收支要公布,必然涉及公示业主欠费的情况,这同时也是满足交费业主的知情权。但是,公示的方式值得研究,要合理合法,不能侵犯欠交费业主的个人隐私。另一方面,关于欠交物业费的处理程序,国家也有规定。《江苏省物业管理条例》第八十四条明确规定,"违反本条例第四十八条第一款规定,业主、物业使用人未按照物业服务合同的约定交纳物业服务费用的,业主委员会、物业服务企业可以通过上门催交、在物业管理区域内显著位置公示等形式,督促其限期交纳;逾期不交纳的,物业服务企业可以向人民法院起诉。"最高人民法院的司法解释也有追交欠费需"书面催交"的程序性规定,也就是书面催交是追交物业费的前提。从这个规定来看,张榜公示欠费名单是可以的。但是公示的内容是什么,是有讲究的。《江苏省物业管理条例》没有规定具体如何操作,但也不能因为公示造成欠费业主的隐私权被侵犯。在这方面,我觉得北京的做法值得借鉴。《北京市住宅区管理规约》示范文本中曾规定,长期欠交物业费的业主,可公示其欠交费用及门牌号。

## 52 未交纳电梯费不能乘电梯?

【案例】　有业主向房管部门投诉,称其所在的小区物业严重不负责任,每天只知道看门扫地,甚至门也看不好,任由外人和外来车辆自由进出,小区治安状况很差。正因为如此,他以拒绝交纳物业费来抗议物业公司的不作为,事实上,小区很多业主都未交费。但是问题随之而来,他住在9楼,以往上下楼乘坐电梯都是通过刷卡,但是因为没交纳物业费,他家的电梯卡失效了,只能走楼梯,每次上下楼都是气喘吁吁、汗流浃背的。他认为物业公司强行将电梯费与物业费捆绑的做法是错误的,侵犯了他的权利。

**【分析】** 经过调查,笔者发现不少小区物业公司都有这样的做法,那就是将电梯费与物业费捆绑,发放电梯卡。如果业主不交纳物业费或者公共能耗费,电梯卡就不能用,也就无法乘坐电梯。笔者认为,在物业费收取率普遍不高的情况下,物业公司的做法虽然情有可原却违法了。

**一、小区业主自由使用电梯是其享有物权的延伸**

小区业主拿房之后,依据《物权法》的规定,依法享有对房屋专有部分的所有权、共有部分的共有权,以及对共有部分享有的共同管理权。这种权利是无条件的,是法律赋予业主的权利,任何个人和单位均不得非法剥夺。电梯作为小区公共配套设施,业主自由乘用本是业主行使物权的题中应有之意,是业主行使物权的延伸,或者说是业主行使物权的权能组成部分。业主拖欠物业费或者公共能耗费,是物业公司与业主之间的债权债务关系,根据物权大于债权这一民法基础理论,物业公司不能以业主欠费为由剥夺业主自由乘用电梯的法定权利。

**二、电梯如何管理,应由业主共同决定**

电梯作为小区公共配套设施,业主可以自由乘用,电梯产生的电费也应由业主共同承担。实践中,少数业主拖欠甚至拒绝交纳物业费或者公共能耗费,在物业公司先行垫付电梯费的情况下,天长日久,物业公司确实不堪重负。这种情况下,究竟如何使用和管理电梯,依据《物权法》第七十六条的规定,"决定有关共有和共同管理权利的其他重大事项,应当经专有部分占建筑物总面积过半数的业主且占总人数过半数的业主同意。"电梯的使用和管理,涉及小区全体业主的重大权利,应该属于法律规定的"有关共有和共同管理权利的其他重大事项"。物业公司单方面决定用预付费电梯卡的方式来管理电梯使用,是典型的民事侵权行为。

**三、业主拖欠物业费或公共能耗费,物业公司应该采取合法手段予以催交**

如上分析,业主拖欠物业费或公共能耗费,与其乘用电梯本身是两个不同的法律关系,前者是债权关系,后者是物权的行使关系,物业公司不能将两者混为一谈,将交纳物业费或公共能耗费与乘用电梯予以捆绑。如果业主拖欠物业费或公共能耗费,可以采取协商、调解的方法,充分发挥社区、业主委员会的作用,敦促业主主动交费,甚至诉诸法院。在这种情况下,物业公司胜诉率极高。

行文至此,笔者有一想法,电梯费属于物业公司代收代缴的收费项目,既然出力不讨好甚至有侵权的嫌疑,为何不把电梯的使用与管理交给业主委员会或者业主大会呢?

## 53 业主与承租人相互推诿拒交物业费，此类纠纷如何处理？

**【案例】** 王某将位于某小区的一套住宅出租给陈某用于居住。物业公司找王某收取物业费时，王某认为房屋已经由陈某承租，应该由陈某承担交纳物业费的义务。而陈某坚持认为自己不是业主，不是交费义务人，于是，纠纷顿起。那么，承租人陈某有交费的义务吗？

**【分析】** 此类纠纷看似简单，其实不然，这其中涉及三方面的问题：一是租赁与物业服务两类不同的民事法律关系，二是物业服务行业中一个基本的概念——"业主"身份的界定，三是合同法中的合同法律效力问题。具体分析如下。

### 一、"业主"的范围

案例中出租人王某与承租人陈某对自己在物业服务法律关系中的角色定位不清楚，以至于产生相互推诿拒交物业费的情况。

在物业服务法律关系中，"业主"是一个极其重要的基本概念。《物权法》第六章用十四个条文专章规定了"业主的建筑物区分所有权"。厘清"业主"的基本内涵，对于贯彻实施《物权法》第六章相关规定有着极其重要的意义。

#### （一）"业主"身份的基本界定

何为业主？《物权法》及《物业管理条例》对此均未做出界定。《最高人民法院关于审理建筑物区分所有权适用法律若干问题的解释》第一条规定，"依法登记取得或者根据物权法第二章第三节规定取得建筑物专有部分所有权的人，应当认定为物权法第六章所称的业主。基于与建设单位之间的商品房买卖民事法律行为，已经合法占有建筑物专有部分，但尚未依法办理所有权登记的人，可以认定为物权法第六章所称的业主。"本条规定对"业主"身份的确认进行了明确。概括起来，法律规定的"业主"具体包含以下内容：

（1）依法进行了房屋所有权登记取得建筑物专有部分所有权的人；

（2）因人民法院、仲裁委员会的法律文书或者人民政府的征收决定等，导致物权设立、变更、转让或者消灭的，自法律文书或者人民政府的征收决定等生效时发生效力；

（3）因继承或者受遗赠取得物权的，自继承或者受遗赠开始时发生效力；

（4）因合法建造、拆除房屋等事实行为设立或者消灭物权的，自事实行为成就时发生效力。

上述(1)中的"人"是泛指,是指物业的所有权人。业主可以是自然人、法人和其他组织,可以是本国公民或组织,也可以是外国公民或组织。

**(二)特殊情况下"业主"身份的界定**

1. 建设单位"一房二卖"时业主身份的界定

依据《物权法》《最高人民法院关于审理商品房买卖合同纠纷案件适用法律若干问题的解释》(本案例以下简称《解释》)《房屋登记办法》的相关规定,依法取得专有部分所有权的人(买受人)与现实占有人就业主身份产生争议的,前者是业主,后者可以追究出卖人的合同违约责任。

2. 二手房买卖中业主身份的界定

二手房买卖交易成功、买方已实际入住,但尚未办理所有权转移的,参照《最高人民法院关于审理建筑物区分所有权适用法律若干问题的解释》第一条规定,买方应为业主。

3. 房产中介公司"吃房"中"业主"身份的界定

现实中,少数利欲熏心的房产中介公司欺瞒买卖双方,不签订真实的中介服务合同,也不办理房屋所有权过户手续,而且逃避国家相关税费,其目的是牟取属于非法利益的差价。在这种情况下,中介公司并非是"合法占有",不能认定为业主。

基于以上分析,本案中,房屋所有权人王某为业主,而承租人陈某确实不属于业主。

**二、租赁合同关系与物业服务合同关系不可混为一谈**

本案中包含两个法律关系,一是王某与陈某之间的房屋租赁合同法律关系,另一个是王某与物业服务企业之间的物业服务合同关系。(虽说物业服务合同是开发商与其依法选聘的物业公司签订的,但此类合同对业主产生法律效力。)

由此可见,业主王某应该承担向物业公司交纳物业费的义务,承租人陈某应该向业主王某承担交纳房屋租金的义务,两者分属于两个不同的法律关系,不可混为一谈。

**三、如果业主王某与承租人陈某约定由陈某交纳物业费,但陈某拒交,物业公司该如何维权?**

本案中,如果出租人王某与承租人陈某之间约定了由陈某交纳物业费,则陈某为物业费交纳义务人。在陈某拒交的情况下,物业公司可以采取诉讼或仲裁的方式,向陈某主张物业费,并主张业主王某承担连带责任。其法律依据是《解释》第七条规定,"业主与物业的承租人、借用人或者其他物业使用人约定由物业使用人交纳物业费,物业服务企业请求业主承担连带责任的,人民法院应予支持。"

此处有两个问题需要明确:

(1)物业公司向非业主的承租人陈某收取物业费的依据是王某与陈某之间的约定。

(2)业主王某与承租人陈某约定由陈某交纳物业费,属于《合同法》第八十四条规定的债务转移的情形,该条规定,"债务人将合同的义务全部或者部分转移给第三人的,应当经债权人同意。"一般来说,实践中出租人与承租人之间就物业费交纳的约定极少有通知物业公司并征得物业公司同意的。此时,无论是依据法律规定还是物业服务合同的约定,业主王某依然是交纳物业费义务人。所以,要求业主王某承担交纳物业费的连带责任,于法有据。

**四、《解释》第七条规定是对《物业管理条例》第四十二条第一款规定的重复吗?**

《物业管理条例》第四十二条第一款规定,"业主应当根据物业服务合同的约定交纳物业服务费用。业主与物业使用人约定由物业使用人交纳物业服务费用的,从其约定,业主负连带交纳责任。"《解释》第七条规定,"业主与物业的承租人、借用人或者其他物业使用人约定由物业使用人交纳物业费,物业服务企业请求业主承担连带责任的,人民法院应予支持。"

分析这两个法条的具体内容,不难看出,两者之间并不是简单的重复,而是各自侧重点不同。《物业管理条例》是从业主与物业使用人的义务角度来规定的,而《解释》是从物业服务企业的请求权角度规定的。司法解释如此规定,一是有助于消除实践中"重复"的误解,二是有助于维护正常的物业服务秩序。

**五、业主王某、承租人陈某约定"业主全面履行租赁合同是物业使用人交纳物业费的条件",这种约定有效吗?**

物业服务企业向物业使用人收取物业费本来就是依据业主与物业使用人之间的约定。业主和物业使用人对相关义务的履行设定一些条件,而且这些条件不违反法律和社会公德,法律应当尊重当事人的意愿。

此外,这种约定并不侵犯物业服务企业的合法权益,因为业主和物业使用人之间是承担连带责任的。在物业使用人依据与业主的约定而拒绝交纳物业费的情况下,物业服务企业仍然可以追究业主的清偿责任,其权益仍然能够得到保障。

## 54 商品房交付时,业主必须交纳装修保证金吗?

**【案例】** 市民李女士购买了一套商品房,在办理交房手续时,小区的物业管理人员让她先交纳一笔装修保证金,理由是为了保证装修过程中不出现违规装修的情况。她觉得非常不可理解:开发商交房和物业公司收取装修保证金有必然的关系吗? 到底是谁在交房?

**【分析】** 开发商在办理商品房交付使用手续时,通常会让物业公司参与其中,或者直接由物业公司按照商品房买卖合同约定的流程办理交房手续。物业公司借交房之机搭车收取物业费、装修保证金等其他费用,似乎已经成为商品房交付阶段的通行做法。

### 一、开发商应是商品房交付使用的当然主体

合同法理论中有一个很重要的原理,那就是合同的相对性原理。简单地说,合同中的权利和义务只是发生在合同当事人之间,如无法律特别规定或特别约定,一般不涉及第三人。这包含三个方面的内容,一是主体的相对性,即合同关系只能发生在特定的主体之间,只有合同当事人一方能够向合同的另一方当事人基于合同提出请求或提起诉讼。二是内容的相对性,即除法律、合同另有规定以外,只有合同当事人才能享有合同规定的权利,并承担该合同规定的义务,当事人以外的任何第三人不能主张合同上的权利,更不负担合同中规定的义务。三是责任的相对性,即违约责任只能在特定的合同关系当事人之间发生,合同关系以外的人不负违约责任,合同当事人也不对其承担违约责任。

购房人与开发商签订商品房买卖合同,并依据合同的约定向开发商支付了房价款,开发商应按合同的约定向购房人交付商品房(通常以交付房屋钥匙为标志)。《合同法》第八十四条规定,"债务人将合同的义务全部或者部分转移给第三人的,应当经债权人同意。"这是法律对于当事人转移合同义务的规定。对于开发商来说,按照合同的约定向购房人交付房屋是其主要合同义务,如果由第三人来具体履行这项义务,需要购房人明确表示同意,或者直接在商品房买卖合同中予以明确约定。如果没有合同约定,这种交房方式又没有征得购房人同意,开发商将交房义务交由物业公司履行,实质上是混淆了开发商、物业公司与购房人三者之间的法律关系,更是一种典型的违约行为。就三者之间的法律关系而言,开发商与购房人之间是买卖关系,开发商与物业公司之间是物业管理委托关系,购

房人与物业公司之间是物业服务合同关系。

总的来说,开发商将交房义务交由物业公司履行,对照我国《合同法》上述规定,属于一种债务转移行为,而债务的转移以债权人的同意为其生效的要件。也就是说,开发商若想将交房义务交由物业公司履行,应该在商品房买卖合同中做明确的约定或交房时征得购房人同意,否则就是一种典型的违约行为。

**二、交房的同时交纳装修保证金不合理**

众所周知,任何社会成员的权利义务,其来源不外乎两个,一是法定,二是约定。如果法律规定或者业主与开发商事先约定了"交房的同时交纳装修保证金",也就是说在办理交房手续之前先行交纳装修保证金,那么,业主必须履行法定义务或者合同义务。而实践当中的问题是,办理交房手续之前先行交纳装修保证金,一无法律规定,二无合同约定。案例中的物业公司工作人员要求李女士在拿钥匙之前先行交纳装修保证金的行为就成了无源之水、无本之木。

**三、问题的回归——装修保证金应该交吗?**

装修保证金的交纳纠纷,往往发生在物业公司主持办理交房手续而且要求业主在这之前先行支付装修保证金的情况下。那么,装修保证金是否应该交纳? 应在什么时间交纳?

到目前为止,装修保证金还不是一个法律概念。顾名思义,所谓装修保证金,是指为了防范业主在房屋装饰装修过程中发生破坏房屋承重结构、私搭乱建、破坏公共设施设备等行为,给他人或公共利益造成损害而由业主向物业公司交纳的一定数量的金钱,目的在于监督、规范装修行为,补偿或赔偿因装修而受到损失一方的利益。

实践中,不少业主在进行室内外装饰装修的时候,确实存在违法违规操作,影响了小区面貌,损害了相邻业主的合法权益,或者给整栋楼带来了安全隐患。物业公司采取收取装修保证金的手段抑制、规范某些业主的装修行为,事出有因,情有可原。当然,这笔费用收取的前提一是要以合同约定为依据,二是要按照物价部门核定标准收取。

**四、避免装修保证金纠纷**

通过以上分析,笔者认为,装修保证金是否应该收取,本身不应该是个问题,问题是交纳的时机和物业公司(或开发商)不能以此为由拒绝履行交房义务。要有效避免装修保证金纠纷,可以从以下几方面加以规范:一是开发商与业主在商品房买卖合同中明确约定交房时所需办理的一系列手续;二是对装修保证金交纳的时间与数额做出明确约定;三是明确约定退还装修保证金的条件;四是明确约定退还装修保证金时利息是否计收。

## ⑤⑤ 车位问题全归纳

**【案例】** 业主之间、业主与物业公司之间、业主与开发商之间围绕小区车位、车库的矛盾和争议较为常见,各方之间争论不休。在自媒体时代的今天,众声喧哗,莫衷一是。随着汽车时代的到来,汽车不再是少数人享有的奢侈品,车位供需矛盾日益突出。同时,围绕小区规划之外增设的车位使用问题及收益问题短时间内将仍然存在。

**【分析】** 现实生活中,车位、车库问题极其复杂,其所有权、使用权或收益权到底归谁,见仁见智。法律没有也不可能对争议很大的问题直接做出整齐划一、非此即彼的判断。符合实际且行之有效的办法是整体上确定基本原则,对可以类型化的问题做出有针对性的直接规定。《物权法》第七十四条的规定,兼顾了各方的利益,就车位、车库的归属首先确立了基本原则,同时对当事人之间的约定给予了充分的尊重。

**一、《物权法》第七十四条内容分析**

《物权法》第七十四条第一款规定,"建筑区划内,规划用于停放汽车的车位、车库应当首先满足业主的需要。"第二款规定,"建筑区划内,规划用于停放汽车的车位、车库的归属,由当事人通过出售、附赠或者出租等方式约定。"第三款规定,"占用业主共有的道路或者其他场地用于停放汽车的车位,属于业主共有。"

上述规定层层递进,第一款确立了处理车位问题应当遵循的基本原则。无论是开发商还是物业公司,无论是业主委员会还是政府部门,在确定车位、车库归属,处理车位、车库矛盾的时候,均必须遵循首先满足业主需要的原则。这里的"首先"不同于"优先"。"优先"是指在同等的条件下,业主优先获得;"首先"则不区分条件,现有的车位、车库必须要优先满足业主的需要,开发商或者物业公司不能擅自对外处置,这样的规定更有助于保障业主的利益。尽管法律允许小区车位、车库可以成为交易的客体,但为了本小区居民的停车需要和方便生活,必须首先满足业主的需要。根据《合同法》第五十二条的规定,在业主的需要被满足前,开发商与业主以外的人订立的买卖合同应当因"违反法律、行政法规的强制性规定"而归于无效。这再次说明了与优先购买权的区别。优先购买权是指在同等条件下业主有权优先购买,如果业主以外的人出价更高,则可以卖给业主以外的人。但按此款规定,即使业主以外的人出高价,开发商也不能出售。该条款规定主要是针对现实生活中的一些情况:有的开发商将车位、车库高价出售给小区外的人停放;不少小区没有车位、车库或者车位、车库严重不足,占用共有的道路或者其他场地作为车位;等等。这体现了法律对市场调节的干预。

第二款规定了规划中的车位所有权、使用权的处分方式,也就是说业主或者使用人拥有车位、车库所有权和使用权的具体来源。在市场经济条件下,这样的规定有利于更大地发挥市场的调节作用。如果开发商认为房屋销售获利更大,则可以放弃车库的所有权,将其出售、附赠给业主使用;反之,则可以保留车库的所有权,将车库出租给业主使用。从这里可以看出,《物权法》承认了开发商的天然优势地位,以保障他们开发车库的积极性,缓解车库紧缺的状况。另外,这种约定在一定程度上承认了小区车位车库可以作为独立交易的客体,为业主以后自主转让或出租提供了法律依据。

第三款规定了规划之外另行产生的车位所有权归属。无论是开发商还是物业公司,抑或是其他主体,比如业主委员会或者有关部门,为了解决小区停车位紧张问题,利用业主们共有的道路、场地增设停车位是常有的事。露天停车位的建设成本较低,其占用的土地已经属于业主共有财产的范围,将其归为业主共有是合理的。

**二、实践中对《物权法》第七十四条第三款的错误认识**

有人认为,从建筑物区分所有权理论上看,一个物业区域内,所有的房屋及其设备设施,除了业主专有部分之外全部属于业主共有。小区内所有的车位和车库,无论是地上的还是地下的,无非都是占用了专有部分以外的道路或场地建成的,而这些道路和场地又都是属于业主共有的,于是,建筑区划内的车位和车库的所有权均应属于全体业主,与开发商无关。

笔者认为,建筑物区分所有权制度适用于房地产开发项目已经交付使用而且出现多产同栋或异产毗邻的情况。在项目交付尚未销售或交付使用之后整个项目只有一个业主的情况下,不存在建筑物区分所有权制度适用的空间。车位、车库是法律规定的可以交易的客体,在商品房销售阶段,开发商依法将之销售、租赁或赠送的行为并无不当,同时更是行使物权的表现。

自媒体时代,类似于上述错误认识一时间喧嚣尘上。然而,这些认识既无法律依据也不符合实际情况。如果开发商投资建设车位、车库但却其所有权属于全体业主,开发商还会投资建设车位、车库吗?对《物权法》第七十四条的理解应该立足于立法本意,不能割裂、片面地进行解读。

### 三、在现行法律框架范围内,针对小区车位正确的处理方式

**(一)可以认定业主对车位、车库的需求得到满足的情形**

《物权法》第七十四条第一款规定,"建筑区划内,规划用于停放汽车的车位、车库应当首先满足业主的需要。"从该法条立法本意来推敲,应从三个层面加以理解:

(1)时间上要合理。对于车位需求,在当初商品房买卖合同签订之时双方就该有所约定,否则,开发商会不知所措。如果业主对车位需求在时间上不做要求,那么,十年后业主买了第二辆车,开发商该满足吗?某业主买的是尾盘,买的时候明知道已经没有车位了,开发商还应承担法律责任吗?一手房的业主没有买车位,二手房的业主有权要求开发商卖车位给他吗?很显然,这些问题的答案是否定的。

(2)数量上要合理。法条中"满足业主的需要"应该是满足业主的基本需要,而非无休止的对车位、车库的需求。

(3)"业主的需要"是全体业主的需要或者说广大业主的需要,并非是个别业主的需要。

那么,到底在什么情况下才能认定业主的车位、车库需求得到满足了呢?通过表1读者可以一目了然。

表1 业主房屋数量与车位数量的关系表

| 车位与房屋的套数比例($x$) | 业主已经购买或租赁的车位数量 | 业主停车需要 |
|---|---|---|
| $x \leqslant 1:1$ | 1 | 得到满足 |
| $1 < x \leqslant 2:1$ | 2 | 得到满足 |
| ⋮ | ⋮ | ⋮ |

**(二)适用《物权法》第七十四条第二款需要注意的问题**

第二款规定,"建筑区划内,规划用于停放汽车的车位、车库的归属,由当事人通过出售、附赠或者出租等方式约定。"

(1)此处的"规划",指的是规划总平面设计中已经设计标明的并经规划部门通过办理建设工程规划行政许可手续予以确认的。如果未经规划核准,则不在此列。

(2)出售、附赠或者出租等方式在商品房买卖合同中约定或另行书面约定。

**(三)人防工程用作车位时的处理方式**

关于住宅小区中的人防工程如何正确使用,《人民防空法》《人民防空工程平

时开发利用管理办法》（〔2001〕国人防办字第 211 号）均有明确规定,其基本原则是"人民防空工程平时由投资者使用管理,收益归投资者所有""租赁使用人民防空工程实行合同管理制度"和"人民防空工程平时开发利用实行备案登记制度"。

实践中,开发商按照法律规定和批准的规划建设了人民防空工程,开发商有权就此收益。开发商在人民防空部门办理了备案登记手续并领取了"人民防空工程平时使用证"之后,可以依法处分及收益。对于人民防空工程用于停车的,《江苏省物业管理条例》第六十六条第二款有更为明确的规定,"物业管理区域内依法配建的人民防空工程平时用作停车位的,应当向全体业主开放,出租的租赁期限不得超过三年,不得将停车位出售、附赠。"

**（四）占用业主共有道路或者其他场地用作车位的收益归属**

无论是《物权法》还是《最高人民法院关于审理建筑物区分所有权纠纷案件具体应用法律若干问题的解释》,均对物业公司占用业主共有的道路或者其他场地划定用作的车位有明确规定。它们属于业主共有,因出租车位而带来的收益当然要归全体业主所有。照顾到物业费收费不足的现实情况,也有地方规定该收益可以适当弥补物业费收费的不足。对此,《江苏省物业管理条例》的规定相对比较完整,第六十五条规定,"业主大会成立前,需要占用业主共有的道路或者其他场地停放汽车的,应当在前期物业服务合同中约定。物业服务企业应当将汽车停放费单独列账,所得收益的百分之七十纳入住宅专项维修资金,其余部分可以用于补贴物业服务费。业主大会成立后,需要占用业主共有的道路或者其他场地用于停放汽车,以及利用业主共有部分、共用设施从事广告等经营性活动的,物业服务企业应当提请业主大会或者业主大会授权的业主委员会决定后,依法办理有关手续并公示。利用业主共有部分、共用设施从事广告等经营性活动的,还应当经有利害关系的业主同意。收益按照业主大会或者业主大会授权的业主委员会决定、物业服务合同约定使用;没有决定或者约定的,按照前款规定使用。"

当然,这种情况下又会产生两个新问题:一是增设车位产生的收益归业主共有,业主如何享受? 实际使用该增设车位的业主还能够就租金问题获取收益吗? 二是当车位紧张时,有需求而又未得到满足的车主们如何行使对增设车位的共有权? ——是排队等候,为每个车位设定使用期限,还是实行拍卖的方式? 现行法律对此没有做出回答,亟待出台相关规定。目前来说,既然所有权归全体业主所有,具体的使用、收益还是应该由业主们说了算。

## 56 外来车辆占了业主车位，谁之过？

**【案例】** 某天晚上7点多，笔者在家吃晚饭，楼下突然传来小区保安手持电喇叭的喊声，大意是某某车号的车主占用了小区某位业主的车位，让其把车开走。如此噪声夹杂着小区这位女业主尖利的叫骂声和旁观者或劝说或骂娘帮腔的声音，持续了五六分钟。类似情景在其他小区也是屡见不鲜，笔者不禁感慨良久。

**【分析】** 近年来，扬州市连续对市区1996年以前建成的、建筑面积在2万 m² 以上、房屋年久失修、配套设施缺损、环境脏乱差的近百个老小区进行综合整治。整治后的小区环境整洁、功能完备、设施齐全，惠及居民20万人，大大提升了百姓的幸福指数。

然而，不可否认的是，少数整治后的小区不少老问题重新回潮了，比如绿化枯萎、杂草丛生、门卫保安形同虚设、车辆停放无人问津、"牛皮癣"顽症卷土重来等。究其原因，不少业主振振有词：小区长效管理不到位，小区物业服务不到位。想想也是，正如案例中经常出现的这种现象，小区保安确实没有引导、管理好小区车辆停放，疏忽了对外来车辆临时停放的管理。责问物业公司为何管理不到位，物业公司也是大吐苦水——物业费收缴率太低，物业服务人员待遇低、留不住人，老小区物业服务多数只能限于看门扫地，其他服务则无能为力。笔者居住的小区物业公司只安排一个保安值晚班看大门，夜间巡逻更是无从谈起。

老旧小区物业服务存在不少问题，究其原因，不外乎以下几个方面：一是业主主体意识淡薄、缺位的老问题制约着老旧小区物业服务工作正常开展；二是由于启动资金难以完全落实到位，居民对物业公司缺乏信任感，加之收费难度大，引进物业公司实施专业化、市场化管理存在难度；三是业主对物业公司这样的公共服务还缺乏购买意识，"花钱买服务"的理念尚未全面形成；四是老旧小区管理成本相对较高，但物业管理收费标准普遍较低，物业服务收支失衡。

如何解决老旧小区综合整治后物业服务中存在的问题，借鉴一些成功的经验，有以下几个途径：一是充分发挥"三位一体"物业服务模式的优势，综合协调、平衡各方权益；二是因地制宜分别采取专业化、市场化的物业服务与业主自治相结合的模式，切忌采取"一刀切"的方式；三是充分挖掘老小区潜力，拓宽增加物业管理费用途径；四是以人为本，加强宣传教育，相关职能部门、街道、社区等基层组织应通过更多细致扎实的工作引导和发动广大业主参与到物业服务全过程中来。相对于新小区而言，老小区邻里之间比较熟悉，而且在物业服务工作中，基层社区参与度较高，这是做好老旧小区物业服务工作的优势所在。在社区建设和老旧小区物业服务工作中大力搞好民主建设，是必由之路，也是重中之重。

## (57) 别人能在我家车库门前停车吗？

**【案例】** 朋友家住在某小区，家里的车库是汽车库，他每天下班回家都将私家车停进车库。可是隔壁邻居却经常将车停在离他家车库门前不远的地方，他的车不是进不去就是出不来。这位邻居停车的地方，一不是开发商以销售、出租或赠送的方式给他的，二不是物业公司统一划线标示的，而是车主自己图方便找的一块地方。朋友问：邻居能把车停在他家车库门前吗？这类事情在住宅小区时有发生，笔者曾亲眼看到两位车主为此大打出手。那么，这类事情该如何处理？

**【分析】** 案例中的现象很常见，事情虽小，但颇伤脑筋。

在这方面，相关物业公司要切实负起责任来，加强宣传，加强引导和管理。

**一、地上车位的来源种类**

第一类，规划用于停车的车位，在商品房买卖过程中，开发商通过销售、附赠或出租的形式，使业主获得了车位的所有权或使用权。这种情况下，一般不会发生影响他人车辆进出车库的情况。

第二类，是物业公司占用业主共有的道路或者其他场地画线标示用于停放汽车的车位，通过出售或出租的方式使物业区域内的车主获得了所有权或使用权（依据《物权法》的规定，这类车位属于业主共有，销售或出租所得扣除必要的成本后当然也归全体业主所有）。在这种情况下，一般也不会发生影响他人车辆进出车库的情况。

第三类，通常是将人防工程用作地下停车位。

此外，有些小区管理松懈，业主的停车位既不是事先规划的车位，也不是物业公司划定的车位，而是业主自己随意停放的。在这种情况下，如果某些业主图自己方便或者由于驾驶技术不过关，往往就会发生案例中所说的造成他人不便的现象。

**二、物业公司应切实履行车辆管理的合同义务**

一般来说，扬州市普通住宅物业大部分采用的是三级服务标准。根据《扬州市普通住宅物业服务等级标准》的规定,三级服务标准中关于"物业服务区域公共秩序维护服务"方面规定得非常明确:"有车辆管理制度;按照委托合同的约定进行进出车辆管理等工作。小区设置明显的交通标志;按照合同特别约定履行车辆保管责任。"需要明确的是,不论该物业公司是开发商聘请的还是业主大会决定聘请的,上述物业服务等级标准应该是在随后签订的物业服务合同中物业公司所应承担的合同义务。也就是说,业主与物业公司之间的关系是物业服务合同关系,对物业区域内车辆行驶和停泊进行管理是物业公司的合同义务。

通过分析可知,不管车位是事先规划的还是业主自己随意停放的,物业公司均应切实有效地加强对物业区域内的车辆行驶和停泊的管理,营造物业区域内良好的交通秩序,不能认为与己无关而放任不管。

**三、针对某些不听劝阻、不服管理车主提起民事诉讼**

如果物业公司对物业区域内的车辆行驶和停泊管理无方,甚至放任不管,经常性地造成他人不便,就涉嫌违反了物业服务合同约定的义务,应该承担相应的违约责任。造成损失的,还应照价赔偿。

如果物业公司尽职尽责但收效甚微,物业公司可以就某些业主随意停放车辆造成他人不便的事实,向法院提起民事诉讼。《最高人民法院关于审理物业服务纠纷案件具体应用法律若干问题的解释》第四条规定,"业主违反物业服务合同或者法律、法规、管理规约,实施妨害物业服务与管理的行为,物业服务企业请求业主承担恢复原状、停止侵害、排除妨害等相应民事责任的,人民法院应予支持。"

当然,受到影响的车主也可以向法院提起民事侵权诉讼,要求被告排除妨碍。

---

## 58 祸从天降,谁来担责?

### ——某大厦幕墙玻璃坠落致人伤害赔偿纠纷案

【案例】 某开发商开发建设了一栋农贸市场综合楼,出租给各商户用于经营来自全国各地的食材,并委托某物业公司负责该大厦的物业管理工作。该大厦共7层,商厦临街立面安装了玻璃幕墙,交付使用之后曾多次发生玻璃坠落事件,虽未曾发生伤人事件,但物业公司及承租人多次向开发商提出意见均未获回复,亦未获得及时维修和更换。2011年7月13日下午3时许,租用该大厦4层的某南北货公司员工覃某嫌楼下某公司开业发出的噪声太大,在关闭幕墙窗户时用力过猛,导致玻璃坠落,碎片击中路人史某头部,造成史某先后用去医疗费、护理费、误工损失费等共计人民币2万元。史某出院后,先后与开发商、物业公司及覃某商谈赔偿事宜,但都未果。史某将开发商、物业公司及覃某一并告上法庭,要求三被告共同承担赔偿责任。庭审中,被告开发商辩称:玻璃掉落伤人系覃某关窗不当所致,本公司对此不能承担责任。被告物业公司辩称:大厦窗户的玻璃安装存在质量问题,交付使用之后问题不断,物业公司曾多次向开发商反映,要求其出资修缮,但开发商始终未予答复。物业公司已尽到管理职责,不应承担责任。被告覃某辩称:玻璃伤人系该窗户玻璃安装不牢所致,而非本人责任,开发商和物业公司分别作为大厦的所有人和管理人应承担赔偿责任。

【分析】 本案的焦点在于谁来承担史某的损害赔偿责任。需要肯定的一点是,史某不应承担任何责任。综合本案案情,笔者认为,开发商应该承担主要责任,覃某承担次要责任,物业公司不承担责任。

**一、开发商作为大厦所有权人,应承担主要赔偿责任**

《物业管理条例》第五十六条第一款规定,"物业存在安全隐患,危及公共利益及他人合法权益时,责任人应当及时维修养护,有关业主应当给予配合。"本案中,大厦玻璃幕墙安装质量有问题,玻璃坠落事件时有发生,且物业公司多次向开发商反映要求其出资修缮,但开发商未引起足够重视,未能及时维修更换。从民事侵权理论上来分析,开发商主观过错非常明显,侵权行为和损害后果客观存在,两者之间的因果关系显而易见,应对史某的受伤结果承担主要赔偿责任。

**二、覃某关窗行为不当,承担次要责任**

覃某作为物业使用人,应该懂得玻璃窗易碎,也应预料到开关玻璃窗不当可能带来的后果,但其在激愤之下关窗,用力过猛,导致玻璃坠落伤人,其民事侵权责任显而易见。因此,覃某应对史某受伤结果承担次要赔偿责任。

**三、物业公司不承担赔偿责任**

本案中,物业公司作为大厦管理人曾多次就发生的玻璃幕墙坠落事件要求开发商及时维修更换玻璃幕墙。因此,物业公司已尽管理义务,况且覃某的受伤与其管理行为并无直接的、必然的因果关系。因此,物业公司不承担赔偿责任。

当然,物业公司与开发商之间是民事合同关系,如果在合同中约定了此类问题由物业公司先行承担维修更换责任,那就另当别论了。也就是说,物业公司同样要承担史某的损害赔偿责任。这样的话,物业公司与开发商彼此承担的就是一种连带责任了。

需要指出的是,实践中高空坠物伤人案件时有发生。《侵权责任法》第八十七条规定,"从建筑物中抛掷物品或者从建筑物上坠落的物品造成他人损害,难以确定具体侵权人的,除能够证明自己不是侵权人的外,由可能加害的建筑物使用人给予补偿。"也就是说,高空坠物伤人赔偿主体,在谁都不承认是高空坠物的主人的时候,这栋楼的业主或使用人均是被告,而且要承担举证责任。

## 59 某业主诉物业服务企业排除妨碍、赔偿损失纠纷案

**【案例】** 某业主拿到新房之后开始装修,在装修过程中该业主购买了一只巨大的浴缸拟安放在卫生间。物业公司认为该浴缸太大,装满水之后其重量远远超出了卫生间地板的承受能力,于是书面告知该业主不能安装该浴缸。该业主欲强行施工,后物业公司工作人员合力阻止,业主最终没能安装该浴缸。业主将物业公司诉至法院,请求法院排除妨碍、赔偿损失。

**【分析】** 笔者认为,如果物业公司经计算确认该业主安装的巨型浴缸超出了卫生间楼面的荷载能力,而该业主又没有出具经原设计单位或者具有相应资质等级的设计单位提出的设计方案,那么物业公司有权制止该业主的危险又违章的行为。该业主的诉讼请求依法应该不会得到法院的支持。

### 一、相关规定

(1)《物权法》第七十条规定,"业主对建筑物内的住宅、经营性用房等专有部分享有所有权,对专有部分以外的共有部分享有共有和共同管理的权利。"

(2)《物权法》第七十一条规定,"业主对其建筑物专有部分享有占有、使用、收益和处分的权利。业主行使权利不得危及建筑物的安全,不得损害其他业主的合法权益。"

(3)《物权法》第八十四条规定,"不动产的相邻权利人应当按照有利生产、方便生活、团结互助、公平合理的原则,正确处理相邻关系。"

(4)《民法通则》第八十三条规定,"不动产的相邻各方,应当按照有利生产、方便生活、团结互助、公平合理的精神,正确处理截水、排水、通行、通风、采光等方面的相邻关系。给相邻方造成妨碍或者损失的,应当停止侵害,排除妨碍,赔偿损失。"

(5)《住宅室内装饰装修管理办法》第七条规定,"住宅室内装饰装修超过设计标准或者规范增加楼面荷载的,应当经原设计单位或者具有相应资质等级的设计单位提出设计方案。"

## 二、案例分析

卫生间虽然是业主的私人空间,属于其专有部分,但卫生间地面同时也是楼下邻居的卫生间天花,业主与楼下邻居都是建筑物区分所有权中的共有权及共同管理权的权利主体。对于业主们的共有部分,有其固有的使用规则,不可率性而为。这种使用规则,集中体现在上述法条之中,特别是《物权法》第七十一条及《住宅室内装饰装修管理办法》第七条。原告业主的浴缸体积过大,其注水后的重量大于房屋楼板的最大载重量(有足够的证据证明),如放任原告安放并长期使用这个浴缸,将会对整个楼层的安全特别是楼下邻居的居住安全构成巨大威胁,危及其他建筑物区分所有权人人身和财产的安全,损害其他所有权人的合法权益。因此,在该业主未出具经原设计单位或者具有相应资质等级的设计单位提出的设计方案的情况下,被告物业公司阻止原告安装该浴缸于法有据,应予支持,原告的诉讼请求不能得到支持。

本案中,物业公司发现原告的住宅装饰装修行为欠规范,在书面告知无效的情况下阻止原告继续安装浴缸,其行为并无不当之处。在业主将物业公司诉至法院的情况下,物业公司可以提起反诉,要求其履行物业服务合同的约定,停止违章装修行为。

## ⑥⓪ 小区业主车辆被砸之责任分析

【案例】 一小区业主开车下班回家,发现自家的车位被一外来车辆占了,于是他把车停放在隔壁其他业主的车位上。第二天早上,他发现自己车子引擎盖被人砸了两个坑。面对电视台记者的采访,他承认自己有错,尽管肇事者是谁他心里有数但他仍表态不予追究。该电视节目法律顾问认为,物业公司不应对其车辆的损坏承担赔偿责任,因为该业主有错在先。

【分析】 随着汽车时代的到来,私家车越来越多地进入人们的生活,人们出行更方便了,活动范围变大了,生活质量也有了很大的提高,但同时与车有关的各种烦恼也随之而来。上述案例中的现象就是一例。笔者认为,案例中这位业主的观点不全对,律师的观点更是有失偏颇。

### 一、物业公司负有车辆管理的合同义务

《江苏省物业管理条例》第四十九条第一款规定,"物业服务收费应当区分不

同物业的性质和特点,遵循合理、公开、服务质量和价格相符的原则确定,实行政府指导价和市场调节价。普通住宅的前期物业服务收费实行政府指导价,业主大会成立后,物业服务收费是否实行政府指导价由业主大会决定;非普通住宅和非住宅、满足部分业主需要或者接受业主委托开展的特约服务等其他物业服务收费,实行市场调节价。具体物业服务收费标准,由当事人在物业服务合同中约定。"扬州市物价局和房产管理局于 2009 年 5 月 7 日联合发布了《关于公布扬州市区物业服务等级标准和普通住宅物业公共服务收费指导价及相关收费标准的通知》(扬价服〔2009〕68 号),制定了扬州市普通住宅物业公共服务收费指导价、普通住宅物业服务等级标准、装潢垃圾清运收费标准、小区停车服务收费标准。一般来说,扬州市区普通住宅物业大部分采用的是三级服务标准。该标准中关于"物业服务区域公共秩序维护服务"的规定非常明确,"有车辆管理制度;按照委托合同的约定进行进出车辆管理等工作。小区设置明显的交通标志;按照合同特别约定履行车辆保管责任。"

需要明确的是,不论该物业公司是开发商聘请的还是业主大会决定聘请的,上述物业服务等级标准均应该是在随后签订的物业服务合同中物业公司所应承担的合同义务。也就是说,业主与物业公司之间的关系是物业服务合同关系,管好物业区域内车辆的行驶和停泊是物业公司的合同义务。

**二、业主车辆被砸之因果关系分析**

案例中业主的车位被外来车辆占用,于是他顺势将车停在隔壁其他业主的车位上,导致车子被砸。依据民法因果关系理论,两件事并不存在必然的因果关系。换句话说,这位业主车子被砸与车位被人占用之间虽有一定的关联性,但并不存在必然的因果关系。如果发生车位被人占用又暂时找不到车主的情况,他应该将车子临时停放在小区其他空地上,而不该占用他人的车位。同样,对于这位业主来说,并不是因为擅自占用他人的车位而必然会导致车辆被砸的后果,也就是说被占用车位的业主并不能因为车位被别人占用而砸人车子。这种砸车行为,是一种典型的民事侵权行为。

**三、物业公司应承担合同违约责任,砸车人应赔偿车主损失**

如上分析,物业公司对小区车辆的行驶及停泊负有管理责任,这种责任是合同责任。本案例中,物业公司并未能认真履行责任,放任外来车辆在小区内乱停放,甚至占用小区业主车位。物业公司的违约行为显而易见。业主可以依据《合同法》的相关规定以及物业服务合同的约定追究物业公司违约责任。

至于业主车辆被砸的损害赔偿责任,毫无疑问,应由砸车人承担。物业公司的管理不到位与车辆被砸之间不存在必然性的因果关系,不承担连带责任。

## 61 业主的摩托车停放在楼下被盗,物业公司要承担赔偿责任吗?

**【案例】** 笔者一好友某天中午下班回家吃饭,午饭后下楼发现停放在楼下的摩托车不翼而飞。他打电话给笔者说要找物业公司索赔,如果物业公司拒绝赔偿,他将诉诸法院。笔者询问了有关情况之后明确回答他:"胜诉的概率很小。"他愤愤不平地说:"门都看不好,要这个物业公司有什么用!"笔者在工作中也时常遇到这方面的咨询。那么,在此类纠纷中,物业公司到底要不要承担赔偿责任呢?

**【分析】** 案例中所说"赔偿责任",意即当事人物业公司所要承担的民事法律义务。也就是说,在类似的案例中,如果物业公司违反法定义务或者合同约定的义务,而应承担相应的赔偿责任;或者说,如果合同当事人的违约行为侵犯对方当事人的人身或财产权,要承担侵权损害赔偿责任。

笔者认为,一般情况下,在类似上述案例的纠纷中,物业公司承担赔偿责任的可能性很小。

### 一、厘清"义务"的概念

所谓法律义务,是指法律规定的对法律关系主体必须做出一定行为或不得做出一定行为的约束,与权利相对应。民法理论认为,与基于道德、宗教和其他社会规范产生的义务不同,民事法律义务来自于两个方面,一是法律规定,二是合同约定。同时,法律上的义务与权利具有不可分割的联系。没有权利就无所谓义务,没有义务也就没有权利。通俗地说,法律义务来自于法律规定及合同约定。当事人在承担法律义务的同时享受相应的权利。绝大多数情况下,义务与权利是一对"孪生兄弟",这也就是合同法理论对于合同分类中所说的双务合同。在物业服务合同中,物业公司主要的义务是根据合同的约定以及相关法律法规和规章的规定,认真履行物业服务义务,其主要权利就是按照约定收取物业费。与之相对应,物业公司的权利与义务对于业主来说则是义务与权利,即业主有权获得相应的物业服务,但同时须承担物业费交费义务。

需要注意的是,对于业主来说,交纳物业费既是合同义务更是法律义务。《物业管理条例》第七条规定,"业主在物业管理活动中,履行下列义务:……(五)按时交纳物业服务费用;……"《江苏省物业管理条例》第三十四条第一款规定,"前期物业服务费用由物业买受人按照房屋买卖合同约定的标准承担,房屋买卖合同未约定的,由建设单位承担。"第四十八条第一款规定,"业主应当根据物业服务合同的约定交纳物业服务费用。业主与物业使用人约定由物业使用人交纳物业服务费用的,从其约定,业主负连带交纳责任。"

**二、物业服务法律关系中,物业公司对业主财产受到的损害是否承担赔偿责任,要看是否有法律规定或合同约定**

《江苏省物业管理条例》第六十四条第四款规定,"业主对汽车停放有保管要求的,应当与物业服务企业另行签订保管服务合同。"地方法规立法者既考虑到物业服务的内容与对象,又考虑到物业服务的实践,因此提醒物业公司及业主,充分利用合同的明确约定来维护双方的合法权益。

物业服务法律关系,究其性质属于合同关系。物业公司与业主之间的权利义务通过合同加以明确约定(管理规约及物业公司公开做出的服务承诺或服务细则也是双方彼此享受权利承担义务的依据)。当然,根据相关法律法规规定,物业公司尚需向全体业主承担一定的法律义务,如《物业管理条例》第三十七条规定,"物业管理用房的所有权依法属于业主。未经业主大会同意,物业服务企业不得改变物业管理用房的用途。"

上述案例中,业主摩托车被盗,物业公司是否承担赔偿责任,物业管理法规对此并无明确规定。物业公司收取物业费,实施的物业服务项目取决于根据物业服务合同的约定该小区实施的物业服务的等级,而所有等级的物业服务中均无关于业主私人财产特别保护的规定。因此,应审视物业服务合同中对此是否有明确的约定,或者探询物业公司与业主之间有无关于业主私人财产保护、保管的相关约定。一般来说,物业公司与业主之间没有此类约定,而且客观上也不可能有此类约定。换句话说,物业公司对业主的私人财产既不承担法定的保护、保管义务,又无合同约定,那么,物业公司何来赔偿责任呢?进一步说,物业公司未收取业主的私人财产保管费,何来的保管义务呢?

此外,还需明确的是,保管合同是实践性合同,也就是说,被保管的财物一定要交给保管人暂时占有或控制,保管人才能切实有效履行保管责任。而那些丢失摩托车、电动车的业主们,又何曾将这些需要保管的财物交给物业公司暂时占有或控制呢?

**三、此类纠纷中,如果物业公司有过错,尚须承担一定的赔偿责任**

处理诸如案例中的纠纷,有一点需要明确,那就是物业公司是否认真履行了物业服务合同约定的义务和相关法定义务,例如,小区保安在岗不脱岗、监控设备完好且处于正常工作状态等。如果物业公司不存在此类过错,则需酌情赔偿业主的财产损失。之所以是酌情赔偿而不是全额赔偿，其原因就在于物业公司不是业主财产损失的直接责任人，小区保安也不是公安。

当然，现实中也时有报道，称某些物业公司对少数拒交物业费的业主，采取故意损坏业主财物的恶劣手段(如故意扎业主私家车车胎)，这种行为是一种典型的民事侵权行为，与物业服务合同关系不是同一个法律关系，适用民事侵权的相关法律规定予以处理。

此外，《物业管理条例》第四十七条规定，"物业服务企业应当协助做好物业管理区域内的安全防范工作。发生安全事故时，物业服务企业在采取应急措施的同时，应当及时向有关行政管理部门报告，协助做好救助工作。"即物业服务企业对小区的业主负有安保义务，但这也不能说明只要是业主的人身或财产在小区内受到损害，物业服务企业就应当承担责任。笔者认为，要根据事实情况而定，不能一概而论。如儿童攀爬小区草坪钢筋护栏受伤，受伤儿童监护人将物业服务企业告上法庭，要求赔偿医疗费、营养费、精神损失费、父母护理误工费等。物业服务企业在设置该共用设备设施的时候，已经注意到可能危及业主人身安全的问题，在该设备处设置了明显的危险标志。因此，物业服务企业在管理上没有任何过错，不承担责任。相反，儿童的监护人应承担责任。如今业主状告物业服务企业在其管辖区域内发生的人身伤害、财产损失案件越来越多。如何规避这类风险，是物业服务企业值得研究的问题。

其实，本案中的摩托车被盗，其根源就在于受害人没有妥善管好自己价值数千元的财物，而是随意停放，这才给了小偷可乘之机。如果他把摩托车停放到自家的车库，该案还会发生吗？

## 62 小区住宅外墙面归业主全体共有，业主对共有部分可以合理使用

【案例】 某小区一栋临街商住楼，一楼、二楼是商铺，三楼及以上是住宅。张三、李四、王五三人系邻居，均住在三楼。他们的楼下开着一家中型超市，需要经常在张三、李四、王五住宅的外墙上设置一些货品广告，如拉横幅、张贴喷绘广告等。经协商，该超市与张三、李四、王五三人达成协议，约定超市每年支付三人共5万元，三人同意超市使用其住宅外墙。业主委员会偶然得知此事，认为小区

住宅外墙面归业主全体共有,该三人无权收取这5万元。几次商谈未果,业主委员会将这三人告上法院,要求他们将这5万元上交至业主委员会。

**【分析】** 业主委员会的诉讼请求应该会得到法院的支持。

在庭审中,令被告张三、李四、王五想不通的是,既然外墙为业主所共有,为什么在室外挂空调外机是天经地义的,没人有异议? 同样都是私人在使用,外墙可以挂空调,为什么就不可以做广告? 商住楼底楼的老板们利用底楼外墙装饰吸引人的眼球,为什么业主委员会没意见? 对此,笔者做如下分析。

**一、小区住宅外墙面所有权归业主全体共有,如有收益,亦应归业主共有**

根据建筑物区分所有权理论,以及《物权法》第六章和《最高人民法院关于审理建筑物区分所有权适用法律若干问题的解释》第三条的规定,建筑区划内的道路、绿地、公共场所、公用设施、物业服务用房、占用业主共有的道路或者其他场地用于停放汽车的车位车库、电梯、水箱、建筑物的基础、承重结构、外墙、屋顶、通道、楼梯、大堂,以及相关公用附属设施、设备,如消防、公共照明、避难层、设备层或者设备间等,其所有权均属于全体业主共同共有,业主共同享有管理权,由此而带来的收益亦应归全体业主所有。个别或少数业主无权就上述共有部分擅自做出处理,更无权就此获利,所谓"皮之不存,毛将焉附"。

**二、外墙面当然归业主共有,但业主可以合理使用**

《物权法》的立法目的之一是"物尽其用",这一点已在学界形成共识。《最高人民法院关于审理建筑物区分所有权适用法律若干问题的解释》第四条规定,"业主基于对住宅、经营性用房等专有部分特定使用功能的合理需要,无偿利用屋顶以及与其专有部分相对应的外墙面等共有部分的,不应认定为侵权。但违反法律、法规、管理规约,损害他人合法权益的除外。"

**(一)利用共有部分是业主专有权行使的合理延伸**

《物权法》第七十一条规定,"业主对其建筑物专有部分享有占有、使用、收益和处分的权利。"业主基于对专有部分享有的权利,难免有利用共有部分的现实需求,如放置空调外机、安装防盗门防盗网、安置遮阳篷、屋顶放置太阳能设备、底楼商铺外墙悬挂牌匾等。这些客观需要,一方面是人们有权享受现代科技带来的福祉;另一方面也有利于节能降耗,讲求环保,符合现代生活的理念。这也是最高人民法院司法解释关注民生的一个很重要的内容。基于上述考虑,业主合理使用共有部分有着极大的合理性和现实性。

**(二)单个业主有权使用共有部分必须要具备的条件**

(1)无偿;

(2)基于专有部分特定使用功能的合理需要;

（3）不违反法律、法规和管理规约；

（4）不损害他人合法权益。

基于以上分析，案例中的被告张三、李四、王五的行为违反了上述法律规定，其收取超市5万元的行为一无事实依据，二无法律依据。同时，对其他绝大多数业主来说，这也属于侵权行为，其承担败诉的法律后果，应该是不二的结果。

## 63 业主如何规范行使建筑物专有部分所有权？

**【案例】** 业主谢某购买了某小区临街一栋住宅楼底楼一套住房，拿到房子之后，即将一楼临街的一侧墙体拆除，并在墙体外通向道路的小区绿地上修建了楼梯，将自己的房屋改成小饭馆。物业公司要求该业主恢复原状，停止营业，均未奏效。其他业主对此很有意见，纷纷要求物业公司强行关闭这家小饭馆，否则就不再交纳物业费。谢某却振振有词，"我办理了营业执照，属于合法经营！"

**【分析】** 此类矛盾是有关业主如何正确行使建筑物区分所有权的典型案例。

**一、建筑物区分所有权简介**

建筑物区分所有权，也可以叫作"建筑物所有权的区分"，看起来是个很复杂的概念，其实很好理解。简单地说，在城市产生之后，就有了房屋毗邻及多产同栋的情形，随之就产生了房主进门之后的专有权，房主们对房屋外墙、走廊、屋面等共有部分的共有权，以及对共有部分的共同管理权。这三个权利构成围绕整栋建筑物而产生的区分所有权（区别房屋不同部分而产生不同的权利）。所以说，建筑物区分所有权是个复合性权利。

**二、案例中谢某破墙开店行为性质分析**

（一）行政法律关系上，谢某违反了《城乡规划法》《建设工程质量管理条例》等法律法规，属于典型的行政违法行为

《中华人民共和国城乡规划法》明确规定，在城市规划区内国有土地上的任何建设建筑物、构筑物的行为均需在取得规划行政许可后方可实施。案例中，针对谢某的特定情况，他拆墙开店的行为是依法不能获得规划行政许可的违法行为。

《建设工程质量管理条例》（中华人民共和国国务院令第279号）中对拆改建

筑物承重结构也有明确规定,即需要有相应建筑设计资质的单位出具变更图纸之后方可按图实施。实际中,极少有建筑设计单位出具这种图纸。案例中的谢某在拆墙时亦未获得变更图纸。

**(二)在民事法律关系上,谢某存在违约行为和侵权行为**

当初在办理交房手续时,谢某与物业公司签订了《住宅室内装饰装修服务管理协议》。协议约定:业主有遵守业主公约的义务,业主不得擅自改变房屋用途,不得侵占住宅公共部位和公共设施设备;业主应当遵守建设部颁布的《住宅室内装饰装修管理规定》。谢某擅自改变房屋用途,破坏房屋结构,侵占小区公共部位,显然是一种违反物业服务合同及装饰装修协议的违约行为。

根据我国《物权法》及相关法规和司法解释的规定,住宅楼外墙的所有权属于同栋业主共同共有,是同栋业主的共有部分。谢某未经同栋业主同意,擅自拆除部分外墙开设小饭馆,很显然是侵权行为,侵犯了同栋业主建筑物区分所有权中对共有部分的共有权和对共有部分共同享受的共同管理权。

**三、谢某的小饭馆办理了营业执照,对此应如何看待?**

任何企业包括个体工商户,对外经营均需取得营业执照,这是一个基本常识。但是企业有营业执照,只能说明企业的对外营业本身是合法的经营行为,与改变房屋使用功能是两个不同的法律关系。办理工商营业执照属于行政登记和许可范围,并不涉及谢某拆墙开店这种"住改商"民事行为的效力问题。同样,营业执照也不是谢某拆墙开店的合法手续。

此外,随着法律法规的不断健全与完善,此类行为今后将不能获得营业执照,这在《江苏省城乡规划条例》(以下简称《条例》)中已有明确规定。该《条例》第五十条第二款、第三款规定,"业主不得违反法律、法规以及管理规约,擅自将住宅改变为经营性用房。确需改变的,应当满足建筑安全、居住环境、景观、交通、邻里等方面的要求,征得利害关系人同意,报经城乡规划主管部门批准,到房屋产权登记机关办理相关变更手续;涉及改变土地用途的,应当依法办理审批手续。违反前款规定,擅自将住宅改变为经营性用房的,工商、文化等有关部门不得核发相关证件。"

**四、此类行为的处理**

依据我国现行法律规定,针对谢某的拆墙开店行为,有以下几个途径可以要求谢某恢复原状:

1. 行政机关查处

针对小区业主的一些违法违章行为,如果同时还属于民事违约或侵权行为,在说服教育和调解无效的情况下,行政机关先行介入处理是首选的办法。本案中,城管部门应该迅速介入处理,坚决制止谢某的行政违法行为,并依法做出行政处罚决定,责令谢某恢复原状。

2. 物业公司可提起诉讼

物业公司可以提起违约诉讼,要求谢某恢复原状,排除妨碍。

如上所述,谢某拆墙开店的行为属于违约行为,根据《最高人民法院关于审理物业服务合同纠纷案件具体应用法律若干问题的解释》第四条的规定,"业主违反物业服务合同或者法律、法规、管理规约,实施妨害物业服务与管理的行为,物业服务企业请求业主承担恢复原状、停止侵害、排除妨害等民事责任的,人民法院应予以支持。"

3. 业主可提起诉讼

同栋业主可以提起侵权诉讼,要求谢某停止侵害,恢复原状。

## 64 正确认识建筑物楼顶平台权利归属

【案例】 程某于2009年8月购买了某小区8栋501室,该房顶楼带阁楼。李某于同年11月购买了8栋502室,两家成了门对门的邻居。开发商与程某及李某的商品房买卖合同中均约定了"该商品房所在楼宇的楼顶平台使用权归业主"。2010年6月,程某装修房屋时,将502室李某放置在楼顶平台的隔热层予以拆除,并安装了太阳能热水器。李某多次找程某和物业管理处协商处理未果,于是诉至法院请求判令程某拆除其安装在502室楼顶平台的太阳能热水器及恢复隔热层。

【分析】 现实生活中,类似纠纷不少。有不少人特别是顶楼业主认为楼顶归其独家拥有,坚决不同意其他邻居在上面安装太阳能或进行其他活动。在笔者看来,这种观点是错误的。

### 一、楼顶平台权属的确定

随着时代的进步,现代建筑设计改变了过去那种千房一面的设计样式,各小区建筑设计显得丰富多彩。为了增加卖点,开发商设置各类平台赠送给购房人成为一种常用的手段。但是,楼顶平台的归属却不能一概而论。确认楼顶平台的权属,关键在于认定楼顶平台是属于建筑物区分所有权中的专有部分还是共有部分。如何界定区分所有建筑物的专有部分,学界已经形成了通说。业主专有部分需要具备三个条件:一是具有构造上的独立性,能够明确区分;二是具有利用上的独立性,可以排他使用;三是能够登记成为特定业主所有权的客体。

本案中,该小区8栋顶楼平台,根据每户的具体位置,开发商在屋面加建了矮墙,客观上将屋面人为分割。但这种分割并不必然排除楼下其他住户对顶楼加以利用,比如说安装太阳能设备。根据上述分析,结合案例基本事实,应认为该小区8栋顶楼平台应当归属于该栋楼全体业主共有。

**二、楼顶平台能否约定为专有使用?**

根据上述分析,楼顶屋面应为共有部分,但是为法定共有,还是约定共有?若为法定共有,则当事人不得通过约定变更其所有权归属。我国《物权法》第七十三条规定的建筑区划内的道路、绿地及其他公共场所、公用设施和物业服务用房,以及第七十九条规定的建筑物及其附属设施的维修资金,均为法定共有。对于第七十四条规定的车库、车位,当事人可以通过约定确定其归属。《物权法》对于楼顶(楼顶平台)的归属并没有做出规定,因此也带来了不少关于楼顶平台权属的民事纠纷。笔者认为,根据楼顶平台构造和使用功能上的特点,如果界定其为业主共有部分,则应该是法定共有,当事人不得通过约定变更其所有权归属,其所有权应由该建筑物的所有业主享有。开发商不可以与某购房人通过合同的约定将其使用权界定为某个业主所享有。原因在于,楼顶平台的所有权由该建筑物的全体业主享有,其占有、使用、收益和处分都是全体业主的权利,由全体业主共同支配。开发商与个别业主约定楼顶平台属于该区分所有权人专有使用的,约定无效,不能对抗全体区分所有权人的权利。

---

## ⑥⑤ 业主未与物业公司订立物业服务合同,两者之间有合同关系吗?

**【案例】** 生活中时常听到业主对物业公司说,"我一没请你来,二没和你签订合同,凭什么要我交费?"极少数业主甚至认为物业公司是在学雷锋。职业素养稍微欠缺的物业公司人员往往被问得张口结舌,或者用"我为你服务了你就得交费"之类的话加以回敬。

**【分析】** 案例中业主的观点明显有误,物业公司的回答也是强词夺理。下面,笔者就这一问题进行详细阐述,试图使业主与物业公司明白各自在物业服务法律关系中的角色定位,为各自正确履行义务享受权利释疑解惑。《最高人民法院关于审理物业服务纠纷案件具体应用法律若干问题的解释》第一条明确规定,"建设单位依法与物业服务企业签订的前期物业服务合同,以及业主委员会与业主大会依法选聘的物业服务企业签订的物业服务合同,对业主具有约束力。业主以其并非合同当事人为由提出抗辩的,人民法院不予支持。"本条法规明确了前期物业管理合同对业主有约束力,业主虽然不是前期物业管理合同签署人,但却是此类合同的承受者,也可以说是此类合同的当事人,应当遵守前期物业服务合同的约定。

## 一、合同相对性及其突破

合同相对性是合同规则和制度赖以建立的基础和前提,历来都是各国合同立法和司法必须依据的一项重要规则。合同相对性原则包含非常丰富和复杂的内容,并且广泛体现于合同中的各项制度之中,法学界一般将其概括为以下三个方面:一是主体的相对性,即合同关系只能发生在特定的主体之间,只有合同当事人一方能够向合同的另一方当事人基于合同提出请求或提起诉讼;二是内容的相对性,即除法律、合同另有规定的外,只有合同当事人才能享有合同规定的权利,并承担该合同规定的义务,当事人以外的任何第三人不能主张合同上的权利,更不承担合同中规定的义务;三是责任的相对性,即违约责任只能在特定的合同关系当事人之间发生,合同关系以外的人不负违约责任,合同当事人也不对其承担违约责任。所以,某些业主所认为的"我一没请你来,二没和你签订合同,凭什么要我交费?"的诘问看起来似乎有些道理。

然而,有限的法条不能规定无限的社会,随着市场经济的发展和商业贸易的繁荣,社会经济生活对合同的社会功能提出了新的要求。为了适应现实的需要,提高社会经济运行的效率,各国都在一定程度上扩大了合同的效力范围,合同相对性原则受到了冲击,在立法中出现了许多例外情况,称为"合同相对性的突破"。例如我国《合同法》第二百二十九条规定,"租赁物在租赁期间发生所有权变动的,不影响租赁合同的效力。"即出租方将租赁物所有权转移给第三方时,租赁合同对新的所有权方继续有效。这是民法理论上的而且为大家所熟知的"买卖不破租赁"规则。此外,我国《合同法》第四章中规定的代位权和撤销权同样也是属于合同相对性突破的立法例。

## 二、业主受前期物业服务合同约束之分析

物业服务合同从签订时机来区分,可分为前期物业合同和普通物业合同。前者的签订主体是开发商与物业公司,后者的签订主体是业主委员会与物业公司(注:业主委员会执行业主大会的决定事项,而非其自作主张的活动。)问题在于,

前期物业合同为何对业主具有约束力呢?

众所周知,一个新建设的小区,业主全部入住需要一个过程,有些项目的开发会分期进行,从物业开始交付给业主到业主大会成立(继而召开业主大会选聘物业公司)往往有一段较长的时间。为了对物业进行管理养护,保障先期入住业主有一个"安全、整洁、文明"的居住环境,就需要物业公司的先期介入。在小区实际入住率低且入住业主彼此不熟悉,无法形成统一意志的情况下,由开发商代表业主选聘物业公司并与其签订前期物业服务合同,对该项目实施前期物业管理,应该是不二的选择。开发商选聘物业公司,一般是采取招投标的办法,这在《物业管理条例》中均有明确规定。说到底,开发商与物业公司签订前期物业服务合同,其根本目的还是为了维护广大业主的合法权益,于情于理于法,业主均应按照前期物业服务合同的内容承担义务和享受权利。

## 66 业主拆除楼梯,物业公司疏于管理,该不该担责?

**【案例】** 业主马某在某小区购置了商铺及住宅,住宅位于三楼的最东端,他家门外即是消防楼梯,一楼安装了防火门。由于防火门常年关闭,客观上该消防楼梯似乎是闲置不用的。2010年6月,马某拆除了楼梯栏杆,准备将楼梯间改造后占为己有。物业公司先是制止不力,之后既未向有关部门举报,也未就此向法院提起民事诉讼,之后直接不闻不问了。时隔两年之后,物业公司新任项目经理到任发现这一情况,便向房管部门举报,要求马某恢复楼梯栏杆,清除杂物。

**【分析】** 案例中,业主马某的行为属双重违法行为:一是违反了物业管理行政法规,属于行政违法行为;二是违反了《物权法》和《合同法》相关规定,既是侵权行为又是违约行为。其救济途径也有两种方式,一是行政手段,二是民事诉讼。

**一、楼梯、楼梯间均属于住宅共用部分,禁止毁坏和占用**

楼梯、楼梯间均属于住宅共用部分,由全体业主享有所有权和共同管理权。这在物业服务行业发展到今天,我国物业服务立法日臻完善的情况下,已是人所共知。《物权法》《最高人民法院关于审理建筑物区分所有权纠纷案件具体应用法律若干问题的解释》《江苏省物业管理条例》对此均有明确规定,任何业主个人不得毁坏和占用楼梯、楼梯间。

## 二、对马某拆除楼梯栏杆占用楼梯间行为的救济方式

如上所述，马某拆除楼梯栏杆占用楼梯间的行为既有行政违法性质又有民事侵权和违约的性质。相应地，有两种处理方式：一是房管部门接报后迅速介入进行查处，责令马某限期改正；公安部门接报后也可以依据《中华人民共和国治安处罚法》中"破坏公私财物"的相关规定进行查处。二是业主、物业使用人、业主委员会、物业公司均可以提起民事诉讼，要求马某恢复原状。只不过前三者提起的是民事侵权诉讼，而物业公司提起的是民事违约诉讼，而且诉讼请求与法律依据也不完全相同，虽然结果是相同的。

## 三、物业公司难辞其咎

需要指出的是，本案中，物业公司对马某拆除楼梯占用楼梯间的行为制止不力，并且未及时向主管部门报告，根据《江苏省物业管理条例》的规定，物业公司明显存在不作为、漠视自身及其他业主合法权益的行为。幸亏在这两年内并未造成人身损害后果，否则，物业公司难辞其咎。

《江苏省物业管理条例》第七十条第一款规定，"业主或者物业使用人对住宅装饰装修的，应当事先告知物业服务企业。物业服务企业应当将住宅装饰装修的禁止行为和注意事项告知业主或者物业使用人。"第六十七条第二款规定，物业服务企业、业主委员会发现业主或使用人损坏或擅自改变房屋承重结构、主体结构的，应及时劝阻、制止；劝阻、制止无效的，应当及时报告有关主管部门，有关主管部门应当及时依法处理。

## 四、本案最终处理结果

本案中，房管部门接报后，迅速进行现场查勘，对当事人马某进行了严厉的批评教育，并对物业公司的不作为、漠视业主利益的行为进行了批评。双方当事人均认识到自身行为存在的问题，愿意听从处理。最后，在房管部门执法人员的调解下，物业公司出面重新安装了楼梯栏杆，彻底消除了这一安全隐患，所产生的费用由物业公司与马某按照3∶7的比例进行分担。

在此，笔者呼吁广大业主在使用物业的过程中，切忌有类似本案例中马某的行为，正确使用物业，尊重他人权利和公共利益。物业公司更要依据法律和物业服务合同的约定，认真履行职权和合同义务，真正承担起小区"管家"的责任，为打造和谐、安宁、文明的住宅小区尽职尽责。

## 67 公共空间岂能独家占用?

**【案例】** 某公寓楼系开发商于 2007 年建造,层高 5.8 m,购房人拿房之后将房屋内部分割成上下两层,下层作为客厅、厨房和卫生间,上层供居住。开发商在销售过程中,承诺将每户门外走廊代为分隔成上下两层,上层归业主使用,下层作为公共通道。业主陈某以子女的名义购买了相邻的两套公寓,装修之后下层作为公司办公用房,上层用于居住,尽管开发商代为分隔了门外很大一块空间,但是住房这一块仍显狭小,于是,他就用钢结构与木板将门外大厅一分为二,下层仍作为业主的公共通道,上层则占为己有,扩大部分近 30 m²。这部分上层空间偏偏挡住了两个邻居吴某和李某家的窗户,于是纠纷顿起。另外,在此案查处过程中,陈某辩称,当初在购房时,开发商与其有约定,承诺将其所购房屋门外大厅上层空间归其使用。

**【分析】** 这个案件在住宅装饰装修类纠纷中,比较典型。类似于此类侵占公共空间、公共部位的案件,无论是有关行政机关介入查处还是当事人直接提起民事诉讼,其事实认定与法律适用都非常清楚明确,处理结果也都一样,那就是限期拆除或排除妨碍。

**一、法律、法规和相关司法解释明确规定,楼宇走廊部分为公共部位**

(1)《物权法》第八十三条第二款规定,"业主大会和业主委员会,对任意弃置垃圾、排放污染物或者噪声、违反规定饲养动物、违章搭建、侵占通道、拒付物业费等损害他人合法权益的行为,有权依照法律、法规以及管理规约,要求行为人停止侵害、消除危险、排除妨害、赔偿损失。业主对侵害自己合法权益的行为,可以依法向人民法院提起诉讼。"

(2)《最高人民法院关于审理建筑物区分所有权纠纷案件具体应用法律若干问题的解释》第三条第一款第一项所规定的"建筑物的基础、承重结构、外墙、屋顶等基本结构部分,通道、楼梯、大堂等公共通行部分,消防、公共照明等附属设施、设备,避难层、设备层或者设备间等结构部分"应当认定为《物权法》第六章所称的共有部分。

(3)《江苏省物业管理条例》第九十二条第一款规定,"本条例所称住宅共用部分,是指根据法律、法规和房屋买卖合同,由单幢住宅内业主或者单幢住宅内业主及与之结构相连的非住宅业主共有的部分,一般包括住宅的基础、承重墙体、柱、梁、楼板、屋顶以及户外的墙面、门厅、楼梯间、走廊通道等。"

（4）《住宅室内装饰装修管理办法》第十二条规定，"装修人和装饰装修企业从事住宅室内装饰装修活动，不得侵占公共空间，不得损害公共部位和设施。"第三十九条规定，"未经城市规划行政主管部门批准，在住宅室内装饰装修活动中搭建建筑物、构筑物的，或者擅自改变住宅外立面、在非承重外墙上开门、窗的，由城市规划行政主管部门按照《城市规划法》及相关法规的规定处罚。"

从以上规定来看，不论是住宅楼还是公寓楼，走廊通道部分均为业主共有部分，任何个人不得任意占为己有。（住宅楼中侵占业主共有部分的行为多表现为顶楼业主为了所谓的安全将顶楼部分楼梯封闭，该行为与案例中陈某的行为在性质上是一致的。）

**二、此类行为的处理方式**

**（一）向行政机关投诉**

案例中，陈某将公共空间部分占为己有，其行为构成行政违法行为，房管部门对此有权进行查处。

**（二）物业公司、其他业主均有权提起民事诉讼**

（1）《最高人民法院关于审理物业服务纠纷案件具体应用法律若干问题的解释》第四条规定，"业主违反物业服务合同或者法律、法规、管理规约，实施妨害物业服务与管理的行为，物业服务企业请求业主承担恢复原状、停止侵害、排除妨害等相应民事责任的，人民法院应予支持。"

一般来说，物业服务合同中对于业主如何正确使用房屋、装饰装修的注意事项均有约定。案例中，陈某的行为对于物业公司来说，应认定为违约行为，物业公司依法可以提起违约之诉。

（2）《最高人民法院关于审理建筑物区分所有权纠纷案件具体应用法律若干问题的解释》第十五条规定，"业主或者其他行为人违反法律、法规、国家相关强制性标准、管理规约，或者违反业主大会、业主委员会依法作出的决定，实施下列行为的，可以认定为物权法第八十三条第二款所称的其他'损害他人合法权益的行为'：……（四）违章加建、改建，侵占、挖掘公共通道、道路、场地或者其他共有部分。"业主可以据此向法院提起侵权之诉，要求陈某拆除违建，恢复原状。

**三、开发商承诺公共通道上层空间归陈某独家使用的效力问题**

在本案审理过程中，当事人陈某陈述"所购房屋室外空间面积系开发商赠送"，并提供了书面证据（一份单页平面图），上面标注了陈某可以独家使用的部分，并加盖了开发商印章。对此，依据《物权法》的规定，公寓房室外大厅、通道、回廊等所有权依法系全体业主共有，开发商无权承诺将此大厅赠送给某一个业主使用。即便开发商对此有承诺,并在当事人所持商品房买卖合同附件平面图上签署书面承诺并加盖印章,也是无效条款。当事人将门前空间一分为二并将上层空间据为己有的行为明显侵犯了相邻业主的共有权,显然属于行政违法行为及民事侵权行为。

---

## (68) 顶楼住户封闭顶楼楼梯,既侵权又违法

【案例】 卞某于 2003 年购买了老城区某小区位于 6 楼的一套二手房,在二次装修过程中,他在 5 楼通往 6 楼的楼梯拐弯处安装了一道用白铁皮包裹的铁栅栏门(该单元是一梯一户),并将楼梯扶手上方空间用木工板封堵。2011 年 10 月,郑某购买了同单元 5 楼房屋。郑某住进来之后,对卞某封堵楼梯及楼梯扶手上方空间的行为甚为不满,认为这道白铁皮门影响其通风采光,且总是发出噪音影响其生活起居,而且对其到楼顶维修太阳能造成不便,多次要求卞某予以拆除。卞某认为,多年前安装这道门的时候楼下邻居并无异议,而且郑某买房之前已知楼内格局,故不同意拆除。双方为此多次发生争吵,派出所与社区多次进行调解,但双方各执己见,调解未果。

【分析】 对本案中卞某和郑某之间的纠纷,邻居也是议论纷纷。有人说,"我家门前我做主",卞某住在顶楼,他安装的这道门对楼下邻居没有影响,既不影响通行也不影响采光。也有人说,楼梯是大家的,他凭什么据为己有? 还有人说,郑某买的是二手房,买的时候明知楼内格局,不该再有异议。更有略懂法律的人士说,卞某十年前即封堵楼梯了,郑某现在主张权利,早就过了诉讼时效。现实生活中,类似本案中的纠纷比较常见。有的单元楼是一梯两户,顶楼对门邻居协商一致,以安全为名将顶楼部分楼梯封闭;有的是底楼住户将底楼楼梯下方封闭,用作车库或摆放杂物。这种情况在老小区中比较常见。

本案中,卞某与郑某之间的纠纷,究其实质,属于建筑物区分所有权纠纷。对此,笔者结合《物权法》及相关法规和规章的规定做如下分析。

**一、关于建筑物区分所有权的相关规定**

(1)《民法通则》第七十八条第一款和第二款规定,"财产可以由两个以上的公民、法人共有。共有分为按份共有和共同共有。按份共有人按照各自的份额,对共有财产分享权利,分担义务。共同共有人对共有财产享有权利,承担义务。"

第八十三条规定，"不动产的相邻各方，应当按照有利生产、方便生活、团结互助、公平合理的精神，正确处理截水、排水、通行、通风、采光等方面的相邻关系。给相邻方造成妨碍或者损失的，应当停止侵害，排除妨碍，赔偿损失。"

（2）《物权法》第七十条规定，"业主对建筑物内的住宅、经营性用房等专有部分享有所有权，对专有部分以外的共有部分享有共有和共同管理的权利。"第七十一条规定，"业主对其建筑物专有部分享有占有、使用、收益和处分的权利。业主行使权利不得危及建筑物的安全，不得损害其他业主的合法权益。"第七十二条规定，"业主对建筑物专有部分以外的共有部分，享有权利，承担义务；不得以放弃权利不履行义务。业主转让建筑物内的住宅、经营性用房，其对共有部分享有的共有和共同管理的权利一并转让。"

（3）《城市异产毗连房屋管理规定》（建设部令第94号）第六条规定，"所有人和使用人对共有、共用的门厅、阳台、屋面、楼道、厨房、厕所以及院路、上下水设施等，应共同合理使用并承担相应的义务；除另有约定外，任何一方不得多占、独占。"

（4）《住宅室内装饰装修管理办法》（建设部令110号）第十二条规定，"装修人和装饰装修企业从事住宅室内装饰装修活动，不得侵占公共空间，不得损害公共部位和设施。"

自2007年10月1日开始实施的《物权法》已经确认了建筑物区分所有权法律制度，笔者也结合《物权法》和相关司法解释的规定对业主共有部分进行了归纳，包括建筑区划内的道路、绿地、公共场所、公用设施、物业服务用房、占用业主共有的道路或者其他场地用于停放汽车的车位、电梯、水箱、基本结构部分（基础、承重结构、外墙、屋顶）、公共通行部分（通道、楼梯、大堂等）、公用附属设施设备（消防、公共照明等）、结构部分（避难层、设备层或者设备间等）、不属于专有也不属于其他主体所有的场所和设施等。同栋业主们对上述共有部分享有共同所有权和共同管理权。毫无疑问，本案中卞某将5楼通往6楼的楼梯拐弯处安装用白铁皮包裹的铁栅栏门的行为侵犯了同栋其他业主的这两项权利，属于民事侵权行为。"我的门前我做主"的言论很显然是错误的。

**二、建筑物共有部分使用规则**

**（一）概念辨析**

为了帮助读者进一步把握建筑物区分所有权的内涵，笔者在此将建筑物区分所有权与传统的所有权、建筑物区分所有权中的专有权与传统的所有权这两组概念进行辨析。

1. 建筑物区分所有权与传统的所有权的区别

（1）两者产生时间不同。建筑物区分所有权基于城市的产生而萌芽，传统的所有权基于法律的产生而产生（也有人认为基于私有制的产生，两者并无本质区别）。

（2）两者权利产生基础不同。建筑物区分所有权基于异产毗邻或多产同栋而产生，传统的所有权基于人的存在与合法占有而产生。

（3）两者权利客体不同。建筑物区分所有权仅指不动产，传统的所有权既包括动产也包括不动产。

（4）建筑物区分所有权是一种复合物权，传统的所有权则具有单一性与绝对的排他性。

2. 建筑物区分所有权中的专有权与传统的所有权的区别

（1）权利内涵不同。建筑物区分所有权中的专有权派生出共有部分共有权和共同管理权两项权利，传统的所有权则包括占有、使用、收益、处分四大权能。

（2）行使权利受限制不同。建筑物区分所有权中的专有权权利人行使权利时不仅不得滥用权力，而且要受各种共同生活规则的约束；传统的所有权在行使时只要权利不滥用即属正当。

（二）建筑物共有部分使用规则

按建筑物区分所有权理论和上述法律法规的规定，对共有部分，除共有人另有约定以外，任何一方不得独占、多占。每个区分所有人都有义务维护公用部位的现状，依其本来用途合理、正常使用，不得改变公用部分的设施和结构，并合理分担公用部分的正常费用。

三、结论

本案中，卞某将单元楼梯部分封堵，对郑某及其他住户造成妨碍，给单元楼管理、维护、消防等带来不便，侵害了郑某和其他住户的共有权和共同管理权。因此，郑某要求拆除（实质是排除妨碍）的理由是正当的，于法有据。

对于卞某认为其装门在前郑某进住在后，且郑某入住时已明知楼中的格局，况且十年前装门时楼下原业主无异议的说法，笔者分析如下：建筑物区分所有权属于物权范畴，权利人行使权利具有排他性，共有权利的行使不因其他共有人放弃权利而丧失。即便楼下其他邻居无异议或不行使权利，也不影响郑某正当行使权利。

至于某法律人士所认为的郑某的主张超过了诉讼时效的说法，笔者更不能苟同。《民法通则》第一百三十五条规定，"向人民法院请求保护民事权利的诉讼时效期间为二年，法律另有规定的除外。"第一百三十七条规定，"诉讼时效期间从知道或者应当知道权利被侵害时起计算。但是,从权利被侵害之日起超过二十年的,人民法院不予保护。有特殊情况的,人民法院可以延长诉讼时效期间。"本案中,郑某的主张并未超过诉讼时效。同时,从本案情况看,我国诉讼时效制度还是存在一定缺陷的。众所周知,所有权保护的目的是为了使所有权处于圆满状态,使权利人充分地行使所有权,而且法律应当保证所有权人永久地享有对所有物的完整性的权利,排除妨害。因此,法律对这项请求权的保护应当贯穿所有权存续的始终。

## 69 让人纠结的"住改商"

【案例】 当下,人们对居住的要求不再是简单的"有房可居",而是越来越注重良好的居住环境和品质,宁静、安全与舒适成为业主共同追求的目标。笔者在工作中经常接到一些投诉,反映有业主将住宅或者车库改为经营性用房(以下简称"住改商"),开小超市的、开理发店的、卖早点的,还有开棋牌室的,干什么的都有。

【分析】 实践中,此类"住改商"投诉较为常见。不少"住改商"经营手续不全,且存在安全隐患。这些现象,无论是对于左邻右舍的生活起居还是对于小区环境包括物业的保值增值,都造成了不小的影响。《物权法》和《最高人民法院关于审理建筑物区分所有权适用法律若干问题的解释》的出台,似乎为解决这一问题提供了法律规定,但仍有不少争议,其争议在于"我的房子我为什么不能做主"。

### 一、相关规定

(1)《物权法》第七十七条规定,"业主不得违反法律、法规以及管理规约,将住宅改变为经营性用房。业主将住宅改变为经营性用房的,除遵守法律、法规以及管理规约外,应当经有利害关系的业主同意。"

(2)《最高人民法院关于审理建筑物区分所有权适用法律若干问题的解释》第十条规定,"业主将住宅改变为经营性用房,未按照物权法第七十七条的规定经有利害关系的业主同意,有利害关系的业主请求排除妨害、消除危险、恢复原状或者赔偿损失的,人民法院应予支持。""将住宅改变为经营性用房的业主以多数有利害关系的业主同意其行为进行抗辩的,人民法院不予支持。"

（3）《最高人民法院关于审理物业服务纠纷案件具体应用法律若干问题的解释》第四条规定，"业主违反物业服务合同或者法律、法规、管理规约，实施妨害物业服务与管理的行为，物业服务企业请求业主承担恢复原状、停止侵害、排除妨害等相应民事责任的，人民法院应予支持。"

（4）《江苏省城乡规划条例》第五十条第二款规定，"业主不得违反法律、法规以及管理规约，擅自将住宅改变为经营性用房。确需改变的，应当满足建筑安全、居住环境、景观、交通、邻里等方面的要求，征得利害关系人同意，报经城乡规划主管部门批准，到房屋产权登记机关办理相关变更手续；涉及改变土地用途的，应当依法办理审批手续。"第六十五条规定，"违反本条例第五十条第二款规定，未经城乡规划主管部门批准，擅自将住宅改变为经营性用房的，由城乡规划主管部门责令限期改正，逾期不改正的，可以处以一万元以上三万元以下的罚款。"

**二、对扰民的"住改商"行为的维权方式**

（1）向城管部门投诉，由城管部门按照《城乡规划法》的相关规定进行查处。城管部门在查处此类案件中，需要注意调查当事人所在小区有无管理规约，管理规约中有无禁止将住宅改为经营性用房的相关规定。如果有，则应充分尊重管理规约的规定，责令当事人限期改正；如果没有，也要调查该小区同栋业主的意思表示，结合其他证据材料，责令当事人限期改正。

（2）物业公司可以起诉。依据物业服务合同及管理规约的规定，将业主诉至法院，要求业主承担恢复原状、停止侵害、排除妨害等相应民事责任。一般来说，物业公司均能在此类诉讼中胜诉。

（3）有利害关系的业主可以将"住改商"业主诉至法院，请求法院判令被告排除妨害、消除危险、恢复原状或者赔偿损失。一般来说，有利害关系的业主均能在此类诉讼中胜诉。

**三、处理此类纠纷需要注意的几个问题**

1. 有利害关系业主的范围

根据《最高人民法院关于审理建筑物区分所有权适用法律若干问题的解释》第十一条的规定，"本栋建筑物内的其他业主，应当认定有利害关系的业主"；建筑区划内，本栋建筑物之外的业主，主张与自己有利害关系的，应证明其房屋价值、生活质量受到或者可能受到不利影响。也就是说，"本栋建筑物内的其他业主"是当然的利害关系人，在诉讼过程中举证责任很轻，只需向法庭陈述并未同意被告"住改商"的行为即可。而如果"本栋建筑物之外的业主"反对该"住改商"行为，则需承担举证责任，证明因为"住改商"行为的存在致使其"房屋价值、生活质量受到或者可能受到不利影响"。

本条解释是对《物权法》第七十七条"有利害关系业主"的界定,解决了司法实践中认定"有利害关系业主"的难题。

2. 不能以"多数决"原则确定有利害关系业主的意见

在"住改商"纠纷中,不能以"多数决"原则确定有利害关系业主的意见,而必须是全体业主的共同意见。所谓"多数决",也就是通常所说的少数服从多数。少数服从多数的思想普遍适用于决定事关国家利益、公共利益或集体利益的事项。在围绕"住改商"的利益纷争中,涉及的都是个人利益,一是"少数人的权利也是权利",应该受到尊重;二是这类少数业主的权利掌握在自己手中,"多数人"决定"少数人"的权利,于法无据。

3. 有利害关系的业主的同意,必须采取明示的方式表达

实践中,有些业主碍于面子和对邻里关系僵化的顾虑,往往对"住改商"业主的征询意见采取沉默或回避的态度。有人认为,在意见征询期间,如果有利害关系的业主不明确表态,则推断其同意。这种观点值得商榷。

从《物权法》第七十七条的规定看,有利害关系的业主的同意是"住改商"行为合法性要件之一,"住改商"是对既有秩序的一种冲击和破坏,不主张"住改商"是《物权法》的立法导向。因此,在有利害关系的业主未明确表态的情况下,从立法本意去推敲,应当推定未表态的业主不同意"住改商"。

至于"明示"的具体形式问题,由于同意属于一种意思表示,因此必须要明白无误地表达出来,可以是书面的签署意见,也可以是明确无误的口头表示。

4. "住改商"业主已经办理了工商营业执照的事实,不能对抗有利害关系业主的诉求

"住改商"行为缺乏合法性与经营者办理了工商营业执照没有关系,这是两个不同的法律关系。办理工商营业执照属于行政登记和许可范围,并不涉及"住改商"民事行为的效力问题。

5. 住宅出租用于居住行为,不适用"住改商"的有关规定

如上所述,"住改商"的首要特点是住宅"被用于经营",而不论是业主自身还是承租人在经营。住宅出租用于居住,现实中大量存在的群租行为确实也对其他业主的生活起居造成了一定的影响,但是,这均不属于"住改商"行为,不适用"住改商"的有关规定。如果群租行为对左邻右舍的生活起居造成了影响,则受害人可以提起民事侵权诉讼。

**四、"住该商"问题处理规则值得研究的几个方面**

(一)"一票否决"的两面性

根据《物权法》第七十七条和《最高人民法院关于审理建筑物区分所有权适

用法律若干问题的解释》第十条的规定,同栋业主只要有一个不同意,"住改商"都改不成。某业主为了生计,在自家房子里开了个小理发店,没有其他美发项目,既无污染又无噪音,同时又方便了小区内的业主特别是老年人的理发需求,但是仅仅因为某个邻居与其曾经有过口角而明确表示不同意而无法经营,那么,我们扪心自问,"一票否决"果真就那么合理吗?某业主在自家的房子里开个经营油盐酱醋之类的小店,对于满足邻居们的生活需求无疑是件好事,这种情况下的"一票否决"显然不太合理。这对想"住改商"的业主是否公平?是否也妨害了绝大多数业主的合理愿望和利益? 诚然,不少"住改商"确实对左邻右舍的生活起居造成不小的困扰,那也是因为这些"住改商"的存在产生了诸如油烟、噪声、电梯超负荷使用等问题。

(二)合理的"开店权"与"否决权"并无高下之分

业主拥有房屋所有权,依据《物权法》第二十九条的规定,"所有权人对自己的不动产或者动产,依法享有占有、使用、收益和处分的权利。"对于所有权的占有、使用、收益和处分四大权能的法律规定,人尽皆知。合理的"开店权"与"否决权"均是法律赋予的权利,本身并无高下之分。当两种权利相冲突的时候,对于冲突的核心,"否决权"行使的基本事实——也就是"住改商"的侵权事实,不是左邻右舍们投票解决的事,应该有更明确的争议解决机制,以合理、公正地调整各方权力和利益,而不是简单地"一刀切"或"一票否决",在倒掉侵权的水的同时也泼掉了权利的孩子。

(三)"住改商"实际上具有两面性

如上所述,"住改商"实际上具有两面性,一方面,在住宅楼内开办餐厅、歌舞厅、公司、棋牌室等会导致小区居住环境质量下降,如带来油烟、噪音等污染,造成小区车位紧张、电梯拥堵等;另一方面,一些"住改商"后在小区内开设的便利店、干洗店、医疗诊所、打字复印店等,有效弥补了社区商业配套不足,为居民生活带来便利。因此,从某种角度而言,"住改商"的实质问题是究竟有没有产生妨碍、损害其他业主利益的事实。

通过以上分析,笔者认为,"住改商"有关的制度规则,似乎已不能用简单粗暴的"一刀切"或"一票否决"去解决,《物权法》关于"住改商"的制度设计还有很大的改善空间。一方面,合情合理的"住改商"在国外非常普遍,有助于公民低成本创业。例如成立个人艺术工作室、个人律师事务所等在家办公的 SOHO 一族在一些国家非常受到提倡,巴黎等世界名城都有"住改商"形成的特色商圈。国内不少省市在这方面也进行了有益的制度设计。例如,福建省从 2014 年 3 月 1 日起正式实施《注册资本登记制度改革方案》,由于简化了住所(经营场所)注册登记程序,经有利害关系的业主同意,允许将居民住宅登记为住所(经营场所),即俗称的"住改商"。这也意味着,福州市自2011年5月起开始的住宅无法注册为公司地址的政策已然改变。《广东省商事登记条例》于2016年3月1日起施行。该条例是我国第一部商事登记地方性法规,可推动商事登记便利化,解决商事主体住所登记管理的问题。条例实施后,可简化住所、经营场所登记手续,无房产证房屋也可成为经营场所。此外,山东、河南、四川等地均出台了类似的规定。笔者坚信,《物权法》关于"住改商"的制度设计将会进一步完善。

## (70) 如此物业太霸道

**【案例】** 据某报载,某小区地下停车费较之前涨了近一倍,业主不租用汽车就进不了大门。该小区物业公司日前发出"通知",内容大致是:小区部分业主的地下车位使用期已到,新的车位使用费较之前有所增加,希望广大业主理解和支持物业的工作。对于"通知",尤其是车位使用费的增加,很多业主表示不能接受。

**【分析】** 针对小区私家车停放及收费问题,车主不满物业公司的诸多做法常常见诸各地报刊和网络。那么,地上停车位到底属于谁?地下车库又该有一个怎样相对合理的收费定价机制?关于住宅小区车位所蕴含的相关法律问题,笔者曾发表连载文章《关于车位问题的法律分析》(见2012年3月22日《扬州晚报》C3版及2012年3月29日C5版)。就案例中出现的诸如物业公司设卡阻拦未交费私家车进门等问题,笔者不揣陋见,发表如下个人见解并就教于方家。

**一、住宅小区地下车库所有权属于开发商**

《物权法》出台之前,在业主的建筑物区分所有权中,争议较大的是车位、车库的所有权归属问题。对此,该法第七十四条第一款规定,"建筑区划内,规划用于停放汽车的车位、车库应当首先满足业主的需要。"第二款规定,"建筑区划内,规划用于停放汽车的车位、车库的归属,由当事人通过出售、附赠或者出租等方式约定。"第三款规定,"占用业主共有的道路或者其他场地用于停放汽车的车位,属于业主共有。"该法条语意清晰、层次分明。建筑区划之内规划专门用来停放汽车的车库、车位,其初始所有权归开发商,其最终所有权或使用权归属是由当事人通过出售、附赠或者出租等方式约定归业主专有或者专用的。这样既容易操作,也可以避免纠纷。

2016 年，一篇名为《全国首例小区车库之争落槌：归业主》的文章在网上传得沸沸扬扬，主要内容是某法院判决"开发商将（配套建设的）地下车库移交给业主委员会管理，全体业主享有地下停车权益"。不少人争相转发。后来，据说做出此判决的南京市鼓楼区人民法院公开发出郑重声明，称此判决发生在 2003 年且并未生效。且不说这份判决本身的是与非，单就按规划设置的车位、车库来说，《物权法》第三十条规定，"因合法建造、拆除房屋等事实行为设立或者消灭物权的，自事实行为成就时发生效力。"显然，开发商按规划建设的车位、车库，无论在地上还是在地下，开发商均拥有合法的不动产所有权。如果如坊间所说，车库、车位归业主共有，那么由于车库、车位和住宅的配套比例不同、业主之间享有的住宅面积不同、商品房销售的状况不同等原因，归业主共有很难操作，而且客观上也抑制了开发商配套建设车位、车库的热情。因此，《物权法》第七十四条第二款规定："建筑区划内，规划用于停放汽车的车位、车库的归属，由当事人通过出售、附赠或者出租等方式约定。"该规定印证了《物权法》第三十条的规定，进一步确认了建筑区划内规划用于停放汽车的车位、车库所有权属于开发商。

同时，对现实生活中有的开发商将车位、车库高价出售给小区外的人停放，不少小区没有车位、车库或者车位、车库严重不足，占用共有的道路或者其他场地作为车位的问题，《物权法》第七十四条第一款、第三款有针对性地规定："建筑区划内，规划用于停放汽车的车位、车库应当首先满足业主的需要""占用业主共有的道路或者其他场地用于停放汽车的车位，属于业主共有"。从报载内容看，该小区地下车位的所有权应该不属于人防工程，其所有权属于开发商，车位、车库的归属由开发商与购房人通过合同加以约定，或售，或赠，或租。

**二、停车位收费规范**

停车位收费，包括两种费用：一是取得车位、车库使用权的费用，其来源不外乎买卖和租赁；二是停放费。对于前者，如果是开发商按规划设置的，开发商有权就此类车位、车库通过合同约定的方式或售，或赠，或租。至于租金标准，应依法执行物价部门的相关规定。例如，扬州市物价局、扬州市住房保障和房产管理局印发的《关于制定扬州市区住宅小区汽车停车位（库）租金标准的通知》（扬价服〔2016〕7 号）规定，"建设单位未出售或者未附赠的车位、车库和物业管理区域内依法配建的人民防空工程平时用作停车位的租金，核定其最高限价为 200 元/（月·个）。其中，室内机械式停车位租金最高限价为 150 元/（月·个），不得再收取机械车位运行维护费。以上价格不得上浮，可以下浮，下浮幅度不限。具体收费标准由建设单位、人防行政主管部门在最高限价内与使用人合同约定。物业服务企业从建设单位、人防行政主管部门受让车位(库)使用权并出租的,以及建设单位从人防行政主管部门受让车位(库)使用权并出租的,其租金不得超过最高限价,具体收费标准由其与使用人合同约定。在本租金标准实施前,建设单位、人防行政主管部门、物业服务企业与使用人已签订合同并约定了租金标准的,按合同约定执行。"如果是占用业主共有的道路或者其他场地停放汽车的,根据《江苏省物业管理条例》的规定,应当在前期物业服务合同中约定。物业服务企业应当将汽车停放费单独列账,所得收益的百分之七十纳入住宅专项维修资金,其余部分可用于补贴物业服务费。业主大会成立后,需要占用业主共有的道路或者其他场地用于停放汽车的,物业服务企业应当提请业主大会或者业主大会授权的业主委员会决定后,依法办理有关手续并公示。收益按照业主大会或者业主大会授权的业主委员会决定、物业服务合同约定的方式使用;没有决定或者约定的,仍然按照"所得收益的百分之七十纳入住宅专项维修资金,其余部分可以用于补贴物业服务费"的规定使用。

关于汽车停放费,其实质是物业费。这与买房需要交纳物业费是一个道理。但它的收费标准同样要执行物价部门的规定。例如,扬州市物价局、扬州市住房保障和房产管理局印发的《关于调整市区住宅小区机动车停车服务费标准的通知》(扬价服〔2013〕125号)规定,"对业主拥有所有权或使用权的车位,缴费标准是70元/(月·个);只有地下而无地上停车位的,机动车停车服务费标准按90元/(月·个)执行。地上机动车停车服务费标准为120元/(月·个);只有地上而无地下停车位的,机动车停车服务费标准仍按80元/(月·个)执行。以上为市区住宅小区停车服务费指导价标准,可以下浮,幅度不限。"

其实,仔细分析案情,本案的焦点不在于是否应该缴费,而在于有车一族不满停车费大幅度上涨,物业公司不按规矩办事。

### 三、业主私家车是否凭卡进小区与物业公司对外来车辆的管理不可混为一谈

案例中,物业公司工作人员还说,"如果不凭卡进小区,其他外来车辆也自由出入,那么车辆乱停乱放现象就成灾了,不利于公共秩序的维护。"这话听起来有道理,实质上是在强词夺理。

首先,根据物业服务合同的约定,物业公司对小区车辆的行驶和停放负有管理责任。外来车辆能否进出小区、如何管理,本是物业公司负有的合同义务,怎么能够将小区业主是否交纳停车费作为对外来车辆负有管理义务的前提呢?小区业主私家车停放与物业公司对外来车辆的临时管理本是两回事,到了该工作人员那里却成了因果关系的两个方面,岂非咄咄怪事?

其次,物价部门针对物业公司在小区大门擅自设卡收取进门费用问题早有界定(扬价服〔2003〕44号),设卡收取进门费本身就是一种乱收费行为,车主有权拒付,并向物价部门举报(电话号码:12358)。已经设卡收费的要立即撤除,物价部门对乱收费行为将进行严肃查处,并对情节严重的予以曝光。

再次,在小区内有合法停车位的私家车进入小区,都无可争议。笔者认为,这也是业主享有物权的一种延伸,与业主是否缴费是两个不同的法律关系。如果业主欠费或拒交,物业公司完全可以采取正当的法律手段来维护自己的合法权利,而不是简单粗暴地一拒了之。物权大于债权的基本常识,这家物业公司真的不明白?

本案中还有一个细节耐人寻味,那就是物业公司称"早在2011年就取消了临时停车位",主要原因是临时停车位"给车辆管理带来了极大的不便"。笔者对此百思不得其解:临时停车位是利用业主共有的道路和场地增设的车位,物业公司说增设就增设、说取消就取消?在这过程中业主们一点话语权都没有吗?临时停车位的设立对其车辆管理带来了怎样的不便以至于非取消不可?笔者居住在扬州市西区一老小区,物业公司物业费收取是严重不足,不交停车费的业主也不少,笔者也未见物业公司采取如此简单粗暴的手段强迫业主们缴费。本案中的物业公司取消临时停车位用意何在呢?在笔者看来,怕是为强迫业主承租高价位的地下车位打了个伏笔吧?说到底,还是一个"利"字在作祟!

行文至此,平心而论,笔者无意为拒交停车费的业主们辩护,更无意对物业公司横加指责。纵观本案中开发商、物业公司和业主之间的矛盾,笔者认为,其焦点还是在于物业公司如何放下本不应高高在上的身段去与业主、业委会沟通交流,如何居中斡旋开发商与业主之间围绕车位使用产生的矛盾,如何进一步转变观念——变所谓管理者为服务者,如何凭借专业、敬业、以人为本的态度和周到细致的服务构建和谐的物业服务关系。如果物业公司一味迎合开发商对付业主,一是典型的角色错位,二是自毁形象。在物业服务行业美誉度不太高的今天,这种做法无异于雪上加霜。

## ⑦① 如何解决物业拒当快件"中转站"难题?

【案例】 据某报记者调查,市区住宅小区物业公司中有两成拒绝帮助业主代收快件,而帮助业主收取快件的物业公司中,各家做法和心态也不一样,有的需要业主提前预约,有的则认为这是为了顺利收取物业费而"讨好"业主的无奈之举,还有的胆战心惊生怕快件损毁承担风险。此外,还有人建议成立"第三方收货平台"。

【分析】 快递,又名速递,是一种兼有邮递功能的"门对门"物流活动,大量发生在快件传递、网络购物等活动中。当事人亲笔签收是此类行业的一个显著特征。在快递货物送达而当事人又不在家的情况下,物业公司是否应该充当"中转站"的角色代为签收? 这是个见仁见智的问题。

### 一、物业公司提供的是针对全体业主的共性化服务

《物业管理条例》第二条对"物业管理"的内涵进行了明确,"物业管理,是指业主通过选聘物业服务企业,由业主和物业服务企业按照物业服务合同约定,对房屋及配套的设施设备和相关场地进行维修、养护、管理,维护物业管理区域内的环境卫生和相关秩序的活动。"毋庸置疑,业主与物业公司是物业服务合同关系,双方之间的权利义务由合同加以约定。一般来说,物业公司提供的是针对"房屋及配套的设施设备和相关场地进行维修、养护、管理,维护物业管理区域内的环境卫生和相关秩序"的服务性行为,是面向全体业主的共性化服务,而非面向某个或少数业主的个性化服务。

### 二、业主如有代收快件等个性化需求,必须与物业公司之间明确约定

如上所述,代收快件是某些业主的个性化需求,不在通行的物业服务合同所约定的物业公司承担的义务范围之内。如果业主有代收快件等个性化需求,则必须与物业公司之间明确约定。这种约定最好是书面约定,重点就代收快件是否有偿、快件的存放、快件的移交以及损毁赔偿责任承担等事项做出明确约定,以免发生快件丢失、损毁问题而产生举证困难的尴尬。

### 三、如果业主要求物业公司无偿代收快件,则需特别明确保管责任

实践中,业主往往认为物业公司代收快件乃举手之劳,无须付费。笔者认为这是业主认识上的误区,一是有类似需求的业主可能不在少数,记者在调查中得知某小区保安每天要代收四五十份快件,耗费了保安履行岗位职责的大量精力,

无形之中增加了保安的工作量;二是物业公司代收快件之后,对快递公司而言,货物损毁的风险就产生了转移,这时物业公司承担的是保管责任。不同的货物有不同的保管要求,无论货物轻重贵贱,物业公司的保管责任可谓不小。如果发生货物损毁、丢失的情形,则物业公司需承担赔偿责任。所以说,在物业公司无偿代收快件的情况下,其保管责任必须加以书面明确。

**四、成立"第三方收货平台"**

住宅小区都有相配套的商业店铺,把其中某些符合条件的店铺打造成"第三方收货平台",可以帮助用户解决快递收货的烦恼,一方面业主无须再花时间等快递,另一方面也不必担心被快递员打扰,或被泄漏隐私,收货变得非常省心。当然,建立"第三方收货平台",业主与平台之间必须签订全面完整的协议,制定合法合理的平台规则尤为重要。

"第三方收货平台"还可以推行连锁经营,实现与合作网点、电子商务网站和物流企业的多方共赢。这给连锁或合作网点带来的好处是可以吸引用户通过取快递经常光顾自己的店,带给电子商务的好处是可以提升用户的购物体验,而带给快递物流企业的好处则是能大大提高快递送货的效率。这是另外一个话题,此处不再赘述。

## (72) 《商品房屋租赁管理办法》解读

《商品房屋租赁管理办法》(住建部令第6号,以下简称《办法》)已于2011年2月1日开始施行。这部规章的出台,有利于加强商品房屋租赁管理,规范商品房屋租赁行为,维护商品房屋租赁双方当事人的合法权益。对于这部规章的具体内容,笔者扼要整理如下。

**一、出台背景**

现实生活中,商品房分割出租是屡见不鲜的现象,由此引发了诸多矛盾。住建部房地产市场监管司副司长姜万荣曾经说过,"商品房分割出租成为一个严重的社会问题。"一是出租人擅自改变房屋构造结构,改变水、电、气线路等行为,违反了相关法律规定和标准;二是分割出租行为导致居住密度大而无法保障承租人的基本生活条件;三是承租人过度占用公共资源侵害了其他业主的合法权益,容易导致矛盾和纠纷;四是"二房东"现象比较普遍。

### 二、适用范围

（1）地域范围。《办法》第二条规定了其适用的地域范围，"城市规划区内国有土地上的商品房屋租赁（以下简称房屋租赁）及其监督管理，适用本办法。"第二十六条也有规定，"城市规划区外国有土地上的房屋租赁和监督管理，参照本办法执行。"

（2）除商品房租赁以外的其他房屋租赁，不适用本办法。

### 三、立法亮点

1. 禁止分割群租，弥补了《物权法》司法解释的不足

《办法》第八条规定，"出租住房的，应当以原设计的房间为最小出租单位，人均租住建筑面积不得低于当地人民政府规定的最低标准。"

2. 鼓励合理的出租

《办法》将《城市房屋租赁管理办法》中房屋出租的 9 种限制改为 4 种限制，即 4 种情况下的商品房屋不得出租：属于违法建筑的，不符合安全、防灾等工程建设强制性标准的，违反规定改变房屋使用性质的，法律、法规规定禁止出租的。

3. 保护承租人权利，禁止在租期内随意提高房租

《办法》第九条第二款规定，"房屋租赁合同期内，出租人不得单方面随意提高租金水平。"

4. 买卖等不破租赁

房屋租赁期间，因赠与、析产、继承或者买卖转让房屋的，原房屋租赁合同继续有效（《办法》第十二条）。

### 四、出租人权利义务

根据《办法》规定，商品房屋出租人承担的义务包括：

（1）出租的房屋符合法律规定；

（2）签订书面租赁合同；

（3）以原设计的房间为最小出租单位；

（4）厨房、卫生间、阳台和地下储藏室不得出租供人员居住；

（5）出租人应当按照合同约定履行房屋的维修义务并确保房屋和室内设施安全；

（6）赠与、析产、继承或者买卖等行为不导致租赁合同的解除；

（7）登记备案；

（8）房屋租赁登记备案内容发生变化、续租或者租赁终止的，应及时办理相关手续。

### 五、承租人权利义务

（1）承租人应当按照合同约定的租赁用途和使用要求合理使用房屋；

（2）不得损害其他业主和使用人的合法权益；

（3）不得擅自改动房屋承重结构和拆改室内设施；

（4）承租人转租房屋的，应当经出租人书面同意；

（5）房屋租赁期间出租人出售租赁房屋的，应当在出售前合理期限内通知承租人，承租人在同等条件下有优先购买权；

（6）登记备案。

### 六、房产管理部门商品房租赁管理职能

《办法》规定了房产管理部门的商品房租赁管理职能：一是建立房屋租赁登记备案信息系统，逐步实行房屋租赁合同网上登记备案，并纳入房地产市场信息系统；二是加强房屋租赁管理规定和房屋使用安全知识的宣传；三是定期分区域公布不同类型房屋的市场租金水平等信息。

---

## ⑺ 物业公司履行了维修义务，为何仍要承担赔偿责任？

**【案例】**　业主陈先生家中淋浴房上水阀阀门处漏水，于是向物业公司报修，物业公司派人上门更换了上水阀阀门，收取了材料费及服务费计60元。之后，陈先生便锁门出差了。第三天傍晚，陈先生楼下邻居周女士下班回家发现家里卫生间及客厅地面全是水，卫生间天花板还在不断往外渗水，物业公司接到报告后赶紧关闭了陈先生家的上水阀，同时联系陈先生让他赶回来处理。陈先生回来后，物业公司上门检查，发现是卫生间上水管破裂，于是进行了维修更换。但是，陈先生与周女士家的财产损失已经产生了，经过估算，陈先生家损失3 000元，周女士家损失5 000元。周女士与陈先生商量赔偿损失未果，便将陈先生诉至法院。在庭审中，双方当事人对财产损失数额没有争议，但是赔偿责任由谁承担各执一词：陈先生认为造成两家财产损失的原因是物业公司维修不到位，应该由物业公司承担两家的财产损失赔偿责任；周女士认为陈先生是侵权人，理应承担赔偿责任。该案到底如何处理？

**【分析】**　物业公司应该全额承担陈先生、周女士两家财产损失。具体分析如下：

**一、物业公司、陈先生和周女士三者之间存在两种法律关系,应分别处理**

(1)毋庸置疑,物业公司与陈先生的法律关系是物业服务合同关系,物业公司应该按照合同的约定承担向业主提供房屋自用部位、自用设施设备维修养护等有偿服务的义务。本案中,物业公司虽然根据陈先生的报修上门更换了淋浴房上水阀阀门,但是维修人员未对报修内容做全面检查("上水阀阀门处漏水"并不当然意味着就是阀门损坏,也有可能是水管破裂),对维修结果亦未进行仔细复查以及交由业主确认。换句话说,物业公司的维修行为不当,属于"未全面履行合同约定"的行为。依据《合同法》相关规定,物业公司应对陈先生承担违约责任。

需要指出的是,在陈先生与物业公司的服务合同纠纷中,出现了违约责任与侵权责任竞合的情形,即物业公司在履行物业服务义务时存在违约行为,同时这种违约行为又直接造成另一方人身或财产损失。《合同法》第一百二十二条规定,"因当事人一方的违约行为,侵害对方人身、财产权益的,受损害方有权选择依照本法要求其承担违约责任或者依照其他法律要求其承担侵权责任。"也就是说,当违约责任与侵权责任发生竞合时,选择何种处理方式是受损害方的法定权利。因此,案例中的陈先生应选择追究物业公司侵权责任。

(2)陈先生与周女士之间是民事侵权关系。陈先生家卫生间上水管破裂,造成周女士家被淹,直接导致周女士家财产损失5 000元。毫无疑问,陈先生是侵权人,根据我国《民法通则》和《物权法》的相关规定,理应承担侵权损害赔偿责任。

**二、陈先生向周女士承担侵权损害赔偿责任之后,有权向物业公司追偿**

根据上述分析,物业公司在对陈先生家进行维修时存在不当行为,对陈先生家卫生间漏水的真正原因未尽检查义务,破裂的上水管未得到及时维修,致使周女士家财产遭受损失。根据《合同法》第一百二十二条的规定,陈先生要求物业公司承担这部分损失,于法有据。

综上所述,该案正确的解决方式是:周女士诉陈先生承担侵权损害赔偿责任,陈先生另案起诉物业公司承担侵权损害赔偿责任。两起案件审理结果均应是原告胜诉,物业公司最终承担8 000元的侵权损害赔偿责任。

该案也给物业公司一个警示:在物业服务中,物业公司应该大处着眼,小处着手——尽职尽责、周到细致、全面正确地履行物业服务合同,切不可马虎了事。这里的"大处"即建设和谐社区、构建和谐物业服务关系及企业应该承担的社会责任等。

## 74 物业公司虽无执法权,却有相应的合同权利和法定权利

【案例】 笔者在工作中,经常听到物业公司项目经理和物业服务人员大叹苦经,自认为没有执法权,因而对业主私搭乱建、违规装修的行为束手无策。同时,往往由于他们的执业素养不够,故不知道应向有关主管部门举报业主私搭乱建、违规装修等违法违章行为,从而得到及时的处理。

【分析】 行政执法,就其定义而言,有广义与狭义之分。广义的行政执法是指国家行政机关行使职权的所有行为,与国家职能中的立法权和司法权相对应。而狭义的行政执法,通常是指国家行政机关和依法受委托的组织及其公职人员依照法定职权和程序,对行政相对人违反行政法律规范的行为进行查处和纠正的行为。

毋庸置疑,物业公司是以营利为目的的企业,并非国家行政机关,确实没有执法权。与此同时,作为小区物业的管理单位,根据物业服务合同的约定和相关法律规定,承担着一系列的义务,诸如物业共用部位、共用设施设备的维修、养护和管理,物业共用部位和相关场地的清洁卫生,垃圾的收集、清运,管道疏通,公共绿化的养护和管理,车辆行驶和停放管理,公共秩序维护、安全防范等事项的协助管理,装饰装修管理服务,物业档案资料管理等。物业公司要尽善尽美地完成这些义务,毫无疑问,需要全体业主的高度配合。

然而,在现实中,仍然有不少业主贪图一己私利,或者抱着“我的房子我做主”的错误观念,要么私搭乱建,要么任意敲凿房屋承重结构,要么肆意侵占公共空间。面对少数业主的违法违章行为,正如案例中所列举的那样,物业服务人员以没有执法权为由,怠于管理,束手无策。抛开业主以及业委会的因素不说,物业公司有这种表现原因在于物业公司不会管、不敢管。“不会管”,是说物业服务人员不具备应有的知识结构,执业素养不够;“不敢管”,是说物业服务人员惧怕业主上门闹事,引火烧身,也担心来年的物业费收取困难。那么,现实情况是什么呢? 在此举一个小例子:有一住宅小区的物业公司收取年度物业费,经过多方面工作,仍有 12 户拒不交纳,物业公司将这 12 户业主一并告上法庭。收到法院传票之后还没有等到开庭,9 户业主就自动到物业公司交纳了物业费,其余的 3 户在开庭之前也足额交纳了拖欠的物业费。从这个案例中笔者得到两点启示,一是类似的物业服务诉讼,物业公司胜诉率奇高;二是作为被告的业主底气不足,自忖

官司毫无胜算的机会,往往会主动履行义务。

诚然,物业服务行业问题多多,究其原因更是见仁见智。限于篇幅,笔者在此仅就物业公司该如何处理极少数业主私搭乱建、违规装修的问题提两点建议。

**一、加强学习与培训,大力提升物业服务人员的执业素养**

作为物业服务人员,肩负着千家万户安居乐业,打造安宁、文明、和谐小区的重任。他们的辛勤劳动有效解除了广大业主工作、学习和生活的后顾之忧,对业主物业保值增值起到至关重要的作用。所以,物业服务人员的执业素养对物业公司能否真正完成上述重任显得尤为重要。

一是以人为本,转变物业管理理念。近年来,从中央到地方均对行政机关转变职能和作风做出了许多规定,要求行政机关转变职能,加强服务,加强行政指导,加强行政调解,努力化解社会矛盾。物业服务人员不是执法人员,没有国家强制力作为后盾,面对某些业主错误的甚至是违法违章的行为,首先要积极制止,妥善处理;其次要依靠行政机关的权威,求得问题的解决;最后要注意方式方法,切忌指手画脚,盛气凌人。要改变"以管为主"的观念,树立"业主为先"的理念,以服务为中心,让业主满意,让社会满意。

二是要加强学习和培训,注重知识更新。笔者由于工作的缘故,经常与物业服务人员打交道,不少人一问三不知,不知道某一堵墙是不是承重墙,不知道哪些行为归行政机关管辖,不知道相关法律法规是如何规范业主行为的,不知道物业服务合同的具体内容,等等。低下的执业素养必然导致服务水平的低下。加强学习和培训,是提升物业服务人员执业素养的必由之路。物业服务岗位,是需要终身学习的岗位,要引导、组织相关服务人员经常性的学习,并形成制度,系统学习建筑、房地产、消防安全、物业管理、绿化维护、人际交往、公关危机处理、法律法规等知识,并适时进行考核。只有这样,才能打造一支合格的物业服务人员队伍。

三是要培养物业服务人员良好的职业道德。一个成熟的物业管理人员,要做到对企业负责,对业主负责,对社会负责;要树立良好的自信心,要有团队精神;要有良好的市场意识和服务意识。一个成功的物业管理人员,要对企业的发展有相当的见解,并能使企业的知名度和信誉与日俱增;守信于业主,忠实于企业,诚信于社会,注重提高管理水平和服务质量,能倡导独有的企业文化,为企业的终极目标服务。

**二、树立浓厚的合同意识,熟练运用法律武器维护自身合法权益,维护小区的安宁与和谐**

众所周知,物业公司与业主的物业服务关系是合同关系。合同,是当事人之间的"法律",不论是开发商与物业公司签订的前期物业服务合同,还是业主委员会与物业公司签订的普通物业服务合同,均对全体业主有约束力。物业公司通过员工的日常工作来履行合同,物业公司应教育、引导物业服务人员充分树立合同意识,充分履行合同义务,享受合同权利。

面对少数业主违法或违反物业服务合同的行为,首先坚持说服教育,以情感人,以理服人,劝说、督促业主自行整改到位;说服教育无效的,应熟练运用法律武器,维护自身合法权益,维护小区的安宁与和谐。物业公司作为合同当事人,对小区业主违反物业服务合同约定的违约行为(如私搭乱建、违章装修、侵占公共空间、破坏绿化、拒交物业费等),依据合同约定和法律规定,享有当然的起诉权,而且实践中此类诉讼胜诉率奇高。

对此,《物权法》《物业管理条例》《江苏省物业管理条例》《最高人民法院关于审理建筑物区分所有权纠纷案件具体应用法律若干问题的解释》《关于审理物业服务纠纷案件具体应用法律若干问题的解释》也有非常明确的规定。

## ⑦⑤ 某业主因在电梯内被抢劫致损要求物业服务企业赔偿损失案

**【案例】** 某业主居住在小区一高层建筑内,某天该业主独自乘电梯上楼,在电梯内被一持刀歹徒抢劫,损失财物 6 000 余元,同时由于受到惊吓而入院治疗,花去医药费 3 000 余元。该业主认为物业公司管理不到位,放任坏人自由进出小区而使其遭受抢劫,因此要求物业公司赔偿其财产损失及精神损害费共计 3 万元。

**【分析】** 从业主的诉求看,业主实际上追究的是物业公司的民事侵权损害赔偿责任。众所周知,业主与物业公司之间是民事合同关系,但是如果在合同履行过程中一方的违约行为又具备了侵权行为的特征,则在违约人身上出现了违约责任和侵权责任并存的情况。相应地,被违约人也同时产生了违约责任与侵权责任两个请求权,这就是通常所说的违约责任与侵权责任的竞合。

类似上述案例中的情况,在市场经济中并不少见。只要存在合同关系,就有可能产生违约责任与侵权责任竞合的现象,在买卖、租赁、医疗、保管、运输等合同关系中此竞合现象更为常见。所谓违约责任与侵权责任竞合,是指合同当事人一方的违约行为同时又符合侵权要件,导致违约责任与侵权责任一并产生,违约责任的请求权与侵权责任的索赔请求权发生重叠,形成请求权的竞合。

责任竞合的根本原因在于,一个违约行为不仅侵害了债权人的预期合同利益,而且侵害了债权人的固有利益,典型的就是人身权和财产权。违约行为侵害债权人的预期合同利益,构成违约责任;违约行为侵害债权人的固有的人身和财产利益,构成侵权责任。请求权的选择对当事人尤其是受害人的利益有重大影响。当违约责任与侵权责任竞合时,经当事人自己比较,应选择对自己有利的请求权行使,诉请法院予以保护。在这方面,《合同法》第一百二十二条规定得非常明确:"因当事人一方的违约行为,侵害对方人身、财产权益的,受损害方有权选择依照本法要求其承担违约责任或者依照其他法律要求其承担侵权责任。"《物业管理条例》第三十六条第二款规定,"物业服务企业未能履行物业服务合同的约定,导致业主人身、财产安全受到损害的,应当依法承担相应的法律责任。"《江苏省物业管理条例》第四十七条第一款规定,"物业服务企业应当按照物业服务合同中关于安全防范的约定,落实安全防范措施,做好物业管理区域内的安全防范工作。物业服务企业未履行物业服务合同义务或者履行合同义务不符合约定,导致业主人身、财产受到损害的,应当依法承担相应的法律责任。"

在违约责任与侵权责任竞合的情况下,需注意两个问题,一是违约责任与侵权责任各自的成立要件以及发生竞合的各种情形,根据当事人的选择,依据违约责任或侵权责任处理。选择追究加害人的何种责任,对于受害人来说意义重大,因为侵权责任与违约责任的构成、责任形式、责任范围、诉讼时效、诉讼管辖、举证责任均有差异,受害人选择不同的责任形式会产生不同的法律后果。二是当事人不能同时以两个诉讼理由起诉,即当事人不能取得双倍赔偿。如果要求加害人进行双重赔偿,明显有失公平,加重了其不应有的负担。当事人的任何一个请求权满足后,另一个请求权自动消灭,但若当事人的其中一个请求权未能实现,仍可基于另一请求权提出诉讼。

如上所述,本案中,业主的要求显然属于追究物业公司的侵权损害赔偿责任。物业公司在此类案件中是否承担赔偿责任,关键还是要从民事侵权的四大构成要件方面进行分析。

(1)物业公司在履行保护业主人身和财产义务方面是否存在违约行为。一般来说,无论是前期物业服务合同还是普通物业服务合同,都会在合同中约定关于物业管理区域秩序维护的内容,相关部门出台的服务标准也有此类内容,但也仅仅限于秩序的一般维护,如配备专职公共秩序维护人员、每日巡逻、遇到突发事件及时报告警方、必要时采取正当防卫、协助保护现场和证据、涉及人身安全处设有明显标志并有防护措施等。

本案中,争议的焦点不在于物业公司是否负有赔偿责任,而在于物业公司到底存不存在违反安全防范义务的行为。一是物业公司是否未尽保安义务。如小区出入口保安制度及小区内安全巡逻形同虚设,保安离岗脱岗情况时有发生,特别是案发前后保安不在岗。二是小区内安全防范措施不到位,监控设备设施不齐全或者无法使用(监控设备设施应由开发商在交房前提供)。三是对进出小区的人员未尽注意义务,任何人可以自由出入小区。

(2)业主人身或财产客观上受到了损害。

(3)物业公司不履行或不完全履行安全保护义务与业主受害之间存在因果关系。

(4)物业公司主观上有过错。这种过错表现在方方面面,比如说内部规章制度不健全、内部工作人员管理不规范、工作人员没有认真履行岗位职责等。

此外,笔者认为,处理此类问题,还有两点需要注意:一是物业公司不是公安机关,保安不是警察,物业公司与业主之间就业主人身及其财产的安全保卫,只能限定在物业公司力所能及的范围内,而不能求全责备。二是在此类损害赔偿纠纷中,物业公司即便承担损害赔偿责任,也只是次要责任。毕竟,给业主带来直接侵害的歹徒才是主要的赔偿责任人。

## 76 评某楼盘业主列数物业"七宗罪"

【案例】 某楼盘业主列数小区物业公司"七宗罪",曝光小区物业管理存在的七大问题,并在小区内拉起了大横幅,要求物业公司在规定时间内进行整改,否则,"业主委员会筹备处"将"以无物业方式,通过公开招标更换物业公司",而该物业公司负责人一方面承认物业服务中确实存在"做得不到位"的地方,另一方面声称对此"不做任何回应",并质疑"业主委员会筹备处"的合法性。新浪、搜狐、搜房房地产网以及当地报纸、网络对此均有报道,也引起了市民的热议。

【分析】 笔者仔细看了相关报道,并亲自到现场随机询问了几位业主,基本弄清了双方争议所在。笔者认为,要妥善处理这场纠纷,双方除了应在相关单位主持下从该小区实际状况出发,心平气和地协商处理之外,还应弄清楚这场纠纷中蕴涵的几个法律问题。

**一、物业"七宗罪"——业主的七个要求是否有法律或合同依据?**

先来看看业主们所列举的物业公司存在的七大问题:一是广告牌占用小区绿

化,严重影响小区绿化效果;二是小区绿化草皮大面积枯萎;三是清洁卫生严重不到位;四是智能化装置(监控、音响、门禁等)无法使用;五是小区大量公共设施损坏;六是小区绿化带、公共车库、绿化停车位未经业主同意擅自安装设施;七是物业所有开支不透明。

还有业主认为,"小区草坪的草长高了没人割、枯了也没人管;生活垃圾不处理,散发出恶臭,还有卫生死角也从来不去清理;路灯、门禁、健身器材坏了很长时间也无人维修。

总结起来,业主们的要求有两大类,一是要求物业公司对小区内公共设备、公用设施等切实负起维修、养护、管理的责任;二是要求物业公司公布物业维修基金、物业费、停车费等费用开支明细。

(一)相关法律规定

(1)《物业管理条例》多项条款规定了物业公司的行为规范,《江苏省物业管理条例》及地方诸多规范性文件对于物业公司的日常服务内容与规范均有非常明确的规定。如《物业管理条例》第三十五条规定,"业主委员会应当与业主大会选聘的物业服务企业订立书面的物业服务合同。物业服务合同应当对物业管理事项、服务质量、服务费用、双方的权利义务、专项维修资金的管理与使用、物业管理用房、合同期限、违约责任等内容进行约定。"第三十六条规定,"物业服务企业应当按照物业服务合同的约定,提供相应的服务。物业服务企业未能履行物业服务合同的约定,导致业主人身、财产安全受到损害的,应当依法承担相应的法律责任。"第五十一条第二款规定,"……物业服务企业确需临时占用、挖掘道路、场地的,应当征得业主委员会的同意。"

(2)《最高人民法院关于审理建筑物区分所有权纠纷案件具体应用法律若干问题的解释》第十三条规定,"业主请求公布、查阅下列应当向业主公开的情况和资料的,人民法院应予支持:(一)建筑物及其附属设施的维修资金的筹集、使用情况;……(三)物业服务合同、共有部分的使用和收益情况;(四)建筑区划内规划用于停放汽车的车位、车库的处分情况;……"

(二)结论

如果案例中业主们列数的问题客观存在,那么物业公司未履行或未完全履行物业服务合同的违约行为也是客观存在的。业主的要求,既有法律依据,也有合同依据。

案例中那位物业负责人一方面承认有管理不到位的地方,另一方面又拒绝做任何回应的态度实不可取。

## 二、部分业主欲成立业主委员会罢免物业公司问题分析

据报道,该小区业主们群情激愤,部分业主欲成立业主委员会罢免物业公司。据了解,该物业公司系开发商通过招投标程序选聘的前期物业公司。笔者认为,罢免物业公司尽管是业主们的法定权利,但有其固有规范,业主们切不可意气用事。

**(一)业委会的成立和运行,既有实体规则又有程序规则**

业主委员会是新生事物,《物业管理条例》第二章对于业主委员会的组建、职能及其行事规则均做了框架性的规定。2009 年 12 月 1 日,住房和城乡建设部制定并发布了《关于印发〈业主大会和业主委员会指导规则〉的通知》(建房〔2009〕274 号),自 2010 年 1 月 1 日起施行。该规则对业主大会以及业主委员会的成立和运行,做了非常明确的规定。

本案中,如果业主要求召开业主大会、成立业主委员会,一定要在房管部门及乡、镇(街道)办事处的指导下依法行事。否则,大会产生的业主委员不仅不具有法律上的主体资格,其所有民事行为均归于无效。

**(二)业主委员会是否有权解聘前期物业公司?**

答案是否定的。

1. 相关规定

(1)《物权法》第七十六条规定,"下列事项由业主共同决定:……(四)选聘和解聘物业服务企业或者其他管理人;……""应当经专有部分占建筑物总面积过半数的业主且占总人数过半数的业主同意"。

(2)《物权法》第八十一条第二款规定,"对建设单位聘请的物业服务企业或者其他管理人,业主有权依法更换。"

(3)《物业管理条例》第二十六条规定,"前期物业服务合同可以约定期限;但是,期限未满、业主委员会与物业服务企业签订的物业服务合同生效的,前期物业服务合同终止。"

(4)《最高人民法院关于审理物业服务纠纷案件具体应用法律若干问题的解释》第八条第一款规定,"业主大会按照物权法第七十六条规定的程序作出解聘物业服务企业的决定后,业主委员会请求解除物业服务合同的,人民法院应予支持。"

2. 法条的理解与适用

(1)选聘和解聘物业服务企业或者其他管理人的权限在业主大会,业主委员会或者非全体业主不能擅自做主。

(2)业主有权依法更换建设单位聘请的物业服务企业或者其他管理人。对

此处"依法更换"的内涵应做正确理解,不能理解为单个的业主有权任意解聘前期物业服务企业,正确的做法如下:一是要通过召开业主大会并由大会做出选聘与解聘的决定,且"应当经专有部分占建筑物总面积过半数的业主且占总人数过半数的业主同意";二是由业主委员会与业主大会选聘的物业服务企业签订合同,然后才能产生更换的结果。

(3)业主委员会起诉请求解除物业服务合同,只能适用于普通物业服务合同,而无法解除前期物业服务合同,因为"前期物业服务合同期限未满、业主委员会与物业服务企业签订的物业服务合同生效的,前期物业服务合同终止",无须业主委员再行起诉要求解除。说到底,小区的事情业主们说了算。前期物业服务企业毕竟是开发商选聘的,虽然这种选聘的根本目的在于业主们拿房之后能及时享受到良好的物业服务。所以,《物业管理条例》规定了业主们"解聘"前期物业服务企业的方式——"新的不来旧的不去"。

同时,如果允许业主大会解除前期物业服务合同,那么,在业主大会尚未与其他物业公司签订(普通)物业服务合同的情况下,该物业区域必然会出现一个管理上的真空,最终的后果就是垃圾没人清、路灯没人修、车辆没人管、大门没人看,如此一来,受害的还是广大业主们。

## 77 小区出入口路障伤人,物业公司难辞其咎

【案例】 1994年建成交付使用的某老小区有南北两个大门,北大门毗邻一个货运市场。总是有不少货车司机为了避免因违停被电子警察抓拍,将货车停在北大门内的小区道路上,给小区居民的生活与出行带来了不便。为此,物业公司在北大门处安装了4根钢管桩,每根高度1.4 m,安装钢管之后这条道路仅能容摩托车、电动车和行人通过。随着时间的推移,其中一根钢管桩锈蚀断掉了,剩下的一截钢管仅高出地面10 cm左右。2012年8月的一天晚上,一中年男子管某到小区亲戚家串门,由于不熟悉路况,再加上灯光暗淡,其骑乘的摩托车被这个离地约10 cm的钢管桩绊倒。管某被摔出去好几米,门牙被磕掉两颗,手臂骨折,头部缝了6针,花去医药费8 700元。管某向物业公司索赔遭拒,物业公司拒绝的理由有两点:一是管某不是小区业主,二是管某受伤的原因在于他自己骑车不小心。

【分析】 现实中,特别是一些老小区,在某个次入口安装钢质路障的情况屡

见不鲜。笔者也确实经常看到这些钢管桩由于风吹雨打年久失修,或断裂,或歪斜,无人过问。笔者认为,上述案例中管某的受伤,物业公司难辞其咎。

## 一、相关法律规定

《民法通则》第一百二十五条明确规定,"在公共场所、道旁或者通道上挖坑、修缮安装地下设施等,没有设置明显标置和采取安全措施造成他人损害的,施工人应当承担民事责任。"《侵权责任法》第八十九条规定,"在公共道路上堆放、倾倒、遗撒妨碍通行的物品造成他人损害的,有关单位或者个人应当承担侵权责任。"《江苏省物业管理条例》第四十七条第一、二款规定,"物业服务企业应当按照物业服务合同中关于安全防范的约定,落实安全防范措施,做好物业管理区域内的安全防范工作。物业服务企业未履行物业服务合同义务或者履行合同义务不符合约定,导致业主人身、财产受到损害的,应当依法承担相应的法律责任。物业管理区域内发生安全事故等突发事件时,物业服务企业应当采取应急措施,及时向有关主管部门报告,并协助做好救助工作。"

从上述规定来看,物业公司作为钢质路障的设置人,在钢桩已经损坏的情况下,没有采取必要措施(如拔除、设置警示标志灯)消除隐患,直接导致管某途经此地时受伤,依法应当承担人身损害赔偿责任。

## 二、从合同的角度来说,物业公司负有管理公共设施的合同义务

无论是前期物业合同还是普通物业合同,合同条款均对物业公司承担小区公共设备、公用设施的维修养护义务进行了约定。本案中,物业公司明知道小区北大门钢质路障已经损坏,却没有采取任何补救措施,而是听之任之,这一方面是漠视小区业主的人身和财产合法权益,另一方面是一种违约行为。

本案中,物业公司拒绝赔偿的理由之一是管某不是小区业主,这种理由是不成立的。如上分析,不管管某是不是小区业主,物业公司的侵权行为是客观存在的,由此造成的管某人身和财产损害,物业公司应依法赔偿。如果管某是小区业主,物业公司就需要承担违约责任和侵权责任。我国《合同法》第一百二十二条规定,"因当事人一方的违约行为,侵害对方人身、财产权益的,受损害方有权选择依照本法要求其承担违约责任或者依照其他法律要求其承担侵权责任。"对这种违约责任和侵权责任产生竞合的情形,究竟追究对方何种责任,其选择权在受害方。本案中,如果管某是小区业主,毫无疑问,应选择追究物业公司的侵权责任。

## ⑦⑧ 小区门口拦道器伤人，"四六开"担责

【案例】 庞老先生退休后住在某小区，每天晚饭后到小区外的河边遛狗。该小区东西两个出入口均安装有拦道器，防止外来车辆进入。业主车辆进出由小区保安遥控拦道器栏杆起落，小区行人和非机动车从拦道器旁边进出。一天晚上，庞老先生像往常一样出门散步遛狗，由于宠物狗四处乱窜，他一不小心撞上了正在徐徐落下的拦道器而摔倒在地，造成大拇指和小腿腓骨骨折，花去医药费4000余元。他家人找到小区物业公司要求全额赔偿，理由是小区保安遥控拦道器时未尽注意观察之义务。

【分析】 据笔者观察，无论是新建住宅小区还是老小区整治，大多数都在小区进出口处安装了拦道器，防止外来车辆随意进出。一些大型商场、写字楼、学校和医院的停车场也有类似的拦阻设施。如果管理上稍有松懈，就会发生类似案例中的人身伤害事故。

本案中，综合案件事实情况，对于庞老先生的受伤，物业公司存在侵权行为。同时，庞老先生自己也未尽注意之义务，自身应该承担一部分责任。理由在于：

（1）物业公司怠于履行义务，侵犯了庞老先生的生命健康权。我国《民法通则》第一百一十九条规定，"侵害公民身体造成伤害的，应当赔偿医疗费、因误工减少的收入、残废者生活补助费等费用；造成死亡的，并应当支付丧葬费、死者生前扶养的人必要的生活费等费用。"《合同法》第一百二十二条规定，"因当事人一方的违约行为，侵害对方人身、财产权益的，受损害方有权选择依照本法要求其承担违约责任或者依照其他法律要求其承担侵权责任。"

本案中，物业公司保安人员在遥控拦道器栏杆起落时应尽谨慎注意之义务，确保不伤害他人，发现危险时应及时采取合理措施加以避免。物业公司保安由于疏忽大意，致使庞老先生受到人身伤害；物业公司履行物业服务合同有瑕疵，应承担违约责任。庞老先生受到人身损害，物业公司到底是承担违约责任还是侵权责任，庞老先生依法享有选择权。

（2）庞老先生本人亦应自行承担部分责任。庞老先生作为成年人，应对自身安全尽到最大的注意义务，在小区大门口等车辆和行人较为集中的地方，应注意观察，尽量保证自己的安全。从案例事实情况来看，案发时，正好有车辆驶出小区，庞老先生明知车辆驶出后拦道器栏杆即会放下，路过此处时应谨慎行走，但他

却疏忽大意了,加之无巧不成书他的宠物狗四处乱窜也让他分散了注意力。当然,宠物狗的捣乱所带来的损害更应由庞老先生自己承担。

最终,在社区和管段民警的调解之下,双方达成了调解协议,物业公司承担了60%的赔偿责任。

在此,笔者提醒物业公司以及对各类拦道器负有管理责任的单位,应切实加强内部管理,进一步增强相关工作人员的责任心,杜绝此类伤人事件的发生。

## （79）小区内运动器材损坏,谁来承担维修责任?

【案例】 笔者在工作中时常看到小区运动器材多有损坏,有的缺胳膊断腿,有的锈迹斑斑,存在极大的安全隐患。对此,小区居民多有微词,而物业公司与社区似乎谁都有足够的理由拒绝承担维修责任。那么,小区运动器材的维修责任到底该由谁来承担?

【分析】 按照国家技术监督局、建设部联合发布的《城市居住区规划设计规范》(GB50180－93)和原城乡建设部、国家体委1986年颁布的《城市公共体育运动设施用地定额指标暂行规定》〔(86)体计基字559号〕的规定,"新建居住区、小区,必须规划、建设好社区体育设施。"毋庸置疑,小区内损坏的运动器材都应该给予维修,那么,维修责任主体是谁? 维修经费从何而来? 就这两个问题笔者做如下分析。

(1) 小区运动器材在保修期限内,由生产商承担维修责任;造成人身伤害的,视情况由生产商或经销商承担损害赔偿责任。

开发商按照规定设置运动器材等社区体育设施,在小区交付使用之后,这些体育设施将作为业主共用的设施设备,其所有权也相应属于全体业主,开发商不再承担维修责任。

一般来说,生产商对运动器材均承诺了保修期,在保修期内,依据《中华人民共和国产品质量法》的规定,当然应该由生产商对其生产的运动器材承担维修责任,并全额承担相应的费用。此时,生产商承担的责任不限于维修,还应包括更换与退货。如果是因为小区居民使用不当而致损坏的,实行收费修理。

如果因运动器材产品缺陷而致人损害的,可以向销售者要求赔偿,也可以向生产者要求赔偿。属于生产者责任的,销售者赔偿后,有权向生产者追偿。属于销售者责任的,生产者赔偿后,有权向销售者追偿。

（2）小区运动器材过了保修期限,由物业公司承担维修责任,维修经费在住宅专项维修资金中列支。

《住宅专项维修资金管理办法》（建设部令第 165 号）第二条第二款规定,"住宅专项维修资金,是指专项用于住宅共用部位、共用设施设备保修期满后的维修和更新、改造的资金。"第三条第二款规定,"共用设施设备,是指根据法律、法规和房屋买卖合同,由住宅业主或者住宅业主及有关非住宅业主共有的附属设施设备,一般包括电梯、天线、照明、消防设施、绿地、道路、路灯、沟渠、池、井、非经营性车场车库、公益性文体设施和共用设施设备使用的房屋等。"第九条第一款规定,"业主交存的住宅专项维修资金属于业主所有。"

根据上述规定,小区内各类运动器材无疑属于小区全体业主的共用设施设备。在这些设施设备过了保修期限之后,物业公司应该承担起维修责任,由此产生的费用应该遵循"谁受益谁维护"的原则,从住宅专项维修资金中列支。当然,物业公司也可以牵头组织由生产商进行有偿维修。

在住宅小区之外的区域设置的各类运动器材,往往是捐赠性质的。在这种情况下,受赠者或管理单位承担维修责任。

## 80 住宅小区棋牌室扰民,物业公司应如何处理?

【案例】 有网友在一个网站的"百姓心声"栏目中抱怨其所居住小区内的棋牌室扰民,"严重影响周围居民休息。最近天气热,又有人打麻将,大声喧哗。这种现象已经持续好几年了。物业只知道收物业费,每次向物业反映,物业总是回答:没有能力处理。"该网友表示将"以此为由拒交物业费"。

【分析】 小区棋牌室噪声扰民的现象屡见不鲜。类似的还有小区内的钣金店,那种刺耳的噪声真的是让人心烦意乱。那么,这些现象该由谁过问? 业主以此拒交物业费,是否有法律依据? 笔者不揣陋见,试着做些分析。

**一、业主以此拒交物业费,依据不足**

笔者在本书多个案例中提到过,民事主体之间的权利和义务的来源依据,一是法律法规,二是合同约定。业主与物业公司之间的权利义务的来源也不例外,业主是否有权拒交物业费,要看拒交的事由是否是法律明确规定或者是物业服务合同约定的,以及是否属于业主公约的内容规定。管理规约及物业公司是否有类似的对外承诺,都是判断业主是否能够以此为由拒交物业费的根据。

再者,拒交物业费的行为,从合同法的角度来说,属于当事人行使抗辩权。从承担交费义务的时间节点来看,无论是行使先履行抗辩权还是不安抗辩权,均须以物业公司未履行抑或未完全履行合同义务或丧失履行义务能力等情形作为前提条件。但从物业费诉讼实践来看,业主举证困难。对于物业公司来说,只要其按照法律规定或合同的约定履行了义务,业主就应履行交费的义务。对于诸如棋牌室噪音扰民之类的行为,只要物业公司制止过或制止不住向相关职能部门报告过,物业公司就可以免责。

一般来说,由于此类行为的存在,业主拒交物业费,依据不足。

**二、处理"住改商"问题,有法可依**

1. 利害关系人可以对"住改商"业主提起民事侵权诉讼

小区棋牌室、钣金店等场所如果属于"住改商",即业主将住宅改为经营性用房,受害业主应如何维权,本书案例 69 中已有论述。简单地说,"住改商"行为违反了《物权法》第七十七条"业主不得违反法律、法规以及管理规约,将住宅改变为经营性用房。业主将住宅改变为经营性用房的,除遵守法律、法规以及管理规约外,应当经有利害关系的业主同意"的规定,是一种违法行为。小区棋牌室、钣金店等营业场所噪声扰民行为,是典型的民事侵权行为,受害人可以依据《最高人民法院关于审理建筑物区分所有权适用法律若干问题的解释》第十条的规定提起民事侵权诉讼,即"业主将住宅改变为经营性用房,未按照物权法第七十七条的规定经有利害关系的业主同意,有利害关系的业主请求排除妨害、消除危险、恢复原状或者赔偿损失的,人民法院应予支持。将住宅改变为经营性用房的业主以多数有利害关系的业主同意其行为进行抗辩的,人民法院不予支持。"

2. 物业公司可以对"住改商"业主提起民事违约诉讼

物业公司可以依据物业服务合同以及管理规约等的约定,以"住改商"业主的名义提起民事违约诉讼。

3. 依靠行政机关的权威,查处"住改商"违法行为

(1)《江苏省城乡规划条例》第五十条第二款规定,"业主不得违反法律、法规以及管理规约,擅自将住宅改变为经营性用房。确需改变的,应当满足建筑安全、居住环境、景观、交通、邻里等方面的要求,征得利害关系人同意,报经城乡规划主管部门批准,到房屋产权登记机关办理相关变更手续;涉及改变土地用途的,应当依法办理审批手续。"

(2)小区棋牌室、钣金店等营业场所属于无照经营的,工商部门应介入查处。

（3）小区棋牌室、铝合金加工店等场所产生的噪音属于社会生活噪音扰民行为，按照《中华人民共和国环境噪声污染防治法》的规定，公安部门应介入查处。

## 81 业主家中进水，损失该由谁承担？

【案例】　潘女士家住扬州市文昌中路某小区内一栋小高层住宅楼一楼。拿到新房装修之后，潘女士便长期外出，该房空置。某一天，该小区物业公司物管员在巡查时突然发现潘女士家中漫水，水顺着楼梯漫溢到底楼车库中。于是，物业公司赶紧电话通知潘女士，并在征得潘女士同意的情况下，在社区、警察的见证下，打开其家门，进行了必要的检查和处置。一周后，潘女士回到家里一看：地面积水达 5 cm，木地板及家具均浸泡在水中。在物业公司的大力帮助下，虽及时排除了积水，但损失却是惨重的。经查看，水是从厨房洗槽内漫溢出来的。于是，潘女士一纸诉状将该楼盘的施工单位告上法院，但法院未予受理。她又将开发商告上法院，称开发商建筑质量有问题并要求开发商赔偿损失。然而，此次诉讼的结果是驳回起诉。潘女士在愤愤不平的同时，转而向房管部门投诉物业公司，称由于物业公司管道疏通不及时、管理不到位才造成如此严重的后果。

【分析】　笔者亲自接待了潘女士，耐心听她诉说，并与该项目的物业负责人进行了联系。经过多方调查了解，笔者认为，法院的判决是正确的，原因是她告错了对象。

有道是，打官司就是打证据。潘女士诉称施工单位偷工减料、建筑质量有问题，殊不知，她与施工单位之间没有任何法律关系。她诉称开发商建筑质量有问题，然而在庭审过程中向法庭提交的证据只是房产证、土地证、身份证，以及家中遭受损失的一系列照片，没有任何证据证明"开发商建筑质量有问题"。相反，开发商拿出了一系列有效证据证明该栋楼从设计到施工以及交付使用，不存在任何建筑质量问题。因此，潘女士承担败诉的后果是必然的。后据了解，该小区楼宇厨房下水管径偏小，但是符合住宅建筑设计的强制性标准。

潘女士败诉之后没有继续上诉，转而选择向房管部门投诉物业公司。但据了解，物业公司是按照相应的物业管理标准进行物业管理的。该公司在管理中也发现该小区楼宇厨房下水管径偏小，时常发生管道堵塞现象，于是改每半年疏通一次为每两个月疏通一次；在发现潘女士家中漫水之后，一方面及时通知她回家处理，另一方面在其厨房下水管道延伸至底楼车库层大厅上方处开了个出水口，以便尽快排水和方便疏通；并在潘女士回家之后，及时安排人手协助其将家中污水排出。

此外，据潘女士反映，在疏通厨房下水管道时，发现不少已凝结硬化的剩菜剩饭、混凝土碎块、饭菜残渣，甚至还有一只丝袜。

笔者认为，潘女士状告施工单位而法院未予受理，其原因在于她与施工单位之间没有任何法律关系。状告开发商败诉的原因在于其举证不能，而且在客观上开发商也没有违反相关建筑施工规范；投诉物业公司，又无证据表明物业公司没有履行物业管理义务。从疏通管道掏出的污物情况看，潘女士楼上邻居的不当使用应该是造成其厨房下水管道堵塞的唯一原因。因此，笔者建议其按照《中华人民共和国侵权责任法》的规定，以其楼上所有共用同一根厨房下水管道的邻居为被告提起诉讼，请求法院判令其承担侵权损害赔偿责任，或者将开发商、物业公司及其楼上邻居一并告到法院，由法院依法裁决。据了解，此案最终以调解的方式结案，由楼上所有邻居共同分担了潘某的实际损失。

在此，笔者建议广大业主：此类纠纷和损失产生以后，应秉持"以事实为依据，以法律为准绳"的原则，积极与各方进行磋商协调，不到万不得已不要贸然诉诸法律。原因在于，业主认定的事实未必是法律事实，想要的结果未必能被法律确认；诉讼需要耗费相当的人力、物力和财力，费心劳神，身心俱疲。平心而论，中国社会是个人情社会，如果因为一场诉讼几方之间伤了感情、伤了和气，得不偿失。毕竟，解决矛盾和纠纷的手段多种多样，司法救济是最后的救济手段。

---

## (82) 业主委员会起诉物业服务企业要求解除物业服务合同，物业服务企业可以反诉提出支付物业费的请求吗？

【案例】 某业主委员会起诉物业公司要求解除物业服务合同，该案在审理过程中，物业公司提起反诉，要求法院判令业主委员会支付历年来业主拖欠的物业费。物业公司的反诉成立吗？

【分析】 实践中，当业主或业主委员会与物业公司之间矛盾激化后，业主或业主委员会往往倾向于用解聘物业公司的方法解决问题，从而一了百了。而物业公司则强硬对抗，认为物业服务合同未到期业主无权单方面决定解除合同而拒绝退出物业服务区域,更何况还有业主欠着物业费。

笔者认为,案例中物业公司的反诉不成立,应另案起诉。如何正确认识和解决类似纠纷,笔者做如下分析。

**一、业主委员会起诉物业公司要求解除物业服务合同时需要注意的问题**

《物权法》第七十六条规定,"选聘和解聘物业服务企业或者其他管理人","应当经专有部分占建筑物总面积过半数的业主且占总人数过半数的业主同意"。《最高人民法院关于审理物业服务纠纷案件具体应用法律若干问题的解释》第八条规定,"业主大会按照物权法第七十六条规定的程序作出解聘物业服务企业的决定后,业主委员会请求解除物业服务合同的,人民法院应予支持。"

**(一)业主委员会要解除物业服务合同,必须通过向人民法院起诉才能实现**

根据我国《合同法》相关规定,合同的解除有两种方式,一是约定解除,二是法定解除。而上述法律和司法解释中赋予业主委员会解除物业服务合同的诉权,没有明确需要哪些具体的事实理由,而仅仅是一种诉权的赋予。所以,业主委员会要解除物业服务合同,必须向人民法院起诉才能实现。

**(二)只有业主委员会可以请求解除物业服务合同,单个业主并不享有此项权利**

根据法律和司法解释规定,解除物业服务合同的原告只能是业主委员会,业主并不享有此项权利。如果未设立业主委员会,则依据《物权法》第七十六条的规定,由全体业主共同请求。这是因为,物业服务公司依据物业服务合同提供的是面向全体业主的公共服务,物业服务合同的解除涉及全体业主的共同利益,理应由全体业主依法做出决定,由业主委员会依据业主大会的决定具体执行。

这里需要特别指出的是,一是业主大会的决定要依法做出;二是业主委员会的起诉要以业主大会的决定为依据,切不可自作主张。

**(三)此类诉讼只能针对普通物业服务合同**

《物业管理条例》第二十六条规定,"前期物业服务合同可以约定期限;但是,期限未满、业主委员会与物业服务企业签订的物业服务合同生效的,前期物业服务合同终止。"由此可见,如果某物业区域内物业服务企业是开发商前期选聘的,如果业主大会认为需要解除合同,只要业主大会做出选聘物业服务公司的决定,并且业主委员会与物业服务企业签订的物业服务合同生效的,前期物业服务合同则当然终止,而不需要另行起诉解除前提物业服务合同。所以,业主委员会起诉要求解除物业服务合同,只能针对普通物业服务合同。

**二、物业服务企业可否单方面解除物业服务合同?**

无论是《物权法》《物业管理条例》,还是《最高人民法院关于审理物业服务纠纷案件具体应用法律若干问题的解释》,均未规定物业服务企业是否可单方面解除合物业服务合同。但是在实践中,物业公司不堪重负而撂挑子走人的案例还是时有发生。那么,在物业公司不堪重负的情况下能否单方面解除合同?

笔者认为,合同得以全面正确履行要以双方当事人的相互信任和相互配合为基础。如果物业服务企业要求解除合同,说明这种基础已不存在,应该支持物业服务企业的要求。

对此问题,江苏省高级人民法院也做出了相应规定,《江苏省高级人民法院关于审理物业服务合同纠纷案件若干问题的意见》(苏高法审委〔2009〕36号)第七条规定,"物业服务人以业主未给付物业服务费用为由,拒绝履行物业服务合同的,人民法院不予支持。但业主拖欠物业服务费用造成物业服务人不能正常运营的除外。"至于此处的"业主拖欠物业服务费用造成物业服务人不能正常运营的"如何认定,笔者认为,其评判标准以物业公司开始亏损作为认定标准。

当然,合同解除后,物业服务企业还有两大法定义务:移交物业用房和相关资料,以及做好交接工作。

**三、此类诉讼中如果存在拖欠物业费的情况,被告可以反诉吗?**

笔者认为,不可以反诉,而应另行起诉。

(1)业主委员会是一个特殊的诉讼主体,目的是为维护全体业主的利益,业主委员会具有诉讼主体资格。但是,业主委员会本身不具有对外承担民事责任的责任财产,因而不具有相应的民事责任能力。

(2)业主委员会是物业服务合同的一方当事人,但不是合同中物业费的交费义务人,因此,反诉被告不适合。依据《物业管理条例》第六十七条的规定,"违反物业服务合同约定,业主逾期不交纳物业服务费用的,业主委员会应当督促其限期交纳;逾期仍不交纳的,物业服务企业可以向人民法院起诉。"业主委员会在物业费纠纷中承担的仅仅是督促的义务,而不是交费的义务。

(3)根据《最高人民法院关于审理物业服务纠纷案件具体应用法律若干问题的解释》第八条第二款的规定,"物业服务企业向业主委员会提出物业费主张的,人民法院应当告知其向拖欠物业费的业主另行主张权利。"

## 83 建筑物顶楼违建究竟由谁管？

【案例】 近日，某媒体连续曝光了某小区二十几户顶楼业主违章搭建问题。该业主振振有词，说售楼时跟"开发商说好的"。区城管部门说该违章搭建归房管部门查处，区房管部门说对此无执法权。栏目主持人言之凿凿，评说有关部门推诿扯皮。

【分析】 笔者作为一个法律爱好者，查阅了本案中相关法律法规和文件，得出了自己的结论，在此不揣陋见，发表点看法，力求以正视听。

实践中，有相当多的行政违法行为，不光是对正常行政管理秩序的破坏，而且还对公共利益或其他社会成员的个体利益造成了侵害。如违法排污造成水产养殖户损失重大，违章搭建侵害邻里利益影响房屋安全，淫秽音像制品损害青少年身心健康、引诱违法犯罪等，如果这些违法行为得不到及时查处，其社会危害性显而易见。上述案例中，小区顶楼业主违章搭建，不仅扰乱了城市规划行政管理秩序，更侵害了全体业主的居住安全权，不利于物业的保值增值，五花八门的违章搭建也对小区整体的文明、安宁、和谐造成了极大的破坏。那么，顶楼业主违章搭建行为到底归谁管辖？是否属于有关部门相互之间推诿扯皮呢？依据相关法律法规和行政法基础理论，对案例中有关人员的说法，笔者实在是不敢苟同。

### 一、行政机关职权法定

行政法基础理论告诉我们，行政机关职权法定。所谓职权法定，是指行政机关及其工作人员的行政权力必须有法律的明确授权，不能自行设定。行政机关要做到依法行政，首先必须有法律明确授予的行政职权，必须在法律规定的职权范围内活动。非经法律授权，行政机关不能做出行政管理行为；超出法律授权范围，行政机关也不享有对有关事务的管理权，否则都属于行政违法。学界通说认为，行政权与民事权利的最大区别就在于，行政权是"法无明文规定不可为"，民事权利是"法不禁止则可为"。

行政执法领域，行政机关之间职能交叉，对某些事项共同拥有行政管辖权的情形并不少见，如文化部门和广电部门对音像制品的管理，工商行政管理和质量技术监督部门对于产品质量的管理，城乡建设部门、规划部门、城管部门以及房管关于装饰装修、违章搭建的查处，等等。应该说，这些问题在我国行政法治化进程中已经逐步得到了解决，有的是国务院发文进行了明确，有的是依据《中华人民共和国行政处罚法》的相关规定进行了行政处罚权的相对集中。然而,行政执法实践中,不同执法部门之间就某些执法事项出现所谓相互推诿扯皮的现象仍然时有发生。在笔者看来,之所以产生这种现象,其原因不外乎两个:一是有关部门执法人员学法不精,对本部门职责和岗位职责不甚清楚,糊里糊涂,有利就争,无利就推;二是有些违法行为查处难度、执行难度极大,畏难情绪决定了他们能推则推,能不管就不管。推诿,其含义是推卸责任;扯皮,其含义是毫无必要地争论。就案例中曝光的情节来看,房管部门不存在推诿扯皮的行为,其原因就在于关于违章搭建行为的管辖权,法律和国务院文件早已明确规定。

**二、相关法律和文件规定**

(1)《中华人民共和国城乡规划法》(中华人民共和国主席令第七十四号)第十一条第二款规定,"县级以上地方人民政府城乡规划主管部门负责本行政区域内的城乡规划管理工作。"

(2)《中华人民共和国行政处罚法》第十六条规定,"国务院或者经国务院授权的省、自治区、直辖市人民政府可以决定一个行政机关行使有关行政机关的行政处罚权,但限制人身自由的行政处罚权只能由公安机关行使。"

(3)《国务院关于进一步推进相对集中行政处罚权工作的决定》(国发〔2002〕17号)规定,"实行相对集中行政处罚权的领域,是多头执法、职责交叉、重复处罚、执法扰民等问题比较突出,严重影响执法效率和政府形象的领域,目前主要是城市管理领域。根据试点工作的经验,省、自治区、直辖市人民政府在城市管理领域可以集中行政处罚权的范围,主要包括:……城市规划管理方面法律、法规、规章规定的全部或者部分行政处罚权。"

(4)扬州市城管部门官方网站上清楚显示了城管部门的职能之一是"行使城市规划管理方面的法律、法规、规章规定的行政处罚权"(具体内容见扬府办发〔2010〕157号)。经进一步了解,扬州市城管部门和规划部门关于城市规划管理方面的行政处罚权还有进一步的细分,即不按照"建设工程规划许可证"的内容进行建设的行为由规划部门查处,未领取"建设工程规划许可证"的违章搭建行为由城管部门查处。

经查询相关规划部门官网得知,扬州市城市规划区范围包括扬州市区行政辖区全部地域及仪征市新集、刘集、朴席三镇行政区域,面积共 1 134 km$^2$。

从上述法律和相关文件规定可以看出,在扬州市城市规划区范围内,只要有违章搭建的行为,不论是建筑物还是构筑物,不论是在室外还是在大楼内部,不论该违建是侵占了公共空间还是侵犯了邻里居住安全或是产生了其他危害结果,均应由城管部门依法查处。

业主和物业使用人对侵害自己合法权益的行为,可以依法向人民法院提起诉讼;业主委员会对侵害业主共同利益的行为,可以依法向人民法院提起诉讼。

此外,根据《物权法》《江苏省物业管理条例》的相关规定,物业服务企业对业主违反物业服务合同约定的行为或者其他妨碍物业服务的行为,有权向人民法院提起民事诉讼;业主和物业使用人对侵害自己合法权益的行为,业主委员会对侵害业主共同利益的行为,均可以依法向人民法院提起诉讼。

## 84 侵占公共部位的违章建筑拆了一半,原因何在?

### ——建筑物区分所有权或相邻权之诉,应慎重选择

【案例】 董某与戴某是上下楼邻居关系。某小区 3 栋是错层式建筑,该栋 704 室房屋系董某所有,603 室房屋系戴某所有。该楼 5 楼顶部平台被戴某占用建了一间房,建筑面积为 28 m$^2$,该违章搭建的屋顶位于董某房屋客厅及厨房窗下 70 cm 处。董某认为该搭建物的顶部距离其房屋窗口过近,不法之徒如果借助该搭建物顶部可以轻易进入他的家中,威胁其居住安全。董某找戴某协商过多次,但双方并未就如何解决这一纠纷达成一致意见。董某为此诉诸法院,要求排除妨碍,拆除违章建筑。法院认为,不动产的相邻各方,应当按照有利生产、方便生活的原则,正确处理相邻关系,在行使自己权利的同时,应该避免损害相邻其他方的利益,给相邻方人身和财产带来危害和危险因素的,应予以排除。戴某的部分违章搭建,对董某居住安全造成妨碍,判决戴某拆除位于原告客厅、厨房窗下的搭建部分,恢复原状。董某认为法院判决不公:既然是侵权性的违章搭建,为何只拆一半?

【分析】 对于上述案例中的违章搭建行为,受害人可以有几种救济途径:一是向有关行政机关投诉举报,请求查处;二是请物业公司提起违约诉讼,请求法院判令拆除,恢复原状;三是提起民事侵权诉讼,但是诉讼请求和所依据的法律规定大有讲究,应仔细研究。

对于本案判决结果,原告董某愤愤不平,认为法院判决不公。笔者认为,法院的判决是正确的。被告之违章搭建没有被判决全部拆除,原因就在于原告的诉讼请求是排除妨碍,是相邻权之诉,而不是恢复 5 楼平台原状的物权之诉。

实践中,不少业主对于建筑物区分所有权和相邻权之间的区别不甚清楚,笔者在此对这两个概念做扼要辨析:

《物权法》第七十条规定,"业主对建筑物内的住宅、经营性用房等专有部分享有所有权,对专有部分以外的共有部分享有共有和共同管理的权利"。即建筑物区分所有权是由专有权、共有权以及共同管理权(学界也有成员权之说)相结合而构成的一种所有权。而相邻权指不动产的所有人或使用人在处理相邻关系时所享有的权利。具体来说,在相互毗邻的不动产的所有人或者使用人之间,任何一方为了合理行使其所有权或使用权,享有要求其他相邻方提供便利或是接受一定限制的权利。相邻权实质上是对所有权的限制和延伸。两者之间的区别如下:

(1)性质不同。建筑物区分所有权是物权的一种,是由专有权、共有权以及共同管理权相结合而成的复合物权。相邻权并不是一种独立的物权,其本质是相邻不动产所有权或者使用权的适当扩展或限制,是所有权的延伸。

(2)主体不同。建筑物区分所有权的主体必须是所有权人,取得专有部分的所有权即可成为建筑物区分所有权人。相邻关系的主体则是相互毗邻的不动产的所有人或使用人,此处并不限于所有权人。

(3)客体不同。建筑物区分所有权的客体指的是区分建筑物的专有部分和共有部分。相邻关系的客体一般是指相邻各方行使不动产所有权行为,强调的是所有权人或使用人可要求邻人提供方便,正当行使自己的所有权权益,同时又要为邻人提供方便,接受必要的限制。换句话说,相邻权之诉的目的是"与人方便,与己方便"。

(4)内容不同。建筑物区分所有权的内容包括专有部分的权利义务,基于共有部分而形成的权利义务,以及依共同管理权而享有的权利和承担的义务。相邻关系内容包括相邻一方有权要求相邻另一方提供必要的便利、在他方要求提供必要便利时限制己方权利的行使。

(5)目的不同。建筑物区分所有权制度主要解决的是所有权的行使与保护问题,而相邻关系主要调整的是所有权的延伸和限制问题。

由于建筑物区分所有权人对建筑物的共有部位享有共有权,当某区分所有人对共有部位的不当使用而妨碍到其他区分所有权人的合法权益时,其他区分所有权人既可以基于对共有部位的共有权也可以基于相邻关系对不当使用共有部位的区分所有人提出排除妨碍的请求。相较而言,基于共有部位的共有权提出的请求权为物的请求权,即物权人对物的支配因受到他人妨碍而出现缺陷时,为恢复其对物的圆满支配状态而产生的请求权。该请求权行使的条件为:已构成现实的妨碍;妨碍须是干预、影响了自己正常行使权利且形成妨碍的行为须是违法或无正当理由。反之,若基于相邻关系行使排除妨碍请求权,其条件为相邻的所有人或使用人的使用给其他共有人或共有人的使用造成了妨碍。

从上述分析可以看出,物的请求权以恢复物权的正常行使为目的,而相邻关系是对权利的限制或扩张。于是,两种权利产生了民法理论上所认为的权利竞合。在这种情况下,具体选择建筑物区分所有权之诉或相邻权之诉,其选择权在于原告。本案中,原告董某以违章建筑威胁其居住安全为由选择了相邻权之诉,那么,法院经过审理之后支持其诉讼请求拆除妨碍其居住安全的部分的判决无疑是正确的。董某的愤愤不平和不理解,源于自己对建筑物区分所有权和相邻权两者之间的区别和相关法律适用不甚清楚。如果他选择建筑物区分所有权之诉,也就是说,以戴某侵犯了公共部位所有权和共同管理权为由起诉,那么,戴某的违章建筑就被连根拆除了。

## (85) 小区里可以发布广告吗?

某市政府出台了物业管理办法,在这份规范性文件中,对于物业管理用房租赁经营以及利用业主共有部分、共用设施从事广告等经营性活动进行了规范,既有实体性又有程序性规范。有市民向电视台《我爱我家》栏目组反映本小区的广告经营不公开不透明,物业公司难辞其咎。对此,笔者接受栏目组的邀请做了一期嘉宾访谈节目,主题就是小区广告经营问题。节目对话实录如下:

主持人:蔡老师,从业主的反映以及我们记者的采访内容来看,小区业主们似乎对于小区广告意见还不小呢。

蔡 剑:看起来是的,但是我觉得这个话题很有意义。一方面,这是个很严肃的法律问题;另一方面,这又是当前物业服务行业回避不了的一个需要规范的问题。

主持人:是的,我感觉也是,在我们以往的节目中也曾涉及这个话题。从实际情况来看,几乎所有的房地产项目都有这个问题。从广告载体看,小区大堂、电梯、路灯杆、灯箱、专门设置的 LED 显示屏、空飘、气球等。从内容来看,五花八门,如各类教学培训、整容整形医院、房屋买卖与租赁、各类招聘、开锁公司等。此外,还有一些公益广告。

蔡　剑:是的,你的分析与总结还真是比较全面。在我看来,小区广告现象很正常,一方面这是市场经济的产物,另一方面小区广告从一定程度上也确实对我们的生活带来了一定的便利。

主持人:嗯,您说的这些我也是感同身受。但是为什么好像有一些负面的甚至是反对的声音呢?

蔡　剑:我想,这主要是两个方面的问题:一方面,小区广告的设置与发布要遵循一定的程序和规范;另一方面,小区业主对于诸如小区广告经营情况有知情权。从业主包括业委会的反映来看,物业公司似乎在这两方面都做得不到位。

主持人:那么,小区广告的设置与发布,相关法律法规是怎么样规定的呢?

蔡　剑:要回答你这个问题,首先要回到《物权法》的立法目的上来。之所以这么说,是基于两个考虑,一个是小区广告载体与空间,几乎无一例外都是全体业主共有的公共设施或公共空间。无论是电梯、路灯还是相关场地,均属于全体业主共同共有,因此到底怎么用,其决定权在于全体业主。在我们之前的节目中好多次涉及这个话题,想必广大市民朋友都已经清楚了这个规定。二是《物权法》第一条开宗明义告诉我们,这部法律的立法目的或者宗旨,第一就是明确物的归属,第二就是发挥物的效用,从而保护权利人的物权。也就是学界通常所说的"定纷止争,物尽其用"。简单地说,物权法的主要功能在于两个,一是解决物的归属问题,二是本着物尽其用的原则将这些财富的价值最大化。

主持人:嗯,我明白您的意思。您是不是认为小区广告本身可以做,但是要有个规矩?

蔡　剑:你的总结很精辟,确实是。

主持人:您说的这个规矩是什么呢?

蔡　剑:一是从国家层面来说,《物业管理条例》第五十五条规定,"利用物业共用部位、共用设施设备进行经营的,应当在征得相关业主、业主大会、物业服务企业的同意后,按照规定办理有关手续。业主所得收益应当主要用于补充专项维修资金,也可以按照业主大会的决定使用。"二是《江苏省物业管理条例》第六十五条规定,利用业主共有部分、共用设施从事广告等经营性活动的,还应当经有利害关系的业主同意。收益按照业主大会或者业主大会授权的业主委员会决定、物业服务合同约定使用;没有决定或者约定的,所得收益的百分之七十纳入住宅专项维修资金,其余部分可以用于补贴物业服务费。

主持人:我明白了,这也是我们以往节目中好多次提到的,小区的事情归根到底还是业主们说了算。

蔡　剑:是的。但是"业主们说了算"本身也要按照法律的规定来,而不能是众说纷纭,各是各的意见。

主持人:这怎么讲呢?

蔡　剑:是这样的。小区的事情业主们说了算是大前提,也是法律规定。但是,实践中如何操作,有法可依。《物业管理条例》第十一条规定了由业主共同决定的七大事项,"(一)制定和修改业主大会议事规则;(二)制定和修改管理规约;(三)选举业主委员会或者更换业主委员会成员;(四)选聘和解聘物业服务企业;(五)筹集和使用专项维修资金;(六)改建、重建建筑物及其附属设施;(七)有关共有和共同管理权利的其他重大事项。"第十二条第三款同时规定,"业主大会决定本条例第十一条第(五)项和第(六)项规定的事项,应当经专有部分占建筑物总面积2/3以上的业主且占总人数2/3以上的业主同意;决定本条例第十一条规定的其他事项,应当经专有部分占建筑物总面积过半数的业主且占总人数过半数的业主同意。"

主持人:也就是说,利用业主们共有的公共设备设施、道路场地进行经营的,一是要业主们同意,最起码是"双过半"的方式,二是收支要公开透明,支出的方向也很明确,要么按照合同或业主大会的决定,要么就是按照规定大部分用来补充维修资金,少部分用来弥补物业费收取的不足。

蔡　剑:看样子,主持人也成专家了,总结得非常好!

主持人:谢谢! 说到这里,您刚刚提到的知情权,似乎就很好理解了。

蔡　剑:是的。《最高人民法院关于审理建筑物区分所有权纠纷案件具体应用法律若干问题的解释》第十三条明确了业主的五大知情权,其中一条就是"物业服务合同、共有部分的使用和收益情况"。《江苏省物业管理条例》第六十五条第二款也规定,"……利用业主共有部分、共用设施从事广告等经营性活动的,物业服务企业应当提请业主大会或者业主大会授权的业主委员会决定后,依法办理有关手续并公示。……"

主持人:是的,一切公开化,一切按照规矩来,广大的业主们恐怕也没那么多的误会甚至是怨气了。

蔡　剑:确实! 近年来我们一直在讲阳光是最好的防腐剂,要把权力关进制度的笼子里,这当然是对国家党政机关、广大党员干部的要求。其实,我刚刚也在想,在物业服务这方面又何尝不是如此呢? 小区的广告位或者其他载体,固然可以用来产生一些效益,但同时也要按照规矩来,这方面,广大的业主们有着充分的话语权。当然,这个话语权是通过业主大会的决定来体现的,而不能是某个业主或者少数业主的自作主张。

## 86 业主委员会有权主动调整物业服务用房的用途吗?

【案例】　某楼盘业主委员会与物业公司之间有些争议。争议之一就是业主委员会要求物业公司把位于一楼的物业服务用房移至三楼,原因是一楼是营业性用房,可以用于出租收取租金,弥补业主委员会工作经费的不足。但是物业公司不同意,认为这样做不便于开展物业服务工作。

【分析】　实践中,此类纠纷比较少见。但是,随着住宅小区业主委员会的逐步成立和业主权益意识的不断增强,此类纠纷数量呈增长之势。有鉴于此,笔者试图通过解析物业管理用房及相关权利主体,明确一个容易被混淆的观点:业主委员会及其他任何单位和个人均无权主动要求调整物业服务用房的用途,物业服务企业确需改变物业服务用房的用途的,必须征得业主大会的同意。

### 一、物业服务用房的概念及相关权利主体

#### (一) 概念

物业服务用房,尽管是个法律术语,但法律对其概念内涵并未明确。一般来说,物业服务用房是指房地产开发企业根据规划总平面设计,按照规划许可的内容,在项目兴建过程中建设的,作为物业服务企业进行日常办公、业主服务、秩序维护、存放工具材料及其他与物业服务密切相关的活动场所。

（二）物业服务用房权利主体

《物权法》第七十三条规定，"建筑区划内的其他公共场所、公用设施和物业服务用房，属于业主共有。"《物业管理条例》第三十八条规定，"物业管理用房的所有权依法属于业主。未经业主大会同意，物业服务企业不得改变物业管理用房的用途。"《江苏省物业管理条例》第三十五条规定，"新建住宅物业管理区域内，建设单位应当按照不低于地上地下总建筑面积千分之四的比例配置物业服务用房，低于二百平方米的按照一百平方米配置，并无偿移交。……"

从上述法律规定和建筑物区分所有权理论来看，物业服务用房的所有权人是全体业主，全体业主享有基于这种所有权而派生出来的一定程度上的共同管理权，而使用权则属于物业服务企业，由房地产开发企业"无偿移交"。但需要注意的是，业主对物业服务管理用房所享有的所有权不是民法上的单一所有权，而是一种建筑物的区分所有权；不是为某一业主单独所有，而是由全体业主共有和共同管理。

**二、业主委员会及其他任何单位和个人均无权主动要求调整物业服务用房的用途**

（一）物业服务企业应规范使用物业服务用房

基于物业服务用房所有权和使用权分离的特征，要求物业服务企业在享有物业服务用房使用权的前提下，本着一切为了顺利实施物业服务、一切为了更好地服务业主的宗旨，妥善、合理地使用物业服务用房，在未经业主大会允许的情况下，不得擅自改变物业服务用房的用途，更不得买卖和抵押。当然，实践中确需改变物业服务用房的，在业主大会同意的情况下，方可实施，"所得收益，用于物业管理区域内物业共用部位、共用设施设备的维修、养护，剩余部分按照业主大会的决定使用"（《物业管理条例》第六十五条）。这也符合《物权法》"物尽其用"的立法目标。

（二）物业服务用房用途调整的权利在于业主大会

物业服务企业依法享有物业服务用房使用权，这本身也是物权的表现之一。根据物权法定的基本原则，在无法律依据和事实依据的情况下，业主委员会及其他任何单位和个人均无权主动要求调整物业服务用房的用途。

业主委员会认为确需改变的，应与物业服务企业进行平等协商，取得一致意见之后方可实施。这里有两个问题需要明确：

（1）业主委员会认为确需改变物业服务用房的用途，应征得业主大会同意，而不能擅自做主。

（2）业主委员会即便征得业主大会同意，也需与物业服务企业平等协商，通过合同加以约定，而不能将自己的意思强加于人。否则，无论是对于全体业主还是对于物业服务企业，均是侵权行为。

## 87 业主委员会解除物业服务合同，需要注意哪些问题？

**【案例】** 笔者在工作中时常听到一些业主抱怨物业公司仅仅负责看门扫地，管理水平不高，甚至言辞激烈地要求物业公司退出小区管理，另行选聘，而物业公司似乎也是满腹委屈。

**【分析】** 在此，笔者不论物业公司与业主之间的是是非非，仅仅就物业服务合同解除过程中的一系列问题谈谈自己的一点看法。

**一、相关规定**

《物业管理条例》第二十六条规定，"前期物业服务合同可以约定期限；但是，期限未满、业主委员会与物业服务企业签订的物业服务合同生效的，前期物业服务合同终止。"

《物权法》第七十六条规定，"下列事项由业主共同决定：……（四）选聘和解聘物业服务企业或者其他管理人；……决定前款其他事项，应当经专有部分占建筑物总面积过半数的业主且占总人数过半数的业主同意。"

《最高人民法院关于审理物业服务纠纷案件具体应用法律若干问题的解释》（本案例以下简称《解释》）第八条规定，"业主大会按照物权法第七十六条规定的程序作出解聘物业服务企业的决定后，业主委员会请求解除物业服务合同的，人民法院应予支持。物业服务企业向业主委员会提出物业费主张的，人民法院应当告知其向拖欠物业费的业主另行主张权利。"

**二、解除物业服务合同，需要注意的几个问题**

**（一）《解释》第八条适用范围**

物业服务合同有两种：一是开发商与其选聘的物业公司签订的前期物业服务合同；二是业主大会依法选聘物业公司，业主委员会与之签订的普通物业服务合同。结合《物业管理条例》第二十六条的规定可以看出，《解释》第八条的规定只适用于普通物业服务合同的解除。

**（二）普通物业服务合同的解除方式**

合同的解除有两种方式：一是约定解除，即双方当事人协商一致可以解除合同，或者当事人之间可以约定一方解除合同的条件，解除合同的条件成就时，解除权人可以解除合同。二是法定解除，法定解除的情形在《合同法》第九十六条中规定得非常明确。

对于普通物业合同,在合同中约定解除权的情况在实践中很少见。行使法定解除权,其法定条件是否成就,难以认定,特别是在对方提出异议时,需要法院或仲裁机构做出判决或裁决。因此,《解释》明确规定,普通物业服务合同的解除方式是诉讼解除。

在这里,有两点值得注意,一是此项诉权由业主委员会行使,业主并不直接享有诉权;二是业主大会也不享有此项诉权。业主大会享有诉权,理论上说得通,实践中行不通。

**(三)业主委员会的起诉应以业主大会的决定为依据,不可自作主张**

关于普通物业服务合同的解除,《物权法》第七十六条做了明确规定:由业主大会依法做出。业主委员会作为业主大会的执行机构,行使诉权。

**(四)物业公司也可以作为原告诉请解除合同**

当业主委员会出现根本违约或者约定的解除事由时,物业服务企业当然可以解除物业服务合同。但是,物业公司是否可以单方面解除合同,法律对此没有明确规定。

笔者认为,合同得以全面正确履行应以双方当事人的相互信任和相互配合为基础。如果物业服务企业要求解除合同,说明这种基础已不存在,应该支持物业服务企业的要求。客观上,物业公司要求撤出物业管理区域,多半是因为物业费收取严重不足,不堪重负。在这种情况下,如果强留物业公司,其服务质量可想而知,最终受害的仍然是业主。

**(五)此类诉讼中,业主拖欠物业费时,物业公司不可以提起反诉**

业主委员会作为原告提起诉讼要求解除物业服务合同,物业公司一方面同意解除合同,另一方面要求业主同时付清拖欠的物业费。此时,物业公司可以反诉吗? 答案是否定的。物业公司应另行起诉:一是目前关于业主委员会的相关规定还比较欠缺,特别是关于财产经费问题的规定更是空白。就现行立法来说,关于业主委员会的诉讼主体资格认定是比较谨慎的。业主委员会是一个特殊的诉讼主体,不具有对外承担民事责任的责任财产,因而也不具有相应的民事责任能力。二是业主委员会是物业服务合同的一方当事人,但不是合同中物业费的交费义务人,因此,反诉被告不适合。

## 88 签订内容完整的住宅装饰装修合同，是保证装修质量、避免纠纷的基本手段

**【案例】** 陈先生为儿子购买了一套婚房，他与殷某口头约定，由殷某牵头召集相关工匠对新房进行装饰装修。在装饰装修过程中，预算不断追加，工程因质量问题(如木工活粗糙、地面砖有空鼓现象等)不断返工，双方矛盾不断，陈先生为此伤透了脑筋。好不容易等到工程结束，室内各种刺鼻的气味更是让陈先生寝食难安。陈先生的遭遇真像著名小品《装修》中所提到的家装四大结果：家底基本搞光、身体基本搞伤、生活基本搞乱、夫妻基本搞僵。

**【分析】** 类似上述案例中陈先生的遭遇在现实中屡见不鲜。分析矛盾和纠纷的成因，可以列举出好多个，但最主要的恐怕还是因为业主陈先生与殷某之间缺乏一份从形式到内容都非常规范的装饰装修合同。

**一、签订住宅装饰装修合同，是装修人与装修企业应共同承担的法定义务**

**(一)住宅装饰装修合同的性质**

学界对住宅装饰装修合同性质有着不同的意见，有人说住宅装饰装修合同属于承揽合同的一种，是承揽人(装修企业)按照定作人(装修人，也就是房主)的要求完成工作，交付工作成果，定作人给付报酬的合同。笔者认为，住宅装饰装修合同属于建筑工程合同，而建筑工程合同是承揽合同的一种特殊形式。

(1)《建设工程质量管理条例》第二条第二款规定，"本条例所称建设工程，是指土木工程、建筑工程、线路管道和设备安装工程及装修工程。"从本条规定可以看出，"装修工程"是建设工程的一种。

(2)《建设工程质量管理条例》第七条第一款规定，"建设单位应当将工程发包给具有相应资质等级的单位。"《住宅室内装饰装修管理办法》第二十二条规定，"承接住宅室内装饰装修工程的装饰装修企业，必须经建设行政主管部门资质审查，取得相应的建筑业企业资质证书，并在其资质等级许可的范围内承揽工程。"

从这两个法条的规定可以看出，住宅装饰装修合同应该归类为建设工程合同。建设工程合同明显不同于承揽合同，其主要区别就在于合同主体不同。建筑工程合同要求施工方必须具有相应的资质等级，而承揽合同并无此类强制性规定。

不少人在认识上有个误区，那就是建筑工程合同标的额巨大，绝大多数采取招投标的办法确定施工单位，而住宅装饰装修合同涉及标的额较小，多数项目是一般手艺人都能完成的，而且特别分散，不属于建筑工程合同。但是，业主个人装饰装修房屋，同样需要取得有关部门的许可（或备案），施工中同样具有一定的危险性，同样需要具有一定资质的人员进行施工；而且，住宅室内装饰装修，动辄十几万或几十万元，对一个普通家庭而言，同样是"标的额巨大"。因此，笔者认为将住宅装饰装修合同归类为建设工程合同并进行严格的管理，尤为必要。

当业主与装修人之间产生住宅装饰装修纠纷时，应首先适用《合同法》第十六章"建设工程合同"第二百八十七条的规定，"适用承揽合同的有关规定"。

（二）装修合同的形式

《合同法》第二百七十条明确规定，"建设工程合同应当采用书面形式。"《住宅室内装饰装修管理办法》第二十四条第一款规定，"装修人与装饰装修企业应当签订住宅室内装饰装修书面合同，明确双方的权利和义务。"

综上所述，签订住宅装饰装修合同，是装修人与装修企业应共同承担的法定义务。

**二、住宅装饰装修合同的主要内容**

关于住宅装饰装修合同，国家并无统一的示范文本，但近年来不少地方都制定了住宅装饰装修合同示范文本，并加以推广使用。综合这些文本，结合《住宅室内装饰装修管理办法》第二十四条第二款的规定，住宅室内装饰装修合同应当包括下列主要内容：

（1）委托人和被委托人的姓名或者单位名称、住所地址、联系电话——便于双方之间进行有效的联系与沟通，便于相关法律文书的送达。

（2）住宅室内装饰装修的房屋间数、建筑面积，装饰装修的项目、方式、规格、质量要求以及质量验收方式——这是本合同内容的重中之重，各个细节都要明确约定，包括大项目中的小项目、各种用料明细等，而这往往为广大的装修人所忽视。室内环境质量约定也常常被当事人有意无意地忽视，成为合同中的空白领域。实际上，住宅装饰装修中应对此高度重视，严格遵守规定的装饰装修施工时间，降低施工噪音，减少环境污染。住宅室内装饰装修过程中所产生的各种固体、可燃液体等废物，应当按照规定的位置、方式和时间堆放和清运。严禁违反规定将各种固体、可燃液体等废物堆放于住宅垃圾道、楼道或者其他地方。住宅室内装饰装修工程使用的材料和设备必须符合国家标准，有质量检验合格证明和有中文标识的产品名称、规格、型号，生产厂厂名、厂址等。禁止使用国家明令淘汰的建筑装饰装修材料和设备。装修人委托企业对住宅室内进行装饰装修的，装饰装修工程竣工后,空气质量应当符合国家有关标准。装修人可以委托有资质的检测单位对空气质量进行检测。检测不合格的,装饰装修企业应当返工,并由责任人承担相应损失。

(3)装饰装修工程的开工、竣工时间。

(4)装饰装修工程保修的内容、期限——在正常使用条件下,住宅室内装饰装修工程的最低保修期限为2年,有防水要求的厨房间、卫生间和外墙面的防渗漏为5年。保修期自住宅室内装饰装修工程竣工验收合格之日起计算。

(5)装饰装修工程价格,计价和支付方式、时间——实践中,多数装修人往往只与对方约定一个总价,而忽视了对工程进行分解并计算各个子项目的价格及计算方式,往往为日后的纠纷留下隐患。

(6)合同变更和解除的条件。

(7)违约责任及解决纠纷的途径。

(8)合同的生效时间。

(9)双方认为需要明确的其他条款。

市场经济就是法治经济,这已经成为学界与业界的共识。用契约化的理念来规范市场经济中的各类市场行为,也渐渐成为国人的一种良好的习惯。住宅装饰装修行业鱼龙混杂是个不争的事实,不少装修企业过分迎合业主的要求而肆意敲凿房屋承重结构,造成房屋的安全隐患和邻里之间的激烈冲突,加之现实中仍有不少业主法制观念淡薄,一味追求低价位装修而忽视了对装修企业的选择,甚至选择无资质的各类装修游击队,从而给自己带来无穷无尽的烦恼。合同是双方当事人意思表示一致的产物,只要不违法就应该是合法有效的合同。因此,业主与装修企业之间的合同内容在参照上述内容的同时,应该尽可能详细约定,避免产生纠纷之后举证不能的尴尬。

## 89 共用下水管道被锯掉了!

【案例】 某小区的业主拿房之后发现自家的自行车库里面有本单元卫生间共用下水管道,但是他竟然把这根管道锯掉了,任由污水横流在他家车库里!对于该案例,笔者的第一感觉是很震惊,工作二十余年来第一次听说这种损人不利己的让人匪夷所思的事情!经过调查发现,在开发商与这位业主签订的《商品房买卖合同》的补充协议中有"自行车库内可能设有管道或柱子"的书面约定,在销售这套商品房时,销售员也曾口头说明这个车库可能有下水道之类的公用设备设施。笔者认为,不管开发商在这起纠纷中是否应该承担责任,不论是从民事还是从行政的角度来说,这位业主必将为自己不理智的行为买单。

【分析】 上述案例集中反映了存在于某些业主头脑中的一个极端错误也是极其自私的观点:"下水管道凭什么放在我家的车库里?"案例中的业主锯掉本单元卫生间共用下水管道任凭污水横流在自家车库的行为,真正是损人不利己的行为,他必将为此付出代价。对本案涉及的相关法律问题,笔者做如下分析。

**一、相关法律规定**

(1)《民法通则》第五条规定,"公民、法人的合法的民事权益受法律保护,任何组织和个人不得侵犯。"第一百一十七条第二款和第三款规定,"损坏国家的、集体的财产或者他人财产的,应当恢复原状或者折价赔偿。受害人因此遭受其他重大损失的,侵害人并应当赔偿损失。"

(2)《中华人民共和国治安管理处罚法》第四十九条规定,"盗窃、诈骗、哄抢、抢夺、敲诈勒索或者故意损毁公私财物的,处 5 日以上 10 日以下拘留,可以并处 500 元以下罚款;情节较重的,处 10 日以上 15 日以下拘留,可以并处 1000 元以下罚款。"

(3)《物权法》第八十三条规定,"业主应当遵守法律、法规以及管理规约。业主大会和业主委员会,对任意弃置垃圾、排放污染物或者噪声、违反规定饲养动物、违章搭建、侵占通道、拒付物业费等损害他人合法权益的行为,有权依照法律、法规以及管理规约,要求行为人停止侵害、消除危险、排除妨害、赔偿损失。业主对侵害自己合法权益的行为,可以依法向人民法院提起诉讼。"

(4)《住宅室内装饰装修管理办法》(建设部令第 110 号)第十二条规定,"装修人和装饰装修企业从事住宅室内装饰装修活动,不得侵占公共空间,不得损害公共部位和设施。"

(5)《最高人民法院关于审理物业服务纠纷案件具体应用法律若干问题的解释》第四条规定,"业主违反物业服务合同或者法律、法规、管理规约,实施妨害物业服务与管理的行为,物业服务企业请求业主承担恢复原状、停止侵害、排除妨害等相应民事责任的,人民法院应予支持。"

(6)《江苏省物业管理条例》第九十二条第二款规定,"本条例所称共用设施设备,是指根据法律、法规和房屋买卖合同,由住宅业主或者住宅业主和有关非住宅业主共有的附属设施设备,一般包括电梯、天线、照明、消防设施、监控安防设施、绿地、道路、路灯、沟渠、池、井、非经营性车场车库、公益性文体设施和共用设施设备使用的房屋等。"

结合上述法律规定,本案中的业主锯掉位于自家车库内的共用下水管道的行为,一是侵犯了本单元其他业主的建筑物区分所有权,即对这根下水管道的共同所有权以及共同使用权;二是违反了相关行政法律规范,需要承担相应的行政(公安、房产)违法责任。本单元业主有权提起民事侵权诉讼,物业公司有权提起民事违约诉讼。毋庸置疑,此类民事诉讼公堂未上,结果已定。

**二、开发商是否需要向业主承担违约责任?**

经过调查,在开发商与这位业主签订的商品房买卖合同的补充协议中有"自行车库内可能设有管道或柱子"的书面约定;在销售这套商品房时,销售人员也曾口头说明这个车库可能有下水道之类的公用设备设施。据说,这位业主对此也承认。因此,在签订商品房买卖合同时,这位业主对车库中可能存在下水管道的情况是有心理准备的,也是认可的。换句话说,即使在拿房之后发现车库内设有管道或柱子,也应当接受这个结果。他向开发商主张违约责任,没有合同依据。

同时,此案也给开发商一个教训,那就是涉及上百万的买卖合同必须内容明确,不可有"可能""大概"之类模棱两可的用词。在调查中,开发商工作人员辩解说有些管道的安放必须要等到土建基本完工之后才能确定,笔者对此不予认可。众所周知,住宅小区开工建设之前,相关图纸设计已经到位,其中当然包括楼房给排水设计。在与业主签订商品房买卖合同时,应当对照图纸,明确某个车库内是否有管道、柱子之类的设备或结构,避免交房之后产生纠纷。类似地,诸如小区配电房、垃圾房、公共厕所等设备设施的选址,均应在商品房买卖合同中予以明确,避免可能产生的交房纠纷。

在此,笔者建议这位业主主动维修或者更换车库内的下水管道,避免与本单元其他业主的矛盾进一步激化,避免自家损失因自己的原因进一步扩大。如果这位业主认为开发商应该承担违约责任,应与开发商积极协调解决问题。同时,在这位业主认识到自己的错误行为的前提下,建议开发商主动出面更换下水管道。毕竟,开发商在商品房买卖合同中多少有些瑕疵。

## 90 业主违法装修,物业公司有权干涉吗?

【案例】 陈某于2009年3月12日购得某小区的一套房子,2010年4月10日接收该住宅的全部钥匙并签收了相关资料。同年5月27日,陈某与物业公司及装修施工单位签订了《小区住宅装饰装修管理服务协议》一份,约定除非得到物业公司的书面同意,陈某不得擅自改变房屋外立面,不得封闭阳台,不得擅自安装防盗栅栏、花架、雨篷等其他形式的物体或结构,不得以任何形式影响或改变物业的外观,违反此约定的,物业公司有权帮助拆除。但因担心财产及人身安全,陈某仍自行安装了齐墙外置式防盗栅栏、晾衣架等。在劝说无效的情况下,物业公司于2010年7月14日派人强制拆除其私装物体。陈某将物业公司告上法庭,请求法院判令物业公司恢复原状并赔偿损失。

【分析】 陈某的诉讼请求不会得到法院的支持。理由如下:

**一、三方合同合法有效**

陈某是小区业主,物业公司依据物业服务合同的约定对小区实施物业管理,为全体业主服务。在陈某进行住宅装饰装修过程中,物业公司有权依据物业服务合同的约定以及《住宅室内装饰装修管理办法》的相关规定对陈某的装修装修行为进行管理,特别是应当将住宅室内装饰装修工程的禁止行为和注意事项告知装修人和装修人委托的装饰装修企业。

**二、陈某实际违反了《小区住宅装饰装修管理服务协议》**

陈某在办理商品房交付使用手续时,已签收业主手册等资料,后又与物业公司签署了《小区住宅装饰装修管理服务协议》,均对"不得擅自改变房屋外立面,不得封闭阳台,不得擅自安装防盗栅栏、花架、雨篷"等条款达成一致协议。该协议并未违反国家法律禁止性规定,依据我国《合同法》相关规定,应认定合法有效,合同的当事人应当按照合同的约定履行自己的义务。陈某违反约定安装齐墙外置式防盗栅栏和晾衣架,物业公司为维护全体业主的共同利益及整个小区的外貌景观劝说许某予以拆除,理由正当。

**三、物业公司自行强制拆除,于法无据**

物业公司作为合同当事人,在追究陈某违约责任时要采取合理合法的手段。本案中,业主陈某已经违约,物业公司可以追究其违约责任,具体来说,即可以要求陈某主动拆除防盗栅栏和晾衣架,如果陈某不予理睬可以诉至法院请求法院判令陈某限期拆除。强制拆除,属于国家强制行为,应由有执法权的相关国家机关执行,物业公司作为一个企业,在没有法律授权的情况下自行拆除业主防盗栅栏和晾衣架的行为,于法无据。从这一点来说,物业公司的行为是有瑕疵的。如果在拆除过程中,完全破坏了防盗栅栏和晾衣架,造成业主陈某无法退货,应酌情承担赔偿责任。

## (91) 公寓楼走廊系公共部位,岂能占为己有?

【案例】 某公寓楼层数为6层,每层有20套房,每套房建筑面积均为55 ㎡,楼梯设在大楼中间位置,每一层均有一条贯穿东西的外走廊,未封闭。程某系501室业主,在进行装修的时候,他将室外对应自家公寓的走廊部分加以封闭用作厨房。程某此举引起了邻居的不满,被投诉至房管部门。经过房管部门执法人员宣传教育,程某认识到自己的行为既违章又侵权,主动拆除了违章搭建。

【分析】 现实生活中,类似于案例中程某的行为时有发生。究其原因,一是当事人自私自利,无视共同生活的基本规则;二是当事人漠视相关法律规定。就相关法律规定及此类问题的处理方式,笔者做如下分析。

**一、法律、法规和相关司法解释明确规定,楼宇走廊部分为公共部位**

(1)《江苏省物业管理条例》第九十二条第一款第一项规定,"本条例所称住宅共用部分,是指根据法律、法规和房屋买卖合同,由单幢住宅内业主或者单幢住宅内业主及与之结构相连的非住宅业主共有的部分,一般包括住宅的基础、承重墙体、柱、梁、楼板、屋顶以及户外的墙面、门厅、楼梯间、走廊通道等。"

(2)《最高人民法院关于审理建筑物区分所有权纠纷案件具体应用法律若干问题的解释》第三条第一款规定,"建筑物的基础、承重结构、外墙、屋顶等基本结构部分,通道、楼梯、大堂等公共通行部分,消防、公共照明等附属设施、设备,避难层、设备层或者设备间等结构部分"应当认定为《物权法》第六章所称的共有部分。

(3)《物权法》第八十三条第二款规定,"业主大会和业主委员会,对任意弃置垃圾、排放污染物或者噪声、违反规定饲养动物、违章搭建、侵占通道、拒付物业费等损害他人合法权益的行为,有权依照法律、法规以及管理规约,要求行为人停止侵害、消除危险、排除妨害、赔偿损失。业主对侵害自己合法权益的行为,可以依法向人民法院提起诉讼。"

(4)《住宅室内装饰装修管理规定》第十二条规定,"装修人和装饰装修企业从事住宅室内装饰装修活动,不得侵占公共空间,不得损害公共部位和设施。"第三十九条规定,"未经城市规划行政主管部门批准,在住宅室内装饰装修活动中搭建建筑物、构筑物的,或者擅自改变住宅外立面、在非承重外墙上开门、窗的,由城市规划行政主管部门按照《城市规划法》及相关法规的规定处罚。"

从以上规定来看,不论是住宅楼还是公寓楼,走廊部分均为业主共有部分,任何个人不得任意占为己有。(住宅楼中侵占业主共有部分的行为多表现为顶楼业主为了所谓的安全将顶楼部分楼梯封闭,该行为与案例中程某的行为在性质上是一致的。)

**二、此类行为的处理方式**

**(一)向行政机关投诉**

案例中,程某的行为构成行政违法行为。一是擅自封闭外走廊,改变了公寓楼建筑外立面,规划(城管)部门对此违法行为有权进行查处;二是将走廊占为己有,侵占了业主共有部分,房管部门有权对此进行查处。

**(二)物业公司、其他业主均有权提起民事诉讼**

**1. 物业公司有权提起违约之诉**

《最高人民法院关于审理物业服务纠纷案件具体应用法律若干问题的解释》第四条规定,"业主违反物业服务合同或者法律、法规、管理规约,实施妨害物业服务与管理的行为,物业服务企业请求业主承担恢复原状、停止侵害、排除妨害等相应民事责任的,人民法院应予支持。"

一般来说,物业服务合同中对于业主如何正确使用房屋、装饰装修的注意事项均有约定。案例中,程某的行为对于物业公司来说,应认定为违约行为,物业公司依法可以提起违约之诉。

**2. 其他业主有权提起侵权之诉**

《最高人民法院关于审理建筑物区分所有权纠纷案件具体应用法律若干问题的解释》第十五条规定,"业主或者其他行为人违反法律、法规、国家相关强制性标准、管理规约,或者违反业主大会、业主委员会依法作出的决定,实施下列行为的,可以认定为物权法第八十三条第二款所称的其他'损害他人合法权益的行为':……(四)违章加建、改建,侵占、挖掘公共通道、道路、场地或者其他共有部分。"业主可以据此向法院提起侵权之诉,要求程某们拆除违建,恢复原状。

此类案件事实简单清楚,法律依据充分明确,案件审理结果不言而喻。

在此,笔者呼吁广大业主认真学习涉房法律法规和相关民事法律,切实提升法律意识,切勿有本案例中程某的行为,免得到头来"赔了夫人又折兵";物业公司应进一步加强房屋装饰装修管理,遇有类似程某的行为一要及时制止,二要在制止不住时及时向有关行政机关举报,或直接将其诉至人民法院。

## 92 老房子装修,切不可"弥补原设计缺陷"

【案例】 二手房交易成功之后,买方往往会对其进行二次装修。二手房交易中很大一部分是房龄10年、20年甚至更长的所谓老房子。不少业主在二次装修中往往抱着"弥补房屋原有缺陷"的想法,在房屋结构、房间功能方面做重新调整,比如说擅自拆除老房子连接阳台的砖、混凝土墙体,或者将没有防水要求的房间或者阳台改为卫生间、厨房间。殊不知,这种做法往往会造成房屋安全隐患,或者侵犯邻里合法权益,从而引发矛盾和纠纷。

【分析】 实践中,案例中所说的"擅自拆除老房子连接阳台的砖、混凝土墙体""将没有防水要求的房间或者阳台改为卫生间、厨房间"的行为屡见不鲜。客观地说,按照现在的房屋建筑设计规范和理念,市区不少老房子当初的建筑设计确实存在一些缺陷,例如卫生间太小,有的甚至只有2 $m^2$;有的在阳台与客厅之间有一堵墙相隔,影响采光效果。于是,不少业主在进行二次装修的时候,总想弥补这些所谓的缺陷,殊不知这个想法虽情有可原,却是违章行为。

先来看看相关规定。《住宅室内装饰装修管理办法》第五条第一款第二项规定,住宅室内装饰装修活动,禁止"将没有防水要求的房间或者阳台改为卫生间、厨房间";第三项规定,禁止"拆除连接阳台的砖、混凝土墙体"。之所以做出这样的规定,是因为此类行为容易造成房屋结构安全隐患,或者造成楼下邻居屋面渗水。从行政管理上说,这种行为是一种违章行为,将受到有关部门的查处;从民事法律关系上说,该行为容易造成楼下邻居屋面渗水,是侵权行为,并且对邻居的饮食起居等造成一定的影响——半夜睡得正香突然从头顶上传来哗哗的冲马桶的声音,情何以堪?

此外,房龄在二三十年的房子多是砖混结构,胡乱拆改极易造成安全隐患。所以说,老房子装修,切不可随心所欲地"弥补原设计缺陷"。

此类行为出现之后,解决的途径有以下几种:一是向有关部门进行举报投诉,行政相关介入查处,要求当事人改正或限期改正;二是受害业主可以提起民事侵权诉讼;三是小区物业公司可以依据《物权法》《最高人民法院关于审理物业服务纠纷案件具体应用法律若干问题的解释》,以及物业服务合同、业主公约、管理规约等提起民事诉讼,要求被告恢复原状。

## (93) 装修垃圾堵塞下水管道造成损失,受害业主、邻居及物业公司各自应承担什么责任?

【案例】 沈先生下班回家后发现,装修一新的家中一片狼藉,地板上到处是污水和粪便。物业公司闻讯赶来进行了检查,查明原因是沈先生与楼下邻居杨某家的下水管道内有装修垃圾,造成沈先生家的污水管道堵塞,污水漫溢。虽然物业公司帮忙进行了疏通和清理,但是这种管道"疾病"时隔不久就要发作一次,弄得沈先生一家如惊弓之鸟。彻底解决管道堵塞的方法是截断楼下邻居杨某家的管道"梗阻"部位,清除残渣,但是杨某死活不同意。在随后的几年里,物业公司几乎是随叫随到,并破例将管道疏通机和软轴留在沈先生家中以备急用。十年来,这一"顽症"无时不在困扰着沈家。忍无可忍的沈先生终于将物业公司告上法庭,要求物业公司将"梗阻"管道断开后予以疏通,并赔偿十年来的精神损失费3万元。

法院判决:判令物业公司对沈先生家堵塞管道予以疏通,驳回其他诉讼请求。[①]

丁道勤先生认为,"根据《民法通则》和《物业管理条例》的规定,鉴于建筑物联体相邻的特殊性,相邻业主之间负有排除安全隐患的责任。沈先生可以向法院起诉杨某,要求其承担相应的法律责任。"

他还认为,"物业公司有义务对住户居住、使用楼房过程中发生的问题予以解决。"杨某拒不配合进行管道疏通,"物业公司可以起诉杨某,要求其履行相邻义务,排除妨碍""物业公司怠于监督和履行物业管理服务义务,应承担履行物业管理不到位的责任"。丁先生认为"法院判决有失妥当"。

【分析】 实践中,此类纠纷屡见不鲜。笔者认为,此类纠纷之所以产生甚至双方对簿公堂,一是由于业主本身使用不当,二是由于邻里之间丧失了睦邻友好

---

① 本案例选自丁道勤:《物业纠纷锦囊》(第二版),法律出版社,2008年,第56页。

的邻里相处基本准则。笔者同意丁道勤先生的意见,即法院对上述案例的判决"有失妥当",但他对该案的评述亦"有失妥当"。

**一、本案中物业公司怠于监督和履行物业管理服务义务,应承担履行物业管理不到位的责任**

根据《江苏省物业管理条例》第九十二条第二款的规定,"本条例所称共用设施设备,是指根据法律、法规和房屋买卖合同,由住宅业主或者住宅业主和有关非住宅业主共有的附属设施设备,一般包括电梯、天线、照明、消防设施、监控安防设施、绿地、道路、路灯、沟渠、池、井、非经营性车场车库、公益性文体设施和共用设施设备使用的房屋等。"显然,案例中的上下水管道均属于物业共用设施设备,而由物业公司承担相应的维修养护责任是其法定义务。本案中,物业公司虽然几乎是随叫随到,而且破例将管道疏通机和软轴留在沈先生家中以备急用,但由于杨某的阻挠,未能从根本上解决问题。换句话说,物业公司履行法定义务不到位,而且依法也不具有免责的情形,应该对沈先生承担违约责任。对于杨某的无理阻挠行为,物业公司可以提起侵权诉讼,要求其履行相邻义务,排除妨碍。

根据以上分析,法院的判决确实"有失妥当"。十年来,沈先生及其家人时时生活在担忧、烦恼之中,家里经常粪水横流给其带来的精神负担是显而易见的。同时,在判决中说理部分还应告知原告沈先生的另一个诉权,那就是应告知原告沈先生可以另行主张杨某的侵权责任。根据《江苏省物业管理条例》第七十三第二款的规定,"物业共用部分、共用设施设备维修、更新和改造时,相关业主、物业使用人应当予以配合。因相关业主、物业使用人阻挠维修、更新和改造,造成其他业主、物业使用人财产损失的,责任人应当予以赔偿。"本案中,杨某对物业公司的维修行为断然拒绝,而且时间长达十年,依据《民法通则》第六章相关规定,沈先生当然可以提起侵权诉讼,起诉杨某要求其履行相邻义务,排除妨碍,并赔偿损失。

**二、"物业公司有义务对住户居住、使用楼房过程中发生的问题予以解决",这些"问题"的具体范围不能无限扩大**

丁道勤先生在此案评述中认为,"物业公司有义务对住户居住、使用楼房过程中发生的问题予以解决。"笔者认为,这种说法不能一概而论,以免误导业主。这里的"义务"和"问题"必须做到概念清晰。多产同栋建筑物中必然产生建筑物区分所有权,即业主对于一栋建筑物中自己专有部分的专有权(单独所有权)、对共有部分的共有权以及因共有关系而产生的管理权的结合。业主在居住、使用房屋过程中产生的问题是多方面的,而物业公司解决这些问题(即"义务")一是要依据法律规定,二是要结合物业服务合同的约定。物业公司不是义工,其所有服务均是有偿的,这一点必须要明确。

笔者始终认为,民事纠纷(特别是相邻业主之间)动辄对簿公堂不是首选办法。一是半个小时就能解决的小矛盾为何非要对簿公堂? 二是一场官司下来,自己身心俱疲,邻里之间反目成仇,到头来受到伤害的仍然是业主自身。本案中,沈先生与物业公司、杨某三者之间的矛盾之所以导致要对簿公堂,究其原因还在于沟通、协调不到位。试想,如果沈先生和物业公司能心平气和、三番五次地与杨某沟通协调,加上社区帮忙做工作,还能有沈先生长达十年的困扰吗?

## (94) 迷信风水将厨房设置在阳台上

【案例】 某小区建成快 20 年了,陈姓业主购买了该小区一套二手房后即着手进行装修改造。该业主迷信风水,并自称略懂风水学,不满意该房原有结构与房间功能,竟然将朝阳的客厅隔出三分之一连同阳台一起改造成厨房,遭致邻居投诉。

【分析】 在住宅装饰装修中,不少业主抱着"我的房子我做主"的理念进行房屋装饰装修。一般来说,业主对自己的房屋享有所有权,选择何种装修风格、用料如何、花钱多少,的确属于业主自己做主的事项范围,他人无权干预。从《物权法》来说,这也是陈某行使房屋专有权的重要表现形式。但是,如果装饰装修行为涉及业主共有部分、邻里合法权益以及房屋整体安全,就不能坚持"我的房子我做主"了。上述案例是一起典型的违法进行住宅室内装饰装修的案件,业主的行为既是一种行政违法行为,又是民事违约甚至是侵权行为。

### 一、相关法律规定

(一)《中华人民共和国民法通则》相关规定

(1)第七条规定,"民事活动应当尊重社会公德,不得损害社会公共利益,扰乱社会经济秩序。"

(2)第八十三条规定,"不动产的相邻各方,应当按照有利生产、方便生活、团结互助、公平合理的精神,正确处理截水、排水、通行、通风、采光等方面的相邻关系。给相邻方造成妨碍或者损失的,应当停止侵害,排除妨碍,赔偿损失。"

(二)《中华人民共和国物权法》相关规定

(1)第三十九条规定,"所有权人对自己的不动产或者动产,依法享有占有、使用、收益和处分的权利。"

(2) 第七十条规定,"业主对建筑物内的住宅、经营性用房等专有部分享有所有权,对专有部分以外的共有部分享有共有和共同管理的权利。"

(3) 第七十一条规定,"业主对其建筑物专有部分享有占有、使用、收益和处分的权利。业主行使权利不得危及建筑物的安全,不得损害其他业主的合法权益。"

(4) 第七十二条第一款规定,"业主对建筑物专有部分以外的共有部分,享有权利,承担义务;不得以放弃权利不履行义务。"

**(三)《中华人民共和国城乡规划法》相关规定**

第四十条第一款规定,"在城市、镇规划区内进行建筑物、构筑物、道路、管线和其他工程建设的,建设单位或者个人应当向城市、县人民政府城乡规划主管部门或者省、自治区、直辖市人民政府确定的镇人民政府申请办理建设工程规划许可证。"

**(四)《江苏省城乡规划条例》相关规定**

第三十八条第一款规定,"在城市、镇规划区内进行建筑物、构筑物、道路、管线和其他工程建设的,建设单位或者个人应当向城乡规划主管部门申请办理建设工程规划许可证;未取得建设工程规划许可证的,有关部门不得办理建设项目施工许可、商品房预(销)售许可等手续。"

**(五)《住宅室内装饰装修管理办法》相关规定**

(1) 第五条第一款第二项规定,住宅室内装饰装修活动,禁止"将没有防水要求的房间或者阳台改为卫生间、厨房间"。

(2) 第六条第一款第二项规定,装修人从事住宅室内装饰装修活动,未经批准,不得"改变住宅外立面、在非承重外墙上开门、窗"。

(3) 第七条规定,"住宅室内装饰装修超过设计标准或者规范增加楼面荷载的,应当经原设计单位或者具有相应资质等级的设计单位提出设计方案。"

**二、业主陈某住宅室内装饰装修行为违法性分析**

综上所述,业主陈某住宅室内装饰装修行为的违法性有如下两点:

一是从民事法律关系上说,陈某的行为一是违约,二是侵权。说违约,是指陈某的行为违反了物业服务合同的约定,在住宅室内装饰装修中将部分客厅连同阳台改建成卫生间;说侵权,是指这类行为往往对楼下邻居的生活起居造成一种实质性的影响,对楼下邻居来说是一种侵权行为。

二是从行政法律关系方面看,陈某的行为违反以下行政管理法律规范:

(1) 将阳台改为卫生间,该建设行为必然要涉及这栋楼局部外立面的改变,明显违反了《中华人民共和国城乡规划法》和《江苏省城乡规划条例》的规定,属于违法建设行为。

（2）陈某"将没有防水要求的房间或者阳台改为卫生间、厨房间"的行为是《住宅室内装饰装修管理办法》中所列举的禁止行为之一。

（3）将客厅连同阳台改为卫生间、安装浴缸等,有可能增加露面荷载,对房屋安全造成巨大隐患,同样也是《住宅室内装饰装修管理办法》中所列举的禁止行为之一。

**三、对此类行为的处理方式**

笔者向来主张遇到矛盾切忌动辄诉诸法律,而应是相关社会成员（包括社区、物业公司、业主委员会等）积极主动地介入调查,民事调解与行政调解相结合,通过宣传、引导、说服、教育等方式,使纠纷的双方当事人互相谅解,在平等协商的基础上达成一致协议,从而合理、彻底地解决纠纷。

如果各方协调不成,还有两种法律途径:

1. 有关当事人可以提起民事诉讼

（1）物业公司可以作为原告将业主陈某告上法庭,请求判令陈某拆除违法建设,恢复原状。该案属于违约之诉,事实清楚、证据确凿,依据现行法律规定,物业公司胜诉应是十拿九稳。

（2）邻居可以作为原告将业主陈某告上法庭,请求判令陈某停止侵害。该案属于侵权之诉。案件焦点在于原告受害之事实是否客观存在,而不必纠缠于被告是否应该恢复原状。

2. 职能部门介入查处

向城管、房管等有关行政机关举报投诉,请求相关行政机关依法履职,查处陈某的违法行为,从而维护当事人的合法权益。如果陈某拒不履行行政处罚决定,则行政机关可以依据《中华人民共和国行政处罚法》和《中华人民共和国行政强制法》的相关规定,依法自行强制执行或申请人民法院强制执行。

## 95 住宅装饰装修中,禁止将没有防水要求的房间改为厨房间或卫生间

**【案例】** 邝某在某小区购买了一套二手房,因该房房龄已有十几年了,显得比较陈旧,他想重新装修后再入住。邝某迷信风水,在重新装修之前,他请所谓的风水先生来他家看风水。在查看了房子之后,风水先生煞有介事地说卫生间位置不对,影响家庭兴旺发达,化解的办法是要跟相邻的小房间对调。在二次装修中,邝某依计而行。装修完毕,邝某开开心心地入住了。随后,楼下邻居程某就发现家里小房间吸顶灯不亮,更换灯管之后还是不亮,经电工检查,发现系楼上渗水引起电线短路所致。于是,纠纷顿起。

**【分析】** 在多年的工作实践中,笔者接触、处理了多起业主在住宅装饰装修过程中将小房间改为厨房间或者卫生间的案例。此类案例集中反映了存在于邝某等人头脑中"我的房子我做主"的错误装修理念,同时也反映了邝某等人对住宅装饰装修法律规范的无知。当然,此类案件最后的处理结果就是恢复原状,造成邻居损失的还得照价赔偿。邝某最终是"赔了夫人又折兵"。

**一、住宅装饰装修中将小房间改为厨房间、卫生间无法律依据**

住宅装饰装修中将小房间改为厨房间、卫生间是《住宅室内装饰装修管理办法》明令禁止的行为。《住宅室内装饰装修管理办法》第五条第一款第二项明确规定,禁止"将没有防水要求的房间或者阳台改为卫生间、厨房间"。换句话说,即使邝某得到了楼下邻居的同意,或者得到了物业公司、开发商的同意,这种"同意"也是无效的民事行为,不能作为邝某将小房间改为厨房间、卫生间的依据。

**二、住宅装饰装修中将小房间改为厨房间、卫生间从技术上以及相邻关系的角度看不可行**

(1)下水问题难以解决。如果穿过楼板在楼下邻居的房间安装管道,并且铺到卫生间,楼下邻居是万万不会同意的;如果从自家地面走管道,又会使房间地面至少要抬高 20 cm,影响层高。

(2)下水管道水平距离太长,容易被堵塞。

(3)无法安装通风管道。没有通风口的卫生间里的味道可想而知。

(4)如果防水层做得有问题,楼下邻居的小房间就变成水帘洞了,后患无穷。

(5)影响楼下邻居的生活起居,违反了社会风俗习惯。

### 三、对此类案件的处理方式

#### （一）楼下邻居可以提起民事侵权诉讼

如果既成事实，而且事实上也对楼下邻居的生活起居造成实质性的影响，楼下邻居当然可以提起民事侵权诉讼，要求排除妨碍。但是，根据"谁主张谁举证"的民事诉讼证据规则，原告举证较为困难。

#### （二）物业公司可以提起民事违约诉讼

《最高人民法院关于审理物业服务纠纷案件具体应用法律若干问题的解释》第四条规定，"业主违反物业服务合同或者法律、法规、管理规约，实施妨害物业服务与管理的行为，物业服务企业请求业主承担恢复原状、停止侵害、排除妨害等相应民事责任的，人民法院应予支持。"

一般来说，物业服务合同中对于业主如何正确使用房屋、装饰装修的注意事项均有约定，如果业主违反了此类约定，物业公司当然有权提起民事诉讼，要求被告承担违约责任，恢复原状。

#### （三）房管部门立案查处，责令相关业主限期改正，并处罚款

《住宅室内装饰装修管理办法》第三十八条第一项明确规定，"将没有防水要求的房间或者阳台改为卫生间、厨房间的，或者拆除连接阳台的砖、混凝土墙体的"，由城市房地产行政主管部门责令改正，并"对装修人处5百元以上1千元以下的罚款，对装饰装修企业处1千元以上1万元以下的罚款"。

---

### 96 小区住宅装修，业主与物业公司是什么关系？

**【案例】** 实践中，小区业主或者使用人（以下简称"装修人"）在对房屋进行装饰装修的时候，往往与物业公司之间有些摩擦。原因多种多样，有的是装修扰民引起邻居投诉，有的是肆意敲凿房屋造成房屋安全隐患，有的是侵犯业主们的共有部位或公共空间从而侵犯业主们的共有权，有的是物业公司管理不得法……由此引起矛盾甚至对簿公堂。诸如此类的矛盾和纠纷究竟是怎么引起的？对此应如何正确认识？又该怎么处理？

**【分析】** 案例中列举的装修人与物业公司的种种矛盾，究其原因不外乎以下三点：一是装修人抱着"我的房子我做主"的错误理念，漠视房屋安全与其他业主的合法权益；二是物业公司管理不到位，任凭装修人违法装修；三是装修人或者

物业公司没有弄明白两者在房屋装饰装修中的关系。对此,结合相关规定,笔者一一进行扼要的分析,以期帮助装修人弄清楚在住宅装饰装修中必须遵守的相关规定,阐述装修人与物业公司在房屋装饰装修中的合同关系,以及物业公司应该切实承担的合同义务及法定义务。

**一、装修人在住宅装饰装修中的行为规范**

实践中,不少装修人抱着"我的房子我做主"的错误理念,对住宅内部格局和功能进行改动,肆意敲凿墙体、开门开窗,侵犯公共空间,损害公共设施。这是引起小区住宅装饰装修矛盾的主要原因。

目前,我国围绕住宅室内装饰装修方面的立法还很欠缺,立法层级也较低,只有一部《住宅室内装饰装修管理办法》(中华人民共和国建设部令第110号)。这部行政规章是行政管理类立法,为相关行政机关进行室内装饰装修管理提供了依据(这部规章规定了住宅室内装饰装修管理涉及三个部门:建设部门、房管部门和规划部门,但建设和规划部门查处住宅室内装饰装修行为分别依据《建设工程质量管理条例》和《城乡规划法》),但是由于立法层级较低以及当初立法技术的原因,这部规章还存有不少立法瑕疵(此处暂且不论),直接导致在住宅室内装饰装修行政管理中存在难以管理到位的情形。

尽管如此,《住宅室内装饰装修管理办法》对装修人的住宅室内装饰装修行为还是做出了一些较为明确的规定:

(1)装修人在住宅室内装饰装修活动中,禁止下列行为:

① 未经原设计单位或者具有相应资质等级的设计单位提出设计方案,变动建筑主体(建筑实体的结构构造,包括屋盖、楼盖、梁、柱、支撑、墙体、连接接点和基础等)和承重结构(直接将本身自重与各种外加作用力系统地传递给基础地基的主要结构构件和其连接接点,包括承重墙体、立杆、柱、框架柱、支墩、楼板、梁、屋架、悬索等);

② 将没有防水要求的房间或者阳台改为卫生间、厨房间;

③ 扩大承重墙上原有的门窗尺寸,拆除连接阳台的砖、混凝土墙体;

④ 损坏房屋原有节能设施,降低节能效果;

⑤ 其他影响建筑结构和使用安全的行为。

(2)装修人未经批准,不得有下列行为:

① 搭建建筑物、构筑物;

② 改变住宅外立面,在非承重外墙上开门、窗;

③ 拆改供暖管道和设施;

④ 拆改燃气管道和设施。

其中,第 1 项和第 2 项行为应当经城市规划行政主管部门批准;第 3 项行为应当经供暖管理单位批准;第 4 项行为应当经燃气管理单位批准。

(3) 住宅室内装饰装修超过设计标准或者规范增加楼面荷载的,应当经原设计单位或者具有相应资质等级的设计单位提出设计方案。

(4) 改动卫生间、厨房间防水层的,应当按照防水标准制订施工方案,并做闭水试验。

(5) 装修人和装饰装修企业从事住宅室内装饰装修活动,不得侵占公共空间,不得损害公共部位和设施。

**二、在小区住宅装饰装修活动中,装修人与物业公司之间是合同关系,但物业公司同时还承担相应的法定义务**

《住宅室内装饰装修管理办法》第十三条第一款规定,"装修人在住宅室内装饰装修工程开工前,应当向物业管理企业或者房屋管理机构(以下简称物业管理单位)申报登记。"第十五条规定,"物业管理单位应当将住宅室内装饰装修工程的禁止行为和注意事项告知装修人和装修人委托的装饰装修企业。装修人对住宅进行装饰装修前,应当告知邻里。"第十六条规定,"装修人,或者装修人和装饰装修企业,应当与物业管理单位签订住宅室内装饰装修管理服务协议。住宅室内装饰装修管理服务协议应当包括下列内容:(一)装饰装修工程的实施内容;(二)装饰装修工程的实施期限;(三)允许施工的时间;(四)废弃物的清运与处置;(五)住宅外立面设施及防盗窗的安装要求;(六)禁止行为和注意事项;(七)管理服务费用;(八)违约责任;(九)其他需要约定的事项。

同时,《住宅室内装饰装修管理办法》第十七条规定了物业公司应该承担的法定义务:"物业管理单位应当按照住宅室内装饰装修管理服务协议实施管理,发现装修人或者装饰装修企业有本办法第五条行为的,或者未经有关部门批准实施本办法第六条所列行为的,或者有违反本办法第七条、第八条、第九条规定行为的,应当立即制止;已造成事实后果或者拒不改正的,应当及时报告有关部门依法处理。对装修人或者装饰装修企业违反住宅室内装饰装修管理服务协议的,追究违约责任。"

由此可见,装修人与物业公司之间是合同关系,物业公司依照住宅室内装饰装修管理服务协议对装修人装饰装修行为进行管理。这项权利同时也应看成是物业公司的法定义务。

**三、对住宅室内装饰装修违法违章行为的处理**

住宅室内装饰装修违法违章行为,对物业公司来说,都是违约行为;对其他业主而言,绝大多数都是侵权行为,如任意敲凿承重结构,给房屋整体安全带来极大隐患;将没有防水要求的房间或者阳台改为卫生间、厨房间,一是对楼下邻居的生活起居和公序良俗造成较大影响,二是极易造成渗漏;拆除烟道,损害了公共设施;在外立面开门开窗,侵犯了全体业主对外墙的共有权和共同管理权;等等。

笔者历来主张,遇到类似矛盾,邻里之间在社区、物业公司的主持之下,可以友好协商解决问题,如协商不成可以向相关行政机关投诉举报,依靠行政机关的权威解决问题。当然,直接将损人不利己、无视邻里公共利益的装修人告上法庭,也是一种很直接的维权手段。

此外,《最高人民法院关于审理物业服务纠纷案件具体应用法律若干问题的解释》第四条规定,"业主违反物业服务合同或者法律、法规、管理规约,实施妨害物业服务与管理的行为,物业服务企业请求业主承担恢复原状、停止侵害、排除妨害等相应民事责任的,人民法院应予支持。"据此,物业公司依法享有诉权,将违法进行装饰装修的装修人告上法庭。不过,从以往的司法实践来看,类似诉讼中,被告几乎没赢过。

---

## 97 邻里之间和为贵

**【案例】**　某写字楼业主李甲向媒体投诉,称邻居李乙将公共走廊部分封闭,据为己有,侵犯了自己的公共空间。经查,李乙购买了该写字楼三楼西侧八间房屋,呈南北对称分布,中间系一条公共走廊。李乙将该部分走廊用一道钢门加以封闭,封闭进去的部分形成了他独家使用的局面。对此,李甲非常生气:一是埋怨李乙的无理,作为近邻竟然事先不打一声招呼;二是认为该行为侵犯了业主共有的公共空间;三是楼层消防设施被封闭在里面,构成消防隐患。

**【分析】**　本案例属于建筑物区分所有权纠纷。随着城市化进程的加快和公众权利意识的增强,现代城市社会生活中涉及建筑物区分所有权的问题越来越多,更是公众生活中不可回避的法律问题。建筑物区分所有权纠纷种类繁多,而且没有一个固定的处理模式。本案中,当事人之间的纠纷几经协调最终达成一致意见。

### 一、建筑物区分所有权概述

建筑物区分所有权作为一项重要的不动产所有权表现形式,虽然在各层级的民事或行政立法上对其内容多有涉及,但是在立法层面上,我国长期以来并没有对建筑物区分所有权做出明确界定。2007 年颁布的《物权法》第一次规定了业主建筑物区分所有权的概念和权利行使规则。

（一）建筑物区分所有权的定义

我国《物权法》第七十条规定，"业主对建筑物内的住宅、经营性用房等专有部分享有所有权，对专有部分以外的共有部分享有共有和共同管理的权利。"学界将此权利定名为建筑物区分所有权。从法条定义可以归纳出建筑物区分所有权的定义，即建筑物区分所有权指的是业主对于一栋建筑物中自己专有部分享有的专有所有权、对业主共同共有部分享有的共同共有权以及因共有权而派生出来的共同管理权的结合。

（二）建筑物区分所有权表现形式

从定义分析可以看出，建筑物区分所有权也可以理解为区分建筑物不同部位所产生的权利。此处的建筑物可以理解为一栋大楼，也可以理解为一个住宅小区。该权利由业主专有所有权、业主共有权和业主对共有部分共同管理权（学界对共同管理权还有成员权一说）三要素所构成。

1. 专有所有权

专有所有权也称"专有权"。所谓专有部分，是指具有结构上和使用上的独立性，能够排他使用，并能够成为区分所有权客体的部分。业主对建筑物内的专有部分，可以行使传统的所有权所具有的四大权能，即占有、使用、收益和处分的权利。也就是说，业主既可以对专有部分直接占有、使用，也可以将专有部分出租收取租金，或者在专有部分上设立抵押，还可以将专有部分出卖或赠与他人。

2. 业主对建筑物共有部分享有的共有所有权

共有部分是指业主所拥有的专有（单独所有）部分以外的建筑物其他部分。结合《物权法》第六章和《最高人民法院关于审理建筑物区分所有权纠纷案件具体应用法律若干问题的解释》的有关规定，业主共有部分包括：建筑区划内的道路、绿地、公共场所、公用设施、物业服务用房、占用业主共有的道路或者其他场地用于停放汽车的车位车库、电梯、水箱、基本结构部分（基础、承重结构、外墙、屋顶）、公共通行部分（通道、楼梯、大堂等）、公用附属设施设备（消防、公共照明等）、结构部分（避难层、设备层或者设备间等）、不属于专有也不属于其他主体所有的场所和设施等。

3. 业主对建筑物共有部分享有的共同管理权

业主的共同管理权，是指业主对建筑物专有部分以外的共有部分的共用设施、设备等所享有的共同管理权。我国《物权法》第六章中对此有明确的规定。

二、概念辨析

为了帮助读者进一步把握建筑物区分所有权的内涵,笔者在此将建筑物区分所有权与传统的所有权、建筑物区分所有权中的专有权与传统的所有权两组概念进行了辨析。

建筑物区分所有权与传统的所有权的区别见表1。

表1　建筑物区分所有权与传统的所有权的区别

| 区别 | 传统所有权 | 建筑物区分所有权 |
| --- | --- | --- |
| 产生时间 | 基于法律的产生而产生(也有人认为基于私有制而产生,两者并无本质区别) | 基于城市的产生而萌芽 |
| 权利产生基础 | 基于人的存在与合法占有 | 基于异产毗邻或多产同栋 |
| 权利客体 | 既包括动产也包括不动产 | 仅指不动产 |
| 权利构成 | 单一性 | 复合物权 |

建筑物区分所有权中的专有权与传统的所有权的区别见表2。

表2　建筑物区分所有权中的专有权与传统的所有权的区别

| 区别 | 传统的所有权 | 建筑物区分所有权中的专有权 |
| --- | --- | --- |
| 行使权利受限制不同 | 只要权力不滥用即属正当 | 不仅不得滥用权力,而且要受共同生活规则的约束 |
| 权利内涵不同 | 占有、使用、收益、处分 | 派生出共有部分共有权和共同管理权 |

## 98 商品房可以分割出租吗?

电视台《我爱我家》栏目组编导跟笔者说了件烦心事儿:她所住的小区是个新小区,入住率不高,好多房子空着。该小区靠近科技产业园区,园区集聚了大量自主创业的二三十岁的年轻人,这些年轻朋友纷纷在她所在的小区租房居住,而且往往是三五成群的合租。于是,一些不和谐的现象接踵而至:有的出租人将房间进行"鸽子笼"式的分割装修,甚至单独设置卫生间;有的承租人作息时间非正常,深更半夜结伴回来的时候大声喧哗,回屋之后在房间走来走去,影响四邻休息;还有的承租人上班一窝蜂抢电梯;……栏目组对此进行了随机采访,市民对此现象也是见仁见智。笔者接受栏目组邀请,针对商品房分割出租问题做了一期嘉宾访谈。节目对话实录如下:

主持人:蔡老师,从采访视频内容看,对于商品房屋出租,特别是分割出租,市民是见仁见智,有赞成的,有反对的。您对此怎么看?

蔡　剑:确实。从大的方面说,房主有权出租,这是法定的权利;但有些出租行为确实也对其他业主的生活起居以及小区管理造成一定的影响,特别是将房屋分割出租。

主持人:对于住宅小区房屋出租,特别是分割出租,我们在工生活中也时常听到一些负面的反映。

蔡　剑:是的,我们在工作中也接到过此类投诉。总的来说,商品房屋租赁市场存在以下一些问题:一是出租人为了分割出租,擅自改变房屋构造结构,改变水、电、气线路等,这既违反了相关法律规定和标准,也造成了极大的安全隐患;二是分割出租行为因居住密度大无法保障承租人的基本生活条件,甚至还会引发治安案件;三是承租人过度占用公共资源(最典型的就是电梯拥挤、使用频繁),侵害其他业主的合法权益,容易导致矛盾和纠纷;四是"二房东"现象比较普遍。

主持人:是的。那么,我们该怎么样从法律上正确认识这个现象呢?

蔡　剑:首先,《民法通则》《物权法》等民事法律赋予了房屋所有权人自由行使所有权的权利,出租房屋是房主行使物权的主要表现形式之一。《商品房屋租赁管理办法》是关于商品房屋租赁的第一部行政规章,其立法导向之一就是鼓励合理出租。它将原《城市房屋租赁管理办法》中的9种限制改为4种限制,即4种情况下的商品房屋不得出租:属于违法建筑的;不符合安全、防灾等工程建设强制性标准的;违反规定改变房屋使用性质的;法律、法规规定禁止出租的。其次,房屋所有权人行使出租房屋的权利不能以妨碍、损害他人合法权益为代价。最后,这种房屋出租权利的行使本身需要遵循一定的规范。

主持人:具体都有哪些规范?

蔡　剑:现行法律法规对于商品房屋租赁以及跟租赁相关的其他行为还是进行了不少的规制。除了大家熟知的买卖不破租赁,不得擅自转租,不得擅自破坏

房屋结构、改变水电气线路等,还有以下一些规范:

一是房屋租赁当事人应当依法订立租赁合同。房屋租赁合同的内容由当事人双方约定,一般应当包括以下内容:

(1)房屋租赁当事人的姓名(名称)和住所;

(2)房屋的坐落、面积、结构、附属设施,家具和家电等室内设施状况;

(3)租金和押金数额、支付方式;

(4)租赁用途和房屋使用要求;

(5)房屋和室内设施的安全性能;

(6)租赁期限;

(7)房屋维修责任;

(8)物业服务、水、电、燃气等相关费用的交纳;

(9)争议解决办法和违约责任;

(10)其他约定。房屋租赁当事人应当在房屋租赁合同中约定房屋被征收或者拆迁时的处理办法。

二是对于出租人来说,有三个主要的规定:① 出租住房的,应当以原设计的房间为最小出租单位,人均租住建筑面积不得低于当地人民政府规定的最低标准。② 厨房、卫生间、阳台和地下储藏室不得出租供人员居住。这实际上就是对于禁止不正当分割出租的规定。③ 禁止将没有防水要求的房间改成厨房、卫生间。

主持人:对出租人的这三个规定具体应怎么理解?

蔡　剑:一方面,不允许将一个单独的房间再行分割成几个部分分别出租;另一方面,即便以原设计的房间为最小出租单位,人均租住建筑面积不得低于当地人民政府规定的最低标准。例如,扬州市区目前的人均住房保障面积是 18 $m^2$。厨房、卫生间、阳台和地下储藏室这些不具备居住功能的部位,更不能出租供人居住。

至于禁止将没有防水要求的房间改成厨房、卫生间。之所以这样规定,我想主要是基于两方面考虑,一是防止渗漏,对楼下业主产生损害;二是基于共同生活规则的考虑,不至于因为楼上对于厨房、卫生间的使用而影响楼下邻居的生活起居。

主持人:实践中,还有一种情况也是经常引起纠纷的,那就是您刚刚提到的"二房东"问题。

蔡　剑:所谓"二房东",也就是承租人将承租的房屋再行转租出去,此时的第一承租人就成了第二承租人的房东,俗称"二房东"。对于"二房东"问题,相关法律规定还是比较明确的。一是尊重合同的约定,二是承租人未经出租人书面同意转租的,出租人可以解除租赁合同,收回房屋并要求承租人赔偿损失。

主持人:转租纠纷其实是很好处理的,相关法律规定很明确。还有个问题,您刚刚提到了买卖不破租赁,但是我印象里不是有个优先购买权问题吗?

蔡　剑:是的。房屋租赁期间出租人出售租赁房屋的,应当在出售前合理期限内通知承租人,承租人在同等条件下有优先购买权。

主持人:对于商品房屋出租,相关职能部门和单位有哪些管理上的手段呢?

蔡　剑:商品房屋出租,主管部门是房管部门,一方面,房屋租赁合同订立后三十日内,房屋租赁当事人应当携带相关材料到租赁房屋所在地市、县人民政府房地产主管部门办理房屋租赁登记备案。另一方面,对于有违法出租行为的,比如说分割出租,房管部门可以进行行政处罚,责令当事人改正或限期改正。

## 99　小区保安履职过火业主受伤,物业公司承担赔偿责任吗?

【案例】　保安陈某的岗位职责是在小区大门口负责小区车辆出入及管理工作。一天,业主王某开着新买的轿车回家,陈某要求其办理相关手续,方可进入。双方为此发生争执并互殴,结果业主王某受伤,经鉴定为轻伤。为此,王某起诉陈某要求赔偿其医药、误工、护理等费用共计1万元。

【分析】　这是一起典型的职务侵权案件,应由物业公司承担赔偿责任。王某告错了对象。

一、相关法律规定

(1)《民法通则》第四十三条规定,"企业法人对它的法定代表人和其他工作人员的经营行为,承担民事责任。"

(2)《最高人民法院关于审理人身损害赔偿案件适用法律若干问题的解释》第九条规定,"雇员在从事雇佣活动中致人损害的,雇主应当承担赔偿责任。"

**二、陈某职务侵权,物业公司担责**

本案中,业主王某受伤是由保安陈某造成的,理应由陈某承担赔偿责任。但由于陈某是履行职务所致,依法应由陈某所在的物业公司承担赔偿责任。本案的定性应是物业公司民事侵权损害赔偿。换句话说,王某应起诉物业公司。

从民法理论上来说,物业服务企业侵权责任需具备以下构成要件:

(1) 物业服务企业实施了加害行为;

(2) 业主遭受损害的事实发生并客观存在;

(3) 加害行为与损害结果存在因果关系;

(4) 物业服务企业有过错。

本案中,物业公司对员工的教育管理不到位,造成业主受伤,其主观过错、损害事实的客观存在以及因果关系均比较明显,物业公司应该承担侵权损害赔偿责任。

**三、物业公司对其工作人员的行为承担的责任应如何把握**

物业公司对其工作人员的行为到底是个人行为还是职务行为,可以从以下几个方面予以把握:

(1) 行为人与物业服务企业之间是否存在聘任和劳动合同关系;

(2) 所造成的损失是否是行为人履行职责所致;

(3) 行为人履行职责是否违反了合法性的原则;

(4) 行为人行为是否客观造成了损害后果;

(5) 行为人的职务行为和损害结果之间是否存在因果关系;

(6) 行为人主观上是否有过错。其中,第(2)项的认定在实践中是一个难点,可以从时间、空间、目的等几方面加以判断。

本案中,保安陈某是物业公司聘用的工作人员,双方之间签有为期5年的劳动合同。陈某在上班履行职责过程中致人损害,其情形符合第(2)项规定。对于第(3)项规定,陈某履行职责过程中,有权要求业主王某配合办理车辆进出的相关手续,但是无权动手打人,而且还致人轻伤,其行为显然违反了合法性的原则。第(3)~(6)项的认定相对简单。

综上所述,本案中受伤业主王某应起诉物业公司,要求其承担损害赔偿责任。当然,物业公司在依法承担了损害赔偿责任之后,依据民法的规定可以向保安陈某追偿。

## ⑩ 正确认识和处理常见物业服务纠纷

据了解，就扬州市各基层法院近年来受理的民事诉讼案件数量而言，物业服务类纠纷案件虽然绝对数量不多，但呈逐年上升的趋势，应该引起全社会的高度关注。这类案件的案由主要有三类，一是物业公司诉业主拖欠物业费案件，二是业主房屋质量问题长期得不到解决而迁怒于物业公司，三是业主诉物业公司人身或财产损害赔偿。这类案件的审理结果对于物业服务关系参与人，特别是物业公司和业主有借鉴和警示意义。

笔者花了大量的篇幅就常见的物业服务纠纷进行了剖析，希望能对广大读者、物业公司和其他物业服务法律关系参与人产生一定的启迪作用。在此，笔者就物业服务常见纠纷进行简单的列举，对这类纠纷进行扼要的剖析，作为"物业服务篇"的结语。

**一、业主以物业服务不到位为由拒交物业费案件**

物业公司与小区业主之间的关系是民事上的物业服务合同关系，物业公司应按照合同约定提供符合合同约定标准的物业服务，业主也应按合同约定履行交纳物业服务费、配合物业管理的义务。

**（一）多数欠交物业费案件源于业主对"物业管理"概念的模糊认识**

物业管理，是指业主通过选聘物业服务企业，由业主和物业服务企业按照物业服务合同约定，对房屋及配套的设施设备和相关场地进行维修、养护、管理，维护物业管理区域内的环境卫生和相关秩序的活动（见《物业管理条例》第二条）。显然，物业管理是物业服务企业面向全体业主提供的共性化的服务，而非面向单个业主所进行的个性化服务。因此，单个业主不能以自己反对或未签字同意物业公司管理为由，拒绝交纳物业管理费；也不能随意地以笼统的物业服务不到位为由，拒绝交纳物业费。

**（二）业主拒交物业费，应承担举证义务**

"谁主张谁举证"是民事诉讼的基本证据规则。业主如果拒交物业费，应该向法庭提供物业公司违反物业服务合同约定而应承担违约责任的证据，切忌振振有词却举证不能，否则十有八九会承担败诉的后果。实践中，相当多的业主平时对于物业服务工作漠不关心，等到当了被告才想起来搜集证据，但为时已晚。

## 二、房屋质量有问题维修不及时,业主拒交物业费案件

房屋质量问题中最常见的就是屋面、墙壁渗水,墙体裂缝及楼板裂缝,墙皮脱落,隔音隔热效果差,等等。这类质量问题如果是在保修期限内,维修责任主体当然是商品房买卖合同的对方当事人即开发商。物业公司承担的责任就是上传下达,即"通知"的责任——物业公司接到业主报修之后应及时通知开发商进行维修,并及时向业主进行反馈。如果过了保修期限,维修责任主体则是业主自己或同栋全体业主,物业公司并不承担责任(合同有约定的除外)。有的由于开发商维修不及时或维修不到位问题仍然存在,业主往往迁怒于物业公司而拒交物业费,其实质是物业公司代人受过。这类诉讼的结果,往往是业主败诉。

## 三、业主家中被盗产生财物损失状告物业公司案件

(1)此类案件业主产生损失的直接原因是犯罪分子入室盗窃,犯罪分子应承担业主财产损失赔偿责任。如果物业公司未按照合同约定履行安保义务,未能认真防范犯罪分子入室作案,导致业主财产受到损害,则应在其过错范围内承担相应赔偿责任。

(2)物业公司提供的"安全保卫"是一种防范性责任,而非广义上的绝对保证安全的责任。物业公司承担的安保职责,是一项根据物业服务合同提供的防范性安全服务工作。实践中,物业服务合同均会约定物业公司的安保服务条款,除经双方特别约定,"安保"应理解为为物业使用创造方便安全的条件,以及维护小区公共秩序的良好与稳定,而不是广义上的社会安全。为了不引起业主理解上的歧义,物业公司通常把保安人员称呼为秩序维护员。

(3)一般来说,物业公司未尽物业服务合同约定应当承担的安全保障责任。例如,对与地面齐平的景观池,未采取警示标志或安全隔离装置,导致业主不慎摔入池中受伤;电梯出现故障未及时维修,造成业主使用时发生危险,造成业主财产或人身安全损害;约定物业公司提供二十四小时监控、安全护卫的服务,而物业公司疏于完成约定的安保义务,对业主利益造成损害的,就应承担合同违约责任。

(4)实践中,此类案件往往存在违约责任与侵权责任竞合的情形,也就是说物业公司的违约行为同时还侵害了业主的人身或财产权益,这就是《合同法》所称的违约责任与侵权责任竞合。这种情况下,《合同法》第一百二十二条规定,"因当事人一方的违约行为,侵害对方人身、财产权益的,受损害方有权选择依照本法要求其承担违约责任或者依照其他法律要求其承担侵权责任。"

## 四、业主车辆被盗向物业公司索赔案件

业主车辆(包括汽车、摩托车、电瓶车、自行车等各类车辆)停放在小区内或物业公司管理的其他停车场所,发生被盗、车辆被人为刻画等纠纷时,车主往往要

求物业公司赔偿损失。此类案件的处理结果,多数是车主败诉。

（1）如无特别约定,物业公司收取的停车费往往是车位使用费,而不是车辆保管费,双方之间不存在车辆保管合同关系。因此,物业公司不存在保管车辆的义务。具体来说,保管合同是实践性合同,即车主将车辆的实际控制权交与物业公司。如果业主将车停泊在停车场,自己拿着钥匙并可以随时将车开走,那么在停车场停放汽车的实际控制权就没有转移,交付没有完成,该车的保管合同关系自然就不成立。

（2）如证明无过错,物业公司可免除赔偿责任。首先,物业公司的安保责任是一种较为宽泛的防范责任,不同于对人身与财产的直接的看管责任;其次,物业公司只是在物业合同约定范围之内承担相应的安全防范义务;最后,此类纠纷对物业公司来说是一种过错责任,只要物业公司证明自己不存在过错行为,那么就可以免除其承担赔偿责任。

# 后　记

　　2011年5月的一天,原《扬州晚报》中《楼市周刊》版块编辑葛星明到我的办公室来看我,期间我们聊起了他的新书。我是了解星明兄的,他是有思想的人,更是勤奋的人,多年来笔耕不辍,我由衷地佩服他的坚持。他对我说:"其实,你也可以的,写写房地产方面的案例分析发表在我们的《楼市周刊》上!"他的建议正中了我心思。

　　我在担任扬州仲裁委仲裁员的十多年间,审理了数十件各类房地产民事案件,针对房地产各方关系人,我感觉有话要说。在本职工作中,我也接待处理了房地产市场方面的很多起民事矛盾。从行政指导的角度来说,无论是针对房地产开发与经营企业还是广大市民朋友,同样是有话要说。说来也巧,当时扬州民建基层组织架构刚刚重新调整到位,承蒙民建扬州市委会领导的器重和支部、会员们的抬举,我担任了新组建的房地产支部主任委员。除了参政议政、建言献策等常规活动之外,我还在思考通过什么形式带领广大会员充分发挥党派密切联系经济界的优势和专业优势,为市民服务、为企业服务、为社会服务,切实践行党派服务社会的职能,同时也打出我们支部的服务品牌。星明兄的这句话提醒了我——当时《扬州晚报》的发行量达十二三万份,我要是以支部的名义在晚报开个专栏的话,那可是切实践行党派服务社会职能、提升党派形象、展示民建会员风采极好的途径!于是,我俩一拍即合,当即商定在《扬州晚报》中的《楼市周刊》版块开设《房产法律连万家》专栏,以"扬州民建房地产支部蔡剑"的名义发表署名文章,内容主要围绕商品房买卖、二手房买卖和物业服务常见民事矛盾和纠纷,发表案例分析文章;目的一是宣传法律,二是释疑解惑。

　　就这样,几年来我陆续有一百多篇文章发表在《扬州晚报》上,并获得了不错的口碑,不少市民拿着报纸找到扬州民建市委会指名道姓要找我帮忙维权。后来,应扬州电视台《新楼市》栏目组的邀请,这些文章的案例被情景化之后搬上了电视荧屏,所开设的《扬州民建讲堂·房产系列》子栏目,同样赢得了很高的收视率。感谢为此付出辛勤劳动的扬州电视台巢亮主任、禹春荣主任、戴红川记者以及跟我搭档的主持人冰冰和小之。

那几年,我白天上班,晚上谢绝应酬,揣包烟,泡杯茶,进书房。特别是在扬州电视台做《扬州民建讲堂·房产系列》节目的那段时间,我身兼"数职"——既是"原著作者",又是"编剧",还是"主演",那真叫一个累!不过,虽说自己苦点儿累点儿,但是,面对读者和观众的认可、领导与同事们的肯定、朋友们亦庄亦谐的赞赏,我也是"醉"了!在民建扬州市第九次代表大会上,无论是大会工作报告,还是与会各位领导的讲话,无一不提到我的晚报专栏和民建讲堂。那时那刻,所有的苦和累,均被一种无言的快乐所代替。

晚报连载结束之后,朋友们一直劝我将文章结集出版,我嘴上答应但却迟迟没有动静。一方面,发表在晚报上的此类文章,要求浅显易懂,只求把一件事说明白,告之遇事应如何处理,不需要过多的论证。如果结集出版,内容需要做大量的充实,要说清楚每件事所蕴含的法律原理和所涉及的每一个法律概念。另一方面,真正拿得出手的文章其实不是写出来的,是改出来的。平常写一篇文章,至多两个小时就完成了,但是要出版可不是一两个小时就能搞定的,需要仔细推敲,增强说理性,要讲清楚所涉及的法律概念具体的内涵和实际运用。哪怕是一个标点符号的运用也得仔细推敲,免得贻笑大方。一百多篇文章,修改完再出版需要多长时间,可想而知!尽管如此,我每晚都没闲着,今晚看看,明晚再改改,日子就这么一天天过去了。终于有一天,连我自己都不好意思了——朋友们见面就问"大作"什么时候出来。这期间,老乡兼好友咸美教授不声不响都出了两本专著了——我动笔比他早,结果我的书稿还在U盘里。于是,今年上半年我几乎每个晚上都泡在书房。不谦虚地说,我的书房是我们小区熄灯最晚的房间。终于在六月中旬,书稿修改完毕。

原住房和城乡建设部房地产市场监管司司长、现任中国物业管理协会会长沈建忠先生百忙之中亲自作序,对我本人和书稿内容给出了极高的评价——"小案例里有大学问"。沈会长如此照顾提携我们这些后辈,是我莫大的荣幸。感谢沈会长!

我并非什么大家,也非法律专业出身,为了保证书稿出版发行之后不至于被吐口水,我恭请我的偶像、著名法律人、原扬州市政协副主席夏泽民老先生就书名、体例结构、出版事宜等方面给予充分指导。扬州大学法学院戚兆岳博士在百忙之中帮我审阅了书稿,就书中部分观点提出了不少宝贵的修改意见。江苏大学出版社编辑李菊萍和张小琴也对本书的出版提供了很大的帮助。在此对他们一并表示感谢。

为了保证每篇文章内容相对完整,部分案例在说理方面有些重复,请读者见谅。同时,由于个人水平和认识所限,书中的缺憾甚至错误在所难免,恳请读者多多包涵,批评指正(邮箱:253942241@qq.com)。

春去秋来,寒来暑往。参加工作已 27 载,说来真的是弹指一挥间。现在的我,自感少了些年少时的浮躁与骄狂,多了些从容与惶恐。从容是年龄阶段的必然,惶恐则来自于年近五十而近乎一事无成。《华严经》里有名句,"不忘初心,方得始终。""初心"是什么? 可能见仁见智,但在我看来至少包含了年少时笔记本扉页上的人生理想吧。年近半百的我,虽然再谈人生理想可能有些奢侈和矫情,但我坚守一点:人活着总是要做点儿事的。这个"事",不仅仅是自己的岗位职责,更重要的是用自己的一技之长结合兴趣爱好,为这个社会做点儿有益的事。于是,才有了晚报连载、电视台讲堂和本书。

本书即将付梓,将来口碑如何,我觉得已经不那么重要了,成书的过程以及在这一过程中体验到的乐趣才是最重要的。当然,作为一个基层的执法人员,对于本书的出版,我内心还是挺自豪的。我在想,本书的出版,何尝不是送给自己的礼物,或是对自己前半生的一个交代呢?

蔡 剑

2017 年 7 月于扬州